SAMMLUNG TUSCULUM

Herausgegeben von

Karl Bayer, Manfred Fuhrmann, Gerhard Jäger

PLATON

SYMPOSION

Griechisch und deutsch

herausgegeben und übersetzt von

FRANZ BOLL

Neu bearbeitet von

WOLFGANG BUCHWALD

ARTEMIS VERLAG · MÜNCHEN UND ZÜRICH

Titelvignette von einer attischen Amphora des Charmides-
malers, erste Hälfte des 5. Jahrhunderts v. Chr. (J. D. Beazley,
Attic red-figure vasepainters 654, 10)

CIP-Titelaufnahme der Deutschen Bibliothek

Plato: Symposion / Platon : griech. u. dt.
Hrsg. u. übers. von Franz Boll.
Neu bearb. von Wolfgang Buchwald. 8. Aufl.
München ; Zürich : Artemis-Verlag 1989
(Sammlung Tusculum)
Einheitssacht.: Convivium
ISBN 3-7608-1576-6

NE: Boll, Franz [Hrsg.] ; Buchwald, Wolfgang [Bearb.]

Achte Auflage 1989
© 1989 Artemis Verlag München und Zürich,
Verlagsort München.
Druck: Laupp & Göbel, Nehren (Tübingen)
Printed in Germany

INHALT

1. ΑΠΟΛΛΟΔΩΡΟΣ. Δοκῶ μοι, περὶ ὧν πυνθάνεσθε, οὐκ ἀμελέτητος εἶναι. καὶ γὰρ ἐτύγχανον πρῴην εἰς ἄστυ οἴκοθεν ἀνιὼν Φαληρόθεν. τῶν οὖν γνωρίμων τις ὄπισθεν κατιδών με πόρρωθεν ἐκάλεσε, καὶ παίζων ἅμα τῇ κλήσει, Ὦ Φαληρεύς, ἔφη, οὗτος Ἀπολλόδωρος, οὐ περιμενεῖς; Κἀγὼ ἐπιστὰς περιέμεινα. Καὶ ὅς, Ἀπολλόδωρε, ἔφη, καὶ μὴν καὶ ἔναγχός σε ἐζήτουν βουλόμενος διαπυθέσθαι τὴν Ἀγάθωνος συνουσίαν καὶ Σωκράτους καὶ Ἀλκιβιάδου b καὶ τῶν ἄλλων τῶν τότε ἐν τῷ συνδείπνῳ παραγενομένων, περὶ τῶν ἐρωτικῶν λόγων, τίνες ἦσαν· ἄλλος γάρ τίς μοι διηγεῖτο ἀκηκοὼς Φοίνικος τοῦ Φιλίππου, ἔφη δὲ καὶ σὲ εἰδέναι. ἀλλὰ γὰρ οὐδὲν εἶχε σαφὲς λέγειν. σὺ οὖν μοι διήγησαι· δικαιότατος γὰρ εἶ, τοὺς τοῦ ἑταίρου λόγους ἀπαγγέλλειν. πρότερον δέ μοι, ἦ δ' ὅς, εἰπέ, σὺ αὐτὸς παρεγένου τῇ συνουσίᾳ ταύτῃ ἢ οὔ; Κἀγὼ εἶπον, ὅτι Παντάπασιν ἔοικέ σοι οὐδὲν διηγεῖσθαι σαφὲς ὁ διηγού· μενος, εἰ νεωστὶ ἡγῇ τὴν συνουσίαν γεγονέναι ταύτην, ἣν c ἐρωτᾷς, ὥστε καὶ ἐμὲ παραγενέσθαι. Ἐγώ γε δή, ἔφη. Πόθεν, ἦν δ' ἐγώ, ὦ Γλαύκων; οὐκ οἶσθ', ὅτι πολλῶν ἐτῶν Ἀγάθων ἐνθάδε οὐκ ἐπιδεδήμηκεν, ἀφ' οὗ δ' ἐγὼ Σωκράτει συνδιατρίβω καὶ ἐπιμελὲς πεποίημαι ἑκάστης ἡμέρας εἰδέναι, ὅτι ἂν λέγῃ ἢ πράττῃ, οὐδέπω τρία ἔτη ἐστίν; πρὸ τοῦ δὲ περιτρέχων, ὅπη τύχοιμι, καὶ οἰόμενος τὶ

Zum krit. Apparat vgl. S. 159

APOLLODOROS: Ich meine für das, wonach ihr fragt, recht gut vorbereitet zu sein. Vor kurzem ging ich nämlich gerade zur Stadt hinauf von zuhause, vom Phaleron; da sah mich also einer meiner Bekannten von rückwärts, rief mich von weitem an und sagte dabei mit einem Scherz: „He, Mann von Phaleron, du da, Apollodor, willst du nicht warten?" Und ich blieb stehen und wartete. Und da sagte er: „Apollodor, wahrhaftig, ich suchte dich auch schon neulich; denn ich wollte mich erkundigen nach dem Beisammensein von Agathon und Sokrates und Alkibiades und den anderen, die damals bei der Gesellschaft zugegen waren, ich meine die Reden über den Eros, wie die lauteten; ein anderer erzählte mir nämlich davon, der sie von Phoinix, Philipps Sohn, gehört hatte, er sagte aber, du kennst sie auch. Aber leider konnte er ja nichts Genaues berichten. Erzähl also du mir! Denn du bist am meisten berechtigt, die Worte des Freundes wiederzugeben. Vorher aber", fuhr er fort, „sag: warst du selbst bei dem Zusammensein zugegen oder nicht?" Und ich sagte: „Überhaupt hat dir dein Gewährsmann offenbar nichts Genaues erzählt, wenn du meinst, dies Zusammensein, nach dem du fragst, sei erst jüngst gewesen, so daß ich auch dabei sein konnte." – „Ja, das meinte ich", erwiderte er. Darauf ich: „Woher doch, Glaukon! Weißt du denn nicht, daß Agathon seit vielen Jahren nicht im Lande ist, und daß, seit ich mit Sokrates verkehre und es meine tägliche Sorge ist, zu wissen, was er alles sagt oder tut, noch keine drei Jahre vergangen sind? Vorher aber, wo ich aufs Geratewohl herumlief und

ποιεῖν ἀθλιώτερος ἢ ὁτουοῦν, οὐχ ἧττον ἢ σὺ νυνί, οἰόμενος δεῖν πάντα μᾶλλον πράττειν ἢ φιλοσοφεῖν. Καὶ ὅς, Μὴ σκῶπτ', ἔφη, ἀλλ' εἰπέ μοι, πότε ἐγένετο ἡ συνουσία αὕτη. Κἀγὼ εἶπον, ὅτι Παίδων ὄντων ἡμῶν ἔτι, ὅτε τῇ πρώτῃ τραγῳδίᾳ ἐνίκησεν 'Αγάθων, τῇ ὑστεραίᾳ ἢ ᾗ τὰ ἐπινίκια ἔθυεν αὐτός τε καὶ οἱ χορευταί. Πάνυ, ἔφη, ἄρα πάλαι, ὡς ἔοικεν. ἀλλὰ τίς σοι διηγεῖτο; ἢ αὐτὸς Σωκράτης; Οὐ μὰ τὸν Δία, ἦν δ' ἐγώ, ἀλλ' ὥσπερ b Φοίνικι. 'Αριστόδημος ἦν τις, Κυδαθηναιεύς, σμικρός, ἀνυπόδητος ἀεί· παρεγεγόνει δ' ἐν τῇ συνουσίᾳ, Σωκράτους ἐραστὴς ὢν ἐν τοῖς μάλιστα τῶν τότε, ὡς ἐμοὶ δοκεῖ. οὐ μέντοι ἀλλὰ καὶ Σωκράτη γε ἔνια ἤδη ἀνηρόμην, ὧν ἐκείνου ἤκουσα, καί μοι ὡμολόγει, καθάπερ ἐκεῖνος διηγεῖτο. Τί οὖν, ἔφη, οὐ διηγήσω μοι; πάντως δὲ ἡ ὁδὸς ἡ εἰς ἄστυ ἐπιτηδεία πορευομένοις καὶ λέγειν καὶ ἀκούειν.

Οὕτω δὴ ἰόντες ἅμα τοὺς λόγους περὶ αὐτῶν ἐποιούμεθα, c ὥστε, ὅπερ ἀρχόμενος εἶπον, οὐκ ἀμελετήτως ἔχω. εἰ οὖν δεῖ καὶ ὑμῖν διηγήσασθαι, ταῦτα χρὴ ποιεῖν. καὶ γὰρ ἔγωγε καὶ ἄλλως, ὅταν μέν τινας περὶ φιλοσοφίας λόγους ἢ αὐτὸς ποιῶμαι ἢ ἄλλων ἀκούω, χωρὶς τοῦ οἴεσθαι ὠφελεῖσθαι ὑπερφυῶς ὡς χαίρω· ὅταν δὲ ἄλλους τινάς, ἄλλως τε καὶ τοὺς ὑμετέρους τοὺς τῶν πλουσίων καὶ χρηματιστικῶν, αὐτός τε ἄχθομαι ὑμᾶς τε τοὺς ἑταίρους ἐλεῶ, ὅτι οἴεσθε τὶ ποιεῖν οὐδὲν ποιοῦντες. καὶ ἴσως αὖ ὑμεῖς ἐμὲ ἡγεῖσθε d κακοδαίμονα εἶναι, καὶ οἴομαι ὑμᾶς ἀληθῆ οἴεσθαι· ἐγὼ μέντοι ὑμᾶς οὐκ οἴομαι ἀλλ εὖ οἶδα.

ΕΤΑΙΡΟΣ. 'Αεὶ ὅμοιος εἶ, ὦ 'Απολλόδωρε· ἀεὶ γὰρ σαυτόν τε κακηγορεῖς καὶ τοὺς ἄλλους, καὶ δοκεῖς μοι ἀτεχνῶς πάντας ἀθλίους ἡγεῖσθαι πλὴν Σωκράτους, ἀπὸ σαυτοῦ ἀρξάμενος. καὶ ὁπόθεν ποτὲ ταύτην τὴν ἐπωνυμίαν ἔλαβες,

---

b 3 παρεγεγόνει: παραγ-

damit etwas zu leisten meinte, war ich armseliger als jeder andere, genauso wie du jetzt, denn du glaubst ja, alles eher treiben zu müssen als Philosophie." Da sagte er: „Sei kein Spötter, sondern sag mir, wann dieses Zusammensein stattfand!" Und ich erwiderte: „In unserer Kinderzeit noch, als Agathon mit seiner ersten Tragödie siegte, am Tage, nachdem er mit den Männern seines Chors das Siegesopfer dargebracht hatte." – „Also ist es offenbar recht lange her", sagte er; „aber wer erzählte dir davon? Etwa Sokrates selbst?" – „Gott bewahre", erwiderte ich, „sondern derselbe, der dem Phoinix berichtete; es war ein gewisser Aristodemos aus Kydathen, ein kleiner Mann, stets barfuß; er war bei der Gesellschaft anwesend, als einer der größten damaligen Verehrer des Sokrates, wie mir scheint. Doch halt – auch Sokrates fragte ich schon nach einigem von dem, was ich von jenem gehört hatte, und er bestätigte mir dessen Bericht." – „Warum also", sagte er, „hast du mit deiner Erzählung nicht schon angefangen? Der Weg in die Stadt eignet sich doch entschieden dafür, im Gehen zu sprechen und zu hören."

So gingen wir denn und sprachen dabei von jenen Dingen, so daß ich, wie anfangs gesagt, recht gut vorbereitet bin. Wenn ich also auch euch erzählen soll, so muß ich's eben tun. Denn mir geht es auch sonst so: wenn ich irgendwelche Reden über Philosophie entweder selbst halte oder von anderen höre, freue ich mich, außer dem Nutzen, den ich zu haben meine, ganz außerordentlich; sind es aber andere Reden, besonders die von euch reichen Geldsäcken, ärgere ich mich selbst und bedauere zugleich euch, meine Freunde, weil ihr etwas zu leisten glaubt, ohne es in Wirklichkeit zu tun. Und vielleicht haltet ihr euererseits mich für einen von allen guten Geistern Verlassenen, und ich glaube, daß ihr damit etwas Richtiges meint; ich freilich meine es nicht von euch – ich weiß es genau.

EIN FREUND: Immer bist du der gleiche, Apollodor; denn immer schiltst du dich und deine Mitmenschen und scheinst mir kurz und gut alle außer Sokrates für arme Kerle zu halten, dich zuallererst. Nun, woher du seinerzeit eigentlich diesen

τὸ μανικὸς καλεῖσθαι, οὐκ οἶδα ἔγωγε· ἐν μὲν γὰρ τοῖς λόγοις ἀεὶ τοιοῦτος εἶ, σαυτῷ τε καὶ τοῖς ἄλλοις ἀγριαίνεις πλὴν Σωκράτους.

ΑΠΟΛ. Ὦ φίλτατε, καὶ δῆλόν γε δή, ὅτι οὕτω διανοού- e μενος καὶ περὶ ἐμαυτοῦ καὶ περὶ ὑμῶν μαίνομαι καὶ παραπαίω.

ΕΤΑΙ. Οὐκ ἄξιον περὶ τούτων, Ἀπολλόδωρε, νῦν ἐρίζειν· ἀλλ' ὅπερ ἐδεόμεθά σου, μὴ ἄλλως ποιήσῃς, ἀλλὰ διήγησαι, τίνες ἦσαν οἱ λόγοι.

ΑΠΟΛ. Ἦσαν τοίνυν ἐκεῖνοι τοιοίδε τινές – μᾶλλον δ' ἐξ ἀρχῆς ὑμῖν, ὡς ἐκεῖνος διηγεῖτο, καὶ ἐγὼ πειράσομαι δι- 174 ηγήσασθαι.

2. Ἔφη γάρ οἱ Σωκράτη ἐντυχεῖν λελουμένον τε καὶ τὰς βλαύτας ὑποδεδεμένον, ἃ ἐκεῖνος ὀλιγάκις ἐποίει· καὶ ἐρέσθαι αὐτόν, ὅποι ἴοι οὕτω καλὸς γεγενημένος.

Καὶ τὸν εἰπεῖν, ὅτι Ἐπὶ δεῖπνον εἰς Ἀγάθωνος. χθὲς γὰρ αὐτὸν διέφυγον τοῖς ἐπινικίοις, φοβηθεὶς τὸν ὄχλον· ὡμολόγησα δ' εἰς τήμερον παρέσεσθαι. ταῦτα δὴ ἐκαλλωπισάμην, ἵνα καλὸς παρὰ καλὸν ἴω. ἀλλὰ σύ, ἦ δ' ὅς, πῶς ἔχεις πρὸς τὸ ἐθέλειν ἂν ἰέναι ἄκλητος ἐπὶ δεῖπνον; b

Κἀγώ, ἔφη, εἶπον, ὅτι Οὕτως, ὅπως ἂν σὺ κελεύῃς.

Ἕπου τοίνυν, ἔφη, ἵνα καὶ τὴν παροιμίαν διαφθείρωμεν μεταβαλόντες, ὡς ἄρα καὶ ,ἀγαθῶν ἐπὶ δαῖτας ἴασιν αὐτόματοι ἀγαθοί'. Ὅμηρος μὲν γὰρ κινδυνεύει οὐ μόνον διαφθεῖραι ἀλλὰ καὶ ὑβρίσαι εἰς ταύτην τὴν παροιμίαν· ποιήσας γὰρ τὸν Ἀγαμέμνονα διαφερόντως ἀγαθὸν ἄνδρα τὰ πολεμικά, τὸν δὲ Μενέλεων ,μαλθακὸν αἰχμητήν', θυσίαν c ποιουμένου καὶ ἑστιῶντος τοῦ Ἀγαμέμνονος ἄκλητον ἐποίησεν ἐλθόντα τὸν Μενέλεων ἐπὶ τὴν θοίνην, χείρω ὄντα ἐπὶ τὴν τοῦ ἀμείνονος.

d 8 μανικός: μαλακός Variante

Beinamen „Der Tolle" bekamst, weiß ich ja nicht; in deinen Reden bist du freilich immer so, daß du gegen dich und die anderen tobst, außer gegen Sokrates.

APOLLODOROS: Mein Lieber, es ist ja auch klar, daß ich bei dieser Gesinnung über mich ebenso wie über euch toll und verrückt bin.

DER FREUND: Es hat keinen Wert, Apollodor, jetzt darüber zu streiten; sondern versag uns das nicht, worum wir dich baten, und erzähl, was das für Reden waren.

APOLLODOROS: Es waren also etwa die folgenden –, doch lieber will ich euch von Anfang an, wie jener erzählte, auch meinerseits zu erzählen versuchen.

Er sagte also, Sokrates sei ihm begegnet, gebadet und mit Schuhen an den Füßen, was bei ihm selten vorkam; und er habe ihn gefragt, wohin er gehe, da er sich so schön gemacht habe.

Und der habe erwidert: „Zum Abendessen zu Agathon. Denn gestern beim Siegesfest mied ich ihn, aus Scheu vor dem Menschengewimmel; ich sagte ihm aber zu, heute zu erscheinen. So schön habe ich mich natürlich herausgeputzt, um schön zu einem Schönen zu kommen. Aber du", sagte er, „wie hältst du es mit einem etwaigen Entschluß, ungeladen zum Abendessen zu gehen?"

„Und ich", sagte Aristodemos, „erwiderte: Ganz so wie du es haben willst."

„So komm denn mit," sagte er, „damit wir gleich auch das Sprichwort durch Veränderung entstellen, daß also auch ‚zu der Wackren Mahl von selber gehen die Wackren'. Denn Homer, muß man beinahe fürchten, hat dieses Sprichwort nicht nur entstellt, sondern ihm sogar Gewalt angetan; denn obwohl er den Agamemnon zu einem besonders wackeren Mann in der Kriegskunst macht, den Menelaos aber zu einem ‚schwächlichen Lanzenkämpfer', läßt er doch, als Agamemnon ein Opfermahl ausrichtet und Gäste bewirtet, den Menelaos ungebeten zum Schmaus kommen, den schlechteren Mann zum Schmaus des besseren".

Ταῦτ' ἀκούσας εἰπεῖν ἔφη "Ἴσως μέντοι κινδυνεύσω καὶ
ἐγὼ οὐχ ὡς σὺ λέγεις, ὦ Σώκρατες, ἀλλὰ καθ' Ὅμηρον
φαῦλος ὢν ἐπὶ σοφοῦ ἀνδρὸς ἰέναι θοίνην ἄκλητος. ὅρα
οὖν ἄγων με τί ἀπολογήσῃ, ὡς ἐγὼ μὲν οὐχ ὁμολογήσω
ἄκλητος ἥκειν, ἀλλ' ὑπὸ σοῦ κεκλημένος.   d

,Σύν τε δύ᾽,᾽ ἔφη, ,ἐρχομένω πρὸ ὃ τοῦ᾽ βουλευσόμεθα ὅτι
ἐροῦμεν. ἀλλ' ἴωμεν.
Τοιαῦτ' ἄττα σφᾶς ἔφη διαλεχθέντας ἰέναι. τὸν οὖν Σωκράτη ἑαυτῷ πως προσέχοντα τὸν νοῦν κατὰ τὴν ὁδὸν
πορεύεσθαι ὑπολειπόμενον, καὶ περιμένοντος οὗ κελεύειν
προϊέναι εἰς τὸ πρόσθεν. ἐπειδὴ δὲ γενέσθαι ἐπὶ τῇ οἰκίᾳ
τῇ Ἀγάθωνος, ἀνεῳγμένην καταλαμβάνειν τὴν θύραν, καὶ e
τι ἔφη αὐτόθι γελοῖον παθεῖν. οἱ μὲν γὰρ εὐθὺς παῖδά τινα
ἔνδοθεν ἀπαντήσαντα ἄγειν, οὗ κατέκειντο οἱ ἄλλοι, καὶ
καταλαμβάνειν ἤδη μέλλοντας δειπνεῖν· εὐθὺς δ' οὖν ὡς
ἰδεῖν τὸν Ἀγάθωνα, Ὦ, φάναι, Ἀριστόδημε, εἰς καλὸν
ἥκεις, ὅπως συνδειπνήσῃς· εἰ δ' ἄλλου τινὸς ἕνεκα ἦλθες, εἰς
αὖθις ἀναβαλοῦ, ὡς καὶ χθὲς ζητῶν σε, ἵνα καλέσαιμι, οὐχ
οἷός τ' ἦ ἰδεῖν. ἀλλὰ Σωκράτη ἡμῖν πῶς οὐκ ἄγεις;

Καὶ ἐγώ, ἔφη, μεταστρεφόμενος οὐδαμοῦ ὁρῶ Σωκράτη
ἑπόμενον· εἶπον οὖν, ὅτι καὶ αὐτὸς μετὰ Σωκράτους ἥκοιμι,
κληθεὶς ὑπ' ἐκείνου δεῦρ' ἐπὶ δεῖπνον.

Καλῶς γ', ἔφη, ποιῶν σύ· ἀλλὰ ποῦ ἔστιν οὗτος;
Ὄπισθεν ἐμοῦ ἄρτι εἰσῄει. ἀλλὰ θαυμάζω καὶ αὐτός, ποῦ 175
ἂν εἴη.
Οὐ σκέψῃ, ἔφη, παῖ, φάναι τὸν Ἀγάθωνα, καὶ εἰσάξεις
Σωκράτη; σὺ δ', ἦ δ' ὅς, Ἀριστόδημε, παρ' Ἐρυξίμαχον
κατακλίνου.

---

c 7 ὅρα: ἄρα oder ἆρα   d 2 ὃ τοῦ Homer: ὁδοῦ die Platon-Hss.

Auf diese Worte hin habe er gesagt: „Vielleicht werde allerdings auch ich Gefahr laufen – zwar nicht nach deiner Fassung, Sokrates, sondern wie bei Homer –, als durchschnittliche Begabung ungeladen zum Schmaus eines weisen Mannes zu gehen. Wenn du mich also hinführst, dann sieh zu, wie du dich rechtfertigen willst; denn ich werde nicht zugeben, daß ich ungeladen komme, sondern werde sagen: eingeladen von dir".

„‚Wandernd zu zweit den Weg‘", sagte er, „wollen wir überlegen, was wir sagen werden. Doch gehen wir!‘"

So etwa hätten sie sich auf dem Wege unterhalten. Sokrates nun, unterwegs irgendwie mit sich selbst in Gedanken beschäftigt, sei unter dem Gehen zurückgeblieben und habe ihn zum Weitergehen aufgefordert, als er wartete. Zu Agathons Haus gekommen, habe er die Tür offen gefunden, und da, sagte er, sei ihm etwas Komisches begegnet: ihm sei nämlich gleich ein Diener von drinnen entgegengekommen und habe ihn dahin geführt, wo die anderen zu Tisch lagen, und er habe sie in dem Augenblick angetroffen, als sie gerade schon mit dem Essen anfangen wollten. Kaum hatte ihn Agathon gesehen, rief er sofort: „Ah, Aristodem, du kommst gerade recht, um mitzuspeisen; wenn du aber in irgendeiner andern Absicht hier bist, verschieb es auf ein andermal, denn schon gestern suchte ich dich, um dich einzuladen, konnte dich aber nicht entdecken. Aber du bringst doch sicherlich Sokrates mit?"

„Da wende ich mich um," sagte er, „sehe aber nirgends Sokrates nachkommen; so sagte ich denn, ich käme wirklich von mir selbst aus mit Sokrates, der mich hierher zum Abendessen geladen habe.

„Recht so von dir," sagte er, „aber wo ist er?"

„Soeben wollte er hinter mir hereinkommen; aber ich wundere mich auch selbst, wo er sein mag."

„Willst du nicht nachsehen," – so seine Worte – habe da Agathon zu einem Diener gesagt, „und Sokrates hereinführen? Du aber, Aristodem, nimm deinen Platz neben Eryximachos!"

3. Καὶ ἓ μὲν ἔφη ἀπονίζειν τὸν παῖδα, ἵνα κατακέοιτο· ἄλλον δέ τινα τῶν παίδων ἥκειν ἀγγέλλοντα ὅτι ,,Σωκράτης οὗτος ἀναχωρήσας ἐν τῷ τῶν γειτόνων προθύρῳ ἕστηκεν κἀμοῦ καλοῦντος οὐκ ἐθέλει εἰσιέναι.‛‛

Ἄτοπόν γ᾽, ἔφη, λέγεις· οὔκουν καλεῖς αὐτὸν καὶ μὴ ἀφήσεις;
Καὶ ὃς ἔφη εἰπεῖν Μηδαμῶς, ἀλλ᾽ ἐᾶτε αὐτόν. ἔθος γάρ τι b τοῦτ᾽ ἔχει· ἐνίοτε ἀποστὰς ὅποι ἂν τύχῃ ἕστηκεν. ἥξει δ᾽ αὐτίκα, ὡς ἐγὼ οἶμαι. μὴ οὖν κινεῖτε, ἀλλ᾽ ἐᾶτε.

Ἀλλ᾽ οὕτω χρὴ ποιεῖν, εἰ σοὶ δοκεῖ, ἔφη φάναι τὸν Ἀγάθωνα. ἀλλ᾽ ἡμᾶς, ὦ παῖδες, τοὺς ἄλλους ἑστιᾶτε. πάντως παρατίθετε ὅτι ἂν βούλησθε, ἐπειδάν τις ὑμῖν μὴ ἐφεστήκῃ, ὃ ἐγὼ οὐδεπώποτε ἐποίησα. νῦν οὖν, νομίζοντες καὶ ἐμὲ ὑφ᾽ ὑμῶν κεκλῆσθαι ἐπὶ δεῖπνον καὶ τούσδε τοὺς ἄλλους, θεραπεύετε, ἵν᾽ ὑμᾶς ἐπαινῶμεν. c
Μετὰ ταῦτα ἔφη σφᾶς μὲν δειπνεῖν, τὸν δὲ Σωκράτη οὐκ εἰσιέναι. τὸν οὖν Ἀγάθωνα πολλάκις κελεύειν μεταπέμψασθαι τὸν Σωκράτη, ἓ δὲ οὐκ ἐᾶν. ἥκειν οὖν αὐτὸν οὐ πολὺν χρόνον, ὡς εἰώθει, διατρίψαντα, ἀλλὰ μάλιστα σφᾶς μεσοῦν δειπνοῦντας. τὸν οὖν Ἀγάθωνα – τυγχάνειν γὰρ ἔσχατον κατακείμενον μόνον – Δεῦρ᾽, ἔφη φάναι, Σώκρατες, παρ᾽ ἐμὲ κατάκεισο, ἵνα καὶ τοῦ σοφοῦ ἁπτόμενός σου ἀπολαύσω, ὃ σοι προσέστη ἐν τοῖς προθύροις. δῆλον γάρ, ὅτι ηὗρες d αὐτὸ καὶ ἔχεις· οὐ γὰρ ἂν προαπέστης.
Καὶ τὸν Σωκράτη καθίζεσθαι καὶ εἰπεῖν, ὅτι Εὖ ἂν ἔχοι, φάναι, ὦ Ἀγάθων, εἰ τοιοῦτον εἴη ἡ σοφία, ὥστ᾽ ἐκ τοῦ πληρεστέρου εἰς τὸν κενώτερον ῥεῖν ἡμῶν, ἐὰν ἁπτώμεθα ἀλλήλων, ὥσπερ τὸ ἐν ταῖς κύλιξιν ὕδωρ τὸ διὰ τοῦ ἐρίου ῥέον ἐκ τῆς πληρεστέρας εἰς τὴν κενωτέραν. εἰ γὰρ οὕτως ἔχει καὶ ἡ σοφία, πολλοῦ τιμῶμαι τὴν παρὰ σοὶ κατάκλισιν· e οἶμαι γάρ με παρὰ σοῦ πολλῆς καὶ καλῆς σοφίας πληρω-

---

a 6 ἓ μέν: ἐμέ

Und ihm, sagte er, habe der Diener Waschwasser gebracht, damit er sich hinlegen könnte; da sei ein anderer von den Dienern gekommen mit der Meldung: ,Sokrates steht abseits da im Vorhof des Nachbarhauses und will trotz meiner Einladung nicht hereinkommen'.

„Sonderbar, was du da sagst", erwiderte er; „lad ihn doch ein und gib nicht nach!"

Und er selbst habe gesagt: „Auf keinen Fall, laßt ihn nur; denn das ist so eine Gewohnheit von ihm; mitunter tritt er irgendwo zur Seite, wo es sich gerade trifft, und bleibt stehen. Er wird aber gleich kommen, glaube ich. Stört ihn also nicht, sondern laßt ihn!"

„Nun, so soll es geschehen, wenn du meinst", habe Agathon gesagt, „aber uns andere bewirtet, Diener! Ihr tragt überhaupt immer nur auf, was ihr wollt, wenn man euch nicht beaufsichtigt, was ich jedenfalls niemals tat. Jetzt nehmt doch einmal an, ich und die anderen hier seien von euch zum Essen geladen, und sorgt für uns, damit wir euch loben."

Danach, sagte er, hätten sie gespeist, Sokrates aber sei nicht hereingekommen. Agathon habe also mehrmals Befehl gegeben, Sokrates zu holen, er aber habe es nicht zugelassen. Er sei denn auch gekommen, ohne langes Säumen, wie es seine Gewohnheit war, aber sie seien schon etwa in der Mitte des Mahles gewesen. Agathon nun – denn er war allein auf der letzten Liege – habe gerufen: „Hierher, Sokrates, nimm neben mir Platz, damit ich auch noch von dem weisen Gedanken durch Berührung mit dir Gewinn habe, der dir im Vorhof gekommen ist; denn offenbar faßtest du ihn und hast ihn nun, du hättest ja nicht eher abgelassen."

Und Sokrates habe sich gesetzt und gesagt: „Das wäre schön, Agathon, wenn es mit der Weisheit so stünde, daß sie von dem Volleren von uns in den Leereren flösse, wenn wir einander berühren, wie das Wasser in den Bechern, das durch den Wollfaden aus dem volleren in den leereren fließt. Denn wenn es so auch mit der Weisheit steht, schlage ich den Platz neben dir hoch an; denn ich werde ja gewiß von dir mit

θήσεσθαι. ἡ μὲν γὰρ ἐμὴ φαύλη τις ἂν εἴη ἢ καὶ ἀμφισ-
βητήσιμος ὥσπερ ὄναρ οὖσα, ἡ δὲ σὴ λαμπρά τε καὶ πολλὴν
ἐπίδοσιν ἔχουσα, ἥ γε παρὰ σοῦ νέου ὄντος οὕτω σφόδρα
ἐξέλαμψεν καὶ ἐκφανὴς ἐγένετο πρῴην ἐν μάρτυσι τῶν
Ἑλλήνων πλέον ἢ τρισμυρίοις.

Ὑβριστὴς εἶ, ἔφη, ὦ Σώκρατες, ὁ Ἀγάθων. καὶ ταῦτα μὲν
καὶ ὀλίγον ὕστερον διαδικασόμεθα ἐγώ τε καὶ σὺ περὶ τῆς
σοφίας, δικαστῇ χρώμενοι τῷ Διονύσῳ· νῦν δὲ πρὸς τὸ
δεῖπνον πρῶτα τρέπου.
4. Μετὰ ταῦτα, ἔφη, κατακλινέντος τοῦ Σωκράτους καὶ   176
δειπνήσαντος καὶ τῶν ἄλλων, σπονδάς τε σφᾶς ποιήσασθαι
καὶ ᾄσαντας τὸν θεὸν καὶ τἆλλα τὰ νομιζόμενα τρέπεσθαι
πρὸς τὸν πότον. τὸν οὖν Παυσανίαν ἔφη λόγου τοιούτου
τινὸς κατάρχειν· Εἶεν, ἄνδρες, φάναι, τίνα τρόπον ῥᾷστα
πιόμεθα; ἐγὼ μὲν οὖν λέγω ὑμῖν, ὅτι τῷ ὄντι πάνυ χαλεπῶς
ἔχω ὑπὸ τοῦ χθὲς πότου καὶ δέομαι ἀναψυχῆς τινος – οἶμαι
δὲ καὶ ὑμῶν τοὺς πολλούς, παρῆστε γὰρ χθές. σκοπεῖσθε
οὖν, τίνι τρόπῳ ἂν ὡς ῥᾷστα πίνοιμεν.   b

Τὸν οὖν Ἀριστοφάνη εἰπεῖν, Τοῦτο μέντοι εὖ λέγεις, ὦ
Παυσανία, τὸ παντὶ τρόπῳ παρασκευάσασθαι ῥᾳστώνην τινὰ
τῆς πόσεως· καὶ γὰρ αὐτός εἰμι τῶν χθὲς βεβαπτισμένων.

Ἀκούσαντα οὖν αὐτῶν ἔφη Ἐρυξίμαχον τὸν Ἀκουμενοῦ
Ἦ καλῶς, φάναι, λέγετε. καὶ ἔτι ἑνὸς δέομαι ὑμῶν ἀκοῦσαι·
πῶς ἔχεις πρὸς τὸ ἐρρῶσθαι πίνειν, Ἀγάθων;

Οὐδαμῶς, φάναι, οὐδ' αὐτὸς ἔρρωμαι.

Ἕρμαιον ἂν εἴη ἡμῖν, ἦ δ' ὅς, ὡς ἔοικεν, ἐμοί τε καὶ Ἀριστο-   c
δήμῳ καὶ Φαίδρῳ καὶ τοῖσδε, εἰ ὑμεῖς οἱ δυνατώτατοι
πίνειν νῦν ἀπειρήκατε· ἡμεῖς μὲν γὰρ ἀεὶ ἀδύνατοι. Σωκράτη
δ' ἐξαιρῶ λόγου· ἱκανὸς γὰρ καὶ ἀμφότερα, ὥστ' ἐξαρκέσει

---

b 7 ἔχεις: ἔχει

vieler und schöner Weisheit angefüllt werden. Die meine ist
ja wohl nur karg oder auch fragwürdig wie ein Traum, die
deine aber strahlend und in mächtigem Aufstieg, da sie von
dir, einem jungen Manne, so gewaltig ausstrahlte und sich
vorgestern vor den Augen von mehr als dreißigtausend Hellenen offenbarte".

„Du bist ein mutwilliger Spötter, Sokrates," sagte Agathon,
„und das werden wir noch etwas später austragen, ich und
du, was die Weisheit angeht, wenn wir nämlich Dionysos
zum Richter haben. Jetzt mach dich aber erst ans Essen!"

Danach habe, sagte er, Sokrates seinen Platz eingenommen
und gespeist wie die anderen auch, und sie hätten die Spen-
den dargebracht und dem Gotte das Lied gesungen und das
Weitere, was Brauch ist, getan und seien dann zum Trinken
übergegangen. Pausanias nun habe etwa so zu reden begonnen: „Also dann, ihr Männer", habe er gesagt, „auf welche
Art werden wir am bequemsten trinken? Ich muß euch schon
sagen, daß mir wirklich ziemlich übel ist von dem gestrigen
Zechen und ich einiger Erholung bedarf – ich meine aber, so
geht's auch von euch den meisten; ihr wart ja gestern dabei.
So seht nun zu, auf welche Art wir am bequemsten trinken
könnten!"

Aristophanes habe darauf gesagt: „Da hast du wirklich recht,
Pausanias, daß wir auf alle Weise uns irgendeine Erleichte-
rung im Zechen schaffen; denn auch ich gehöre zu denen, die
sich gestern gründlich angefeuchtet haben."

Als Eryximachos, Akumenos' Sohn, sie so reden hörte, habe
er gesagt: „Das sagt ihr wirklich schön; und von einem unter
euch muß ich noch hören: wie steht es mit der Trinkfestig-
keit bei dir, Agathon?"

„Gar nicht gut," habe der gesagt, „ich bin selbst auch nicht
fest."

„Das ist ja wohl ein rechter Fund für uns," fuhr er fort, „für
mich, Aristodemos, Phaidros und die anderen, wenn ihr, die
tüchtigsten Trinker, jetzt versagt; denn wir, wir können's
immer schlecht. Sokrates nehme ich dabei aus; denn er kann

αὐτῷ, ὁπότερ' ἂν ποιῶμεν. ἐπειδὴ οὖν μοι δοκεῖ οὐδεὶς τῶν παρόντων προθύμως ἔχειν πρὸς τὸ πολὺν πίνειν οἶνον, ἴσως ἂν ἐγὼ περὶ τοῦ μεθύσκεσθαι οἷόν ἐστι τἀληθῆ λέγων ἧττον ἂν εἴην ἀηδής. ἐμοὶ γὰρ δὴ τοῦτό γε οἶμαι κατάδηλον γεγονέναι ἐκ τῆς ἰατρικῆς, ὅτι χαλεπὸν τοῖς ἀνθρώποις ἡ d
μέθη ἐστίν· καὶ οὔτε αὐτὸς ἑκὼν εἶναι πόρρω ἐθελήσαιμι ἂν πιεῖν οὔτε ἄλλῳ συμβουλεύσαιμι, ἄλλως τε καὶ κραιπα-λῶντα ἔτι ἐκ τῆς προτεραίας.

Ἀλλὰ μήν, ἔφη φάναι ὑπολαβόντα Φαῖδρον τὸν Μυρρινού-σιον, ἔγωγέ σοι εἴωθα πείθεσθαι ἄλλως τε καὶ ἅττ' ἂν περὶ ἰατρικῆς λέγῃς· νῦν δ', ἂν εὖ βουλεύωνται, καὶ οἱ λοιποί. ταῦτα δὴ ἀκούσαντας συγχωρεῖν πάντας, μὴ διὰ μέθης e
ποιήσασθαι τὴν ἐν τῷ παρόντι συνουσίαν, ἀλλ' οὕτω πίνοντας πρὸς ἡδονήν.

5. Ἐπειδὴ τοίνυν, φάναι τὸν Ἐρυξίμαχον, τοῦτο μὲν δέδοκται, πίνειν ὅσον ἂν ἕκαστος βούληται, ἐπάναγκες δὲ μηδὲν εἶναι, τὸ μετὰ τοῦτο εἰσηγοῦμαι, τὴν μὲν ἄρτι εἰσελθοῦσαν αὐλη-τρίδα χαίρειν ἐᾶν, αὐλοῦσαν ἑαυτῇ ἢ ἂν βούληται ταῖς γυναιξὶ ταῖς ἔνδον, ἡμᾶς δὲ διὰ λόγων ἀλλήλοις συνεῖναι τὸ τήμερον· καὶ δι' οἵων λόγων, εἰ βούλεσθε, ἐθέλω ὑμῖν εἰσηγήσασθαι.

Φάναι δὴ πάντας [καὶ] βούλεσθαι καὶ κελεύειν αὐτὸν 177
εἰσηγεῖσθαι. εἰπεῖν οὖν τὸν Ἐρυξίμαχον, ὅτι Ἡ μέν μοι ἀρχὴ τοῦ λόγου ἐστὶ κατὰ τὴν Εὐριπίδου Μελανίππην· οὐ γὰρ ἐμὸς ὁ μῦθος, ἀλλὰ Φαίδρου τοῦδε, ὃν μέλλω λέγειν. Φαῖδρος γὰρ ἑκάστοτε πρός με ἀγανακτῶν λέγει Οὐ δεινόν, φησίν, ὦ Ἐρυξίμαχε, ἄλλοις μέν τισι θεῶν ὕμνους καὶ παιῶνας εἶναι ὑπὸ τῶν ποιητῶν πεποιημένους, τῷ δὲ Ἔρωτι, τηλικούτῳ ὄντι καὶ τοσούτῳ θεῷ, μηδὲ ἕνα πώποτε τοσούτων γεγονότων ποιητῶν πεποιηκέναι μηδὲν ἐγκώ- b

sogar beides, so daß es ihm recht sein wird, ob wir es so oder
so machen. Da es mir nun scheint, daß keiner der Anwesenden Lust hat, viel Wein zu trinken, so werde ich vielleicht
nicht so unangenehm auffallen, wenn ich die Wahrheit sage,
wie es eigentlich mit der Trunkenheit steht. Mir nämlich ist
soviel, meine ich, aus der Medizin klar geworden, daß der
Rausch für die Menschen etwas Schlimmes ist; und ich
möchte weder selbst freiwillig drauflos trinken, noch es einem
anderen raten, besonders, wenn man noch vom vorigen Tage
einen schweren Kopf hat."
„Aber gewiß," habe ihm ins Wort fallend Phaidros von
Myrrhinus gesagt, „ich für meine Person bin gewöhnt, dir in
allem und besonders in dem, was du über die Medizin sagst,
zu folgen; jetzt aber werden es, wenn sie wohlberaten sind,
auch die übrigen tun." – Als sie das hörten, hätten alle zu-
gestanden, das heutige Zusammensein nicht mit einem Rausch
zu verbringen, sondern nur eben nach Behagen zu trinken.

„Da es also ausgemacht ist," habe Eryximachos gesagt, „daß
jeder trinken soll, soviel er Lust hat, ohne daß ein Zwang
besteht, schlage ich weiterhin vor, wir lassen die soeben her-
eingekommene Flötenspielerin ihres Weges gehen – sie mag
für sich selber etwas spielen oder, wenn sie Lust hat, für die
Frauen in ihren Zimmern – und bringen dafür mit Reden die
heutige Zusammenkunft hin; und mit welcher Art von Reden,
das will ich euch, wenn ihr wollt, auch vorschlagen."
Da hätten alle erklärt, sie wollten es hören, und hätten ihn
seine Vorschläge machen lassen. Eryximachos habe also gesagt: „Der Anfang meiner Rede ist etwa wie in Euripides'
Melanippe, denn ,nicht mein ist der Gedanke', den ich dar-
legen will, sondern von Phaidros hier. Phaidros äußert nämlich bei jeder Gelegenheit gegen mich seinen Unwillen: ,Ist
es nicht arg, Eryximachos, daß für manche anderen Götter
Hymnen und Päane von den Dichtern geschaffen sind, daß
dem Eros aber, einem so alten und großen Gott, noch kein
einziger unter der großen Zahl von Dichtern, die es gibt,

μιον; εἰ δὲ βούλει αὖ σκέψασθαι τοὺς χρηστοὺς σοφιστάς,
Ἡρακλέους μὲν καὶ ἄλλων ἐπαίνους καταλογάδην συγ-
γράφειν, ὥσπερ ὁ βέλτιστος Πρόδικος – καὶ τοῦτο μὲν ἧττον
καὶ θαυμαστόν, ἀλλ' ἔγωγε ἤδη τινὶ ἐνέτυχον βιβλίῳ, ἐν
ᾧ ἐνῆσαν ἅλες ἔπαινον θαυμάσιον ἔχοντες πρὸς ὠφελίαν,
καὶ ἄλλα τοιαῦτα συχνὰ ἴδοις ἂν ἐγκεκωμιασμένα – τὸ οὖν   c
τοιούτων μὲν πέρι πολλὴν σπουδὴν ποιήσασθαι, Ἔρωτα
δὲ μηδένα πω ἀνθρώπων τετολμηκέναι εἰς ταυτηνὶ τὴν
ἡμέραν ἀξίως ὑμνῆσαι· ἀλλ' οὕτως ἡμέληται τοσοῦτος θεός.
ταῦτα δή μοι δοκεῖ εὖ λέγειν Φαῖδρος. ἐγὼ οὖν ἐπιθυμῶ
ἅμα μὲν τούτῳ ἔρανον εἰσενεγκεῖν καὶ χαρίσασθαι, ἅμα
δ' ἐν τῷ παρόντι πρέπον μοι δοκεῖ εἶναι ἡμῖν τοῖς παροῦσι,
κοσμῆσαι τὸν θεόν. εἰ οὖν συνδοκεῖ καὶ ὑμῖν, γένοιτ' ἂν   d
ἡμῖν ἐν λόγοις ἱκανὴ διατριβή· δοκεῖ γάρ μοι χρῆναι, ἕκαστον
ἡμῶν λόγον εἰπεῖν ἔπαινον Ἔρωτος ἐπὶ δεξιά, ὡς ἂν
δύνηται κάλλιστον, ἄρχειν δὲ Φαῖδρον πρῶτον, ἐπειδὴ καὶ
πρῶτος κατάκειται καὶ ἔστιν ἅμα πατὴρ τοῦ λόγου.

Οὐδείς σοι, ὦ Ἐρυξίμαχε, φάναι τὸν Σωκράτη, ἐναντία
ψηφιεῖται. οὔτε γὰρ ἄν που ἐγὼ ἀποφήσαιμι, ὃς οὐδέν
φημι ἄλλο ἐπίστασθαι ἢ τὰ ἐρωτικά, οὔτε που Ἀγάθων
καὶ Παυσανίας, οὐδὲ μὴν Ἀριστοφάνης, ᾧ περὶ Διόνυσον   e
καὶ Ἀφροδίτην πᾶσα ἡ διατριβή, οὐδὲ ἄλλος οὐδεὶς του-
τωνί, ὧν ἐγὼ ὁρῶ. καίτοι οὐκ ἐξ ἴσου γίγνεται ἡμῖν τοῖς
ὑστάτοις κατακειμένοις· ἀλλ' ἐὰν οἱ πρόσθεν ἱκανῶς καὶ
καλῶς εἴπωσιν, ἐξαρκέσει ἡμῖν. ἀλλὰ τύχῃ ἀγαθῇ καταρχέτω
Φαῖδρος καὶ ἐγκωμιαζέτω τὸν Ἔρωτα.

Ταῦτα δὴ καὶ οἱ ἄλλοι πάντες ἄρα συνέφασάν τε καὶ ἐκέλευον, ἅπερ ὁ Σωκράτης. πάντων μὲν οὖν, ἃ ἕκαστος   178
εἶπεν, οὔτε πάνυ ὁ Ἀριστόδημος ἐμέμνητο οὔτ' αὖ ἐγώ, ἃ
ἐκεῖνος ἔλεγε πάντα· ἃ δὲ μάλιστα καὶ ὧν ἔδοξέ μοι ἀξιο-

jemals irgendein Loblied gemacht hat? Wenn man sich aber andererseits die tüchtigen Weisheitslehrer ansehen wollte, die zwar auf Herakles und andere Männer Lobreden in Prosa verfassen, wie unser Meister Prodikos – und das ist auch noch nicht so sehr verwunderlich, aber mir kam schon einmal ein Buch in die Hände, in dem das Salz ein wundersames Lob wegen seines Nutzens erhielt, und eine lange Reihe von anderen Dingen der Art kann man mit preisenden Reden bedacht sehen –, wie sie sich also mit solchen Stoffen viele Mühe machen, den Eros aber noch kein einziger Mensch bis auf den heutigen Tag würdig zu preisen gewagt hat; nein, daß ein so großer Gott so sehr vernachlässigt ist!' Darin scheint mir ja Phaidros recht zu haben. Ich möchte also einerseits ihm einen Beitrag zum Fest liefern und ihm einen Gefallen tun, andererseits scheint es mir in diesem Augenblick angemessen für uns hier, den Gott zu verherrlichen. Wenn auch ihr nun einverstanden seid, so würden wir in unseren Reden genügend Unterhaltung finden; ich stelle nämlich den Antrag, es solle jeder von uns eine Lobrede auf Eros halten, nach rechts herum, so schön er es vermag, anfangen aber soll Phaidros – als erster, weil er auf dem ersten Platz liegt und zugleich der Vater des Themas ist.'«

»Niemand, Eryximachos«, habe Sokrates gesagt, »wird gegen dich stimmen. Denn weder könnte wohl ich selbst es ablehnen, der ich, offen gesagt, mich nur in der Welt des Eros auskenne, noch vermutlich Agathon und Pausanias, und schon gar nicht Aristophanes, dessen ganzes Tun Dionysos und Aphrodite gewidmet ist, und auch sonst keiner von denen, die ich hier sehe. Allerdings sind wir hier auf den letzten Plätzen im Nachteil; doch wenn unsere Vorredner zureichend und gut sprechen, soll es uns recht sein. Alles Gute denn für Phaidros: er soll beginnen und Eros preisen.'«

Dem stimmten auch alle anderen bei und schlossen sich Sokrates' Aufforderung an. An alles nun, was jeder redete, erinnerte sich Aristodemos nicht völlig, und auch ich nicht an alles, was er erzählte; aber die Hauptpunkte und die Redner,

μνημόνευτον, τούτων ὑμῖν ἐρῶ ἑκάστου τὸν λόγον.

6. Πρῶτον μὲν γάρ, ὥσπερ λέγω, ἔφη Φαῖδρον ἀρξάμενον ἐνθένδε ποθὲν λέγειν, ὅτι μέγας θεὸς εἴη ὁ Ἔρως καὶ θαυμαστὸς ἐν ἀνθρώποις τε καὶ θεοῖς, πολλαχῇ μὲν καὶ ἄλλη, οὐχ ἥκιστα δὲ κατὰ τὴν γένεσιν. τὸ γὰρ ἐν τοῖς πρεσβύτατον εἶναι τὸν θεὸν τίμιον, [ἦ δ' ὅς] τεκμήριον δὲ τούτου· γοναὶ b γὰρ Ἔρωτος οὔτ' εἰσὶν οὔτε λεγονται ὑπ' οὐδενὸς οὔτε ἰδιώτου οὔτε ποιητοῦ, ἀλλ' Ἡσίοδος πρῶτον μὲν Χάος φησὶ γενέσθαι –

                                    αὐτὰρ ἔπειτα
      Γαῖ' εὐρύστερνος, πάντων ἕδος ἀσφαλὲς αἰεί,
      ἠδ' Ἔρος.
[φησὶ μετὰ τὸ Χάος δύο τούτω γενέσθαι, Γῆν τε καὶ Ἔρωτα.] Παρμενίδης δὲ τὴν Γένεσιν λέγει ,πρώτιστον μὲν Ἔρωτα θεῶν μητίσατο πάντων'. Ἡσιόδῳ δὲ καὶ 'Ακουσίλεως c ὁμολογεῖ. οὕτω πολλαχόθεν ὁμολογεῖται ὁ Ἔρως ἐν τοῖς πρεσβύτατος εἶναι. πρεσβύτατος δὲ ὢν μεγίστων ἀγαθῶν ἡμῖν αἴτιός ἐστιν. οὐ γὰρ ἔγωγ' ἔχω εἰπεῖν, ὅτι μεῖζόν ἐστιν ἀγαθὸν εὐθὺς νέῳ ὄντι ἢ ἐραστὴς χρηστὸς καὶ ἐραστῇ παιδικά. ὃ γὰρ χρὴ ἀνθρώποις ἡγεῖσθαι παντὸς τοῦ βίου τοῖς μέλλουσι καλῶς βιώσεσθαι, τοῦτο οὔτε συγγένεια οἷά τε ἐμποιεῖν οὕτω καλῶς οὔτε τιμαὶ οὔτε πλοῦτος οὔτ' ἄλλο οὐδὲν ὡς ἔρως. λέγω δὲ δὴ τί τοῦτο; τὴν ἐπὶ μὲν τοῖς d αἰσχροῖς αἰσχύνην, ἐπὶ δὲ τοῖς καλοῖς φιλοτιμίαν· οὐ γὰρ ἔστιν ἄνευ τούτων οὔτε πόλιν οὔτε ἰδιώτην μεγάλα καὶ καλὰ ἔργα ἐξεργάζεσθαι. φημὶ τοίνυν ἐγὼ ἄνδρα, ὅστις ἐρᾷ, εἴ τι αἰσχρὸν ποιῶν κατάδηλος γίγνοιτο ἢ πάσχων ὑπό του δι' ἀνανδρίαν μὴ ἀμυνόμενος, οὔτ' ἂν ὑπὸ πατρὸς ὀφθέντα οὕτως ἀλγῆσαι οὔτε ὑπὸ ἑταίρων οὔτε ὑπ' ἄλλου οὐδενὸς ὡς ὑπὸ παιδικῶν. ταὐτὸν δὲ τοῦτο καὶ τὸν ἐρώ- e μενον ὁρῶμεν, ὅτι διαφερόντως τοὺς ἐραστὰς αἰσχύνεται,

die mir am meisten bemerkenswert erschienen, von denen will ich euch jeweils den Wortlaut geben.

Als erster nun habe, wie gesagt, Phaidros etwa mit dem Satz seine Rede begonnen, daß Eros ein großer Gott sei und bewunderungswürdig bei Menschen und Göttern, wie in vieler Hinsicht sonst, so nicht zum wenigsten wegen seines Werdens. „Denn daß der Gott uralt ist, ist hoch zu schätzen, und der Beweis dafür: einen Stammbaum des Eros gibt es nicht, und er wird auch von niemandem erzählt, weder von einem Laien noch von einem Dichter, sondern Hesiod sagt, zuerst sei das Chaos entstanden,

,aber nach diesem ward die Erde, breitbrüstig, für alle ein dauernder Wohnsitz, und auch der Eros'.
Parmenides aber sagt vom Werden:
,Als den ersten ersann es von allen Göttern den Eros'.
Zu Hesiod stimmt auch Akusilaos. So ist man sich auf vielen Seiten bei Eros darin einig, daß er uralt ist. Und als ältester ist er uns der Urheber der größten Güter. Denn ich kann nicht sagen, was für ein größeres Gut es gibt als gleich in früher Jugend einen tüchtigen Liebhaber und für den Liebhaber einen ebensolchen Liebling. Denn was Menschen in ihrem ganzen Leben leiten sollte, wenn sie ein schönes Leben führen wollen, das vermag weder Verwandtschaft so schön zu bieten noch Ehre, noch Reichtum, noch sonst irgendetwas wie der Eros. Was ich nun aber damit meine? Das ist die Scham bei Schmählichem und zum Schönen das stolze Streben; denn ohne dies kann kein Staat und kein Einzelner große, schöne Taten vollbringen. Ich behaupte daher, ein Mann, der liebt, wird sich, wenn er bei schmählichem Tun ertappt wird oder sich eine Erniedrigung aus Feigheit ohne Gegenwehr von jemand gefallen läßt, nicht so sehr grämen, wenn es sein Vater mit ansieht oder seine Kameraden oder wer sonst, als wenn es sein Geliebter sieht. Ebenso sehen wir aber auch bei dem Geliebten, daß er sich besonders vor seinen Liebhabern

ὅταν ὀφθῇ ἐν αἰσχρῷ τινι ὤν. εἰ οὖν μηχανή τις γένοιτο, ὥστε πόλιν γενέσθαι ἢ στρατόπεδον ἐραστῶν τε καὶ παιδικῶν, οὐκ ἔστιν ὅπως ἂν ἄμεινον οἰκήσειαν τὴν ἑαυτῶν ἢ ἀπεχόμενοι πάντων τῶν αἰσχρῶν καὶ φιλοτιμούμενοι πρὸς ἀλλήλους, καὶ μαχόμενοί γ' ἂν μετ' ἀλλήλων οἱ τοιοῦτοι 179 νικῷεν ἂν ὀλίγοι ὄντες, ὡς ἔπος εἰπεῖν, πάντας ἀνθρώπους. ἐρῶν γὰρ ἀνὴρ ὑπὸ παιδικῶν ὀφθῆναι ἢ λιπὼν τάξιν ἢ ὅπλα ἀποβαλὼν ἧττον ἂν δήπου δέξαιτο ἢ ὑπὸ πάντων τῶν ἄλλων, καὶ πρὸ τούτου τεθνάναι ἂν πολλάκις ἕλοιτο. καὶ μὴν ἐγκαταλιπεῖν γε τὰ παιδικὰ ἢ μὴ βοηθῆσαι κινδυνεύοντι – οὐδεὶς οὕτω κακός, ὅντινα οὐκ ἂν αὐτὸς ὁ Ἔρως ἔνθεον ποιήσειε πρὸς ἀρετήν, ὥστε ὅμοιον εἶναι τῷ ἀρίστῳ φύσει· καὶ ἀτεχνῶς, ὃ ἔφη Ὅμηρος, ‚μένος ἐμπνεῦσαι‘ ἐνίοις b τῶν ἡρώων τὸν θεόν, τοῦτο ὁ Ἔρως τοῖς ἐρῶσι παρέχει γιγνόμενον παρ' αὐτοῦ.

7. Καὶ μὴν ὑπεραποθνῄσκειν γε μόνοι ἐθέλουσιν οἱ ἐρῶντες, οὐ μόνον ὅτι ἄνδρες, ἀλλὰ καὶ αἱ γυναῖκες. τούτου δὲ καὶ ἡ Πελίου θυγάτηρ Ἄλκηστις ἱκανὴν μαρτυρίαν παρέχεται [ὑπὲρ τοῦδε τοῦ λόγου] εἰς τοὺς Ἕλληνας ἐθελήσασα μόνη ὑπὲρ τοῦ αὑτῆς ἀνδρὸς ἀποθανεῖν ὄντων αὐτῷ πατρός τε καὶ μητρός, οὓς ἐκείνη τοσοῦτον ὑπερεβάλετο τῇ φιλίᾳ διὰ c τὸν ἔρωτα, ὥστε ἀποδεῖξαι αὐτοὺς ἀλλοτρίους ὄντας τῷ ὑεῖ καὶ ὀνόματι μόνον προσήκοντας, καὶ τοῦτ' ἐργασαμένη τὸ ἔργον οὕτω καλὸν ἔδοξεν ἐργάσασθαι οὐ μόνον ἀνθρώποις ἀλλὰ καὶ θεοῖς, ὥστε πολλῶν πολλὰ καὶ καλὰ ἐργασαμένων εὐαριθμήτοις δή τισιν ἔδοσαν τοῦτο γέρας οἱ θεοί, ἐξ Ἅιδου ἀνεῖναι πάλιν τὴν ψυχήν, ἀλλὰ τὴν ἐκείνης ἀνεῖσαν ἀγασθέντες τῷ ἔργῳ· οὕτω καὶ θεοὶ τὴν περὶ τὸν ἔρωτα σπουδήν d τε καὶ ἀρετὴν μάλιστα τιμῶσιν. Ὀρφέα δὲ τὸν Οἰάγρου ἀτελῆ ἀπέπεμψαν ἐξ Ἅιδου φάσμα δείξαντες τῆς γυναικός, ἐφ' ἣν ἧκεν, αὐτὴν δὲ οὐ δόντες, ὅτι μαλθακίζεσθαι ἐδό-

schämt, wenn er bei irgendeinem schmählichen Tun gesehen wird. Wenn es sich also einrichten ließe, daß sich ein Staat oder ein Heer nur aus Liebhabern und Geliebten bildete, so lebten sie auf das allerbeste in ihrer Gemeinschaft; denn sie enthielten sich alles Schmählichen und wetteiferten miteinander; und wenn solche Männer, seien es auch nur wenige, Seite an Seite kämpften, würden sie geradezu die ganze Welt besiegen. Denn das ertrüge ein Liebender weniger als von jedem anderen, von seinem Geliebten gesehen zu werden, wie er aus der Reihe flieht oder die Waffen wegwirft, und lieber würde er vielmals den Tod auf sich nehmen. Und gar seinen Liebling im Stich lassen oder ihm in Gefahr nicht helfen – so schlecht ist keiner, daß ihn nicht eben Eros zur Tapferkeit begeisterte und er also dem geborenen Helden gliche. Kurz und gut, was Homer sagt, daß der Gott einigen Helden ‚Mut einhaucht‘, das gibt Eros den Liebenden als seine Gabe.

Ja, selbst für den andern zu sterben, entschließen sich nur die Liebenden, und nicht nur Männer, sondern sogar die Frauen. Dafür gibt auch die Peliastochter Alkestis einen vollen Beweis vor den Hellenen; denn sie allein entschloß sich, für ihren Gatten in den Tod zu gehen, obwohl ihm noch Vater und Mutter lebten: diese übertraf sie so sehr an Ergebenheit dank Eros, daß sie bewies, sie seien ihrem Sohne fremd und nur dem Namen nach angehörig; und als sie dies getan hatte, schien sie eine so schöne Tat vollbracht zu haben, nicht nur vor den Menschen, sondern auch vor den Göttern, daß diese, obwohl viele Menschen oft Schönes geleistet haben, doch nur einer gewissen wohlbemessenen Zahl die Auszeichnung gaben, ihre Seele wieder aus dem Hades zu entlassen, Alkestis’ Seele jedenfalls aus Bewunderung für ihre Tat entließen; so ehren auch die Götter Eifer und Tüchtigkeit im Dienst des Eros am höchsten. Orpheus dagegen, den Sohn des Oiagros, ließen sie unverrichteter Sache aus dem Hades abziehen, nachdem sie ihm nur ein Trugbild seiner Frau gezeigt hatten, die zu holen er gekommen war; aber sie selbst gaben sie ihm nicht, weil er sich als Weichling erwiesen hatte – war er doch

κει, ἅτε ὢν κιθαρῳδός, καὶ οὐ τολμᾶν ἕνεκα τοῦ ἔρωτος ἀποθνῄσκειν ὥσπερ Ἄλκηστις, ἀλλὰ διαμηχανᾶσθαι ζῶν εἰσιέναι εἰς Ἅιδου. τοιγάρτοι διὰ ταῦτα δίκην αὐτῷ ἐπέθεσαν καὶ ἐποίησαν τὸν θάνατον αὐτοῦ ὑπὸ γυναικῶν γενέσθαι, οὐχ ὥσπερ Ἀχιλλέα τὸν τῆς Θέτιδος ὑὸν ἐτίμησαν καὶ εἰς μακάρων νήσους ἀπέπεμψαν, ὅτι πεπυσμένος παρὰ τῆς μητρός, ὡς ἀποθανοῖτο ἀποκτείνας Ἕκτορα, μὴ ποιήσας δὲ τοῦτο οἴκαδε ἐλθὼν γηραιὸς τελευτήσοι, ἐτόλμησεν ἑλέσθαι βοηθήσας τῷ ἐραστῇ Πατρόκλῳ καὶ τιμωρήσας οὐ μόνον ὑπεραποθανεῖν ἀλλὰ καὶ ἐπαποθανεῖν τετελευτηκότι· ὅθεν δὴ καὶ ὑπεραγασθέντες οἱ θεοὶ διαφερόντως αὐτὸν ἐτίμησαν, ὅτι τὸν ἐραστὴν οὕτω περὶ πολλοῦ ἐποιεῖτο. Αἰσχύλος δὲ φλυαρεῖ φάσκων Ἀχιλλέα Πατρόκλου ἐρᾶν, ὃς ἦν καλλίων οὐ μόνον Πατρόκλου ἀλλ' ἄρα καὶ τῶν ἡρώων ἁπάντων, καὶ ἔτι ἀγένειος, ἔπειτα νεώτερος πολύ, ὥς φησιν Ὅμηρος. ἀλλὰ γὰρ τῷ ὄντι μάλιστα μὲν ταύτην τὴν ἀρετὴν οἱ θεοὶ τιμῶσιν τὴν περὶ τὸν ἔρωτα, μᾶλλον μέντοι θαυμάζουσιν καὶ ἄγανται καὶ εὖ ποιοῦσιν, ὅταν ὁ ἐρώμενος τὸν ἐραστὴν ἀγαπᾷ ἢ ὅταν ὁ ἐραστὴς τὰ παιδικά. θειότερον γὰρ ἐραστὴς παιδικῶν· ἔνθεος γάρ ἐστι. διὰ ταῦτα καὶ τὸν Ἀχιλλέα [τῆς Ἀλκήστιδος] μᾶλλον ἐτίμησαν εἰς μακάρων νήσους ἀποπέμψαντες.

Οὕτω δὴ ἔγωγέ φημι Ἔρωτα θεῶν καὶ πρεσβύτατον καὶ τιμιώτατον καὶ κυριώτατον εἶναι εἰς ἀρετῆς καὶ εὐδαιμονίας κτῆσιν ἀνθρώποις καὶ ζῶσι καὶ τελευτήσασιν.

8. Φαῖδρον μὲν τοιοῦτόν τινα λόγον ἔφη εἰπεῖν, μετὰ δὲ Φαῖδρον ἄλλους τινὰς εἶναι, ὧν οὐ πάνυ διεμνημόνευε· οὓς παρεὶς τὸν Παυσανίου λόγον διηγεῖτο. εἰπεῖν δ' αὐτόν, ὅτι Οὐ καλῶς μοι δοκεῖ, ὦ Φαῖδρε, προβεβλῆσθαι ἡμῖν ὁ λόγος, τὸ ἁπλῶς οὕτως παρηγγέλθαι ἐγκωμιάζειν Ἔρωτα.

ein Kitharaspieler – und nicht das Herz hatte, um des Eros willen zu sterben gleich Alkestis, sondern sich's erlisten wollte, als Lebender in den Hades einzudringen. Denn gewiß deswegen legten sie ihm eine Strafe auf und ließen ihn durch Frauenhand den Tod erleiden, während sie Achill, den Sohn der Thetis, ehrten und auf die Inseln der Seligen entrückten; denn er hatte von seiner Mutter erfahren, daß er nach Hektors Tötung sterben, andernfalls aber heimkehren und hochbetagt hinscheiden würde, und hatte doch den Mut zu der Entscheidung, seinem Liebhaber Patroklos zu Hilfe zu kommen, ihn zu rächen und dann nicht nur für ihn zu sterben, sondern auch dem Gefallenen nachzusterben; daher eben ehrten ihn die Götter in hoher Bewunderung auf eigene Weise, weil ihm sein Liebhaber so viel wert gewesen war. Aischylos ist ja nicht ernst zu nehmen, wenn er sagt, Achill sei Patroklos' Liebhaber gewesen, er, der schöner war nicht nur als Patroklos, sondern als alle Helden zusammen, und war noch bartlos, zudem viel jünger, wie Homer sagt. Nein, es ist tatsächlich so: sehr hoch ehren die Götter diese Stärke im Eros, sie bewundern, würdigen und belohnen aber mehr die Ergebenheit des Geliebten gegen seinen Liebhaber als umgekehrt die des Liebhabers gegen den Geliebten. Denn etwas Göttlicheres ist der Liebende als der Geliebte, wohnt in ihm doch der Gott. Deswegen ehrten sie auch den Achill mehr, indem sie ihn auf die Inseln der Seligen entrückten.
So behaupte ich denn, daß Eros der Götter ältester und ehrwürdigster und wichtigster sei zum Gewinn von Tüchtigkeit und Glückseligkeit für die Menschheit, im Leben wie nach dem Tode.''

Phaidros habe etwa diese Rede gehalten, nach Phaidros aber seien einige andere Reden gekommen, an die er sich nicht recht erinnerte; die überging er, um die Rede des Pausanias wiederzugeben. Der habe so gesprochen: ,,Ich glaube, Phaidros, das Thema ist uns nicht gut gestellt, als so einfach ,Verherrlichung des Eros' angegeben wurde. Wenn es näm-

εἰ μὲν γὰρ εἷς ἦν ὁ Ἔρως, καλῶς ἂν εἶχε, νῦν δὲ οὐ γὰρ ἔστιν εἷς· μὴ ὄντος δὲ ἑνὸς ὀρθότερόν ἐστι πρότερον προρρηθῆναι, ὁποῖον δεῖ ἐπαινεῖν. ἐγὼ οὖν πειράσομαι τοῦτο d ἐπανορθώσασθαι, πρῶτον μὲν Ἔρωτα φράσαι, ὃν δεῖ ἐπαινεῖν, ἔπειτα ἐπαινέσαι ἀξίως τοῦ θεοῦ. πάντες γὰρ ἴσμεν, ὅτι οὐκ ἔστιν ἄνευ Ἔρωτος Ἀφροδίτη. μιᾶς μὲν οὖν οὔσης εἷς ἂν ἦν Ἔρως· ἐπεὶ δὲ δὴ δύο ἐστόν, δύο ἀνάγκη καὶ Ἔρωτε εἶναι. πῶς δ' οὐ δύο τὼ θεά; ἡ μέν γέ που πρεσβυτέρα καὶ ἀμήτωρ Οὐρανοῦ θυγάτηρ, ἣν δὴ καὶ οὐρανίαν ἐπονομάζομεν· ἡ δὲ νεωτέρα Διὸς καὶ Διώνης, ἣν δὴ πάνδημον καλοῦμεν. ἀναγκαῖον δὴ καὶ Ἔρωτα τὸν μὲν τῇ ἑτέρᾳ e συνεργὸν πάνδημον ὀρθῶς καλεῖσθαι, τὸν δὲ οὐράνιον. – ἐπαινεῖν μὲν οὖν δεῖ πάντας θεούς, ἃ δ' οὖν ἑκάτερος εἴληχε, πειρατέον εἰπεῖν. πᾶσα γὰρ πρᾶξις ὧδ' ἔχει· αὐτὴ ἐφ' ἑαυτῆς οὔτε καλὴ οὔτε αἰσχρά. οἷον ὃ νῦν ἡμεῖς ποιοῦμεν, ἢ πίνειν ἢ ᾄδειν ἢ διαλέγεσθαι, οὐκ ἔστι τούτων αὐτὸ 181 καλὸν οὐδέν, ἀλλ' ἐν τῇ πράξει, ὡς ἂν πραχθῇ, τοιοῦτον ἀπέβη· καλῶς μὲν γὰρ πραττόμενον καὶ ὀρθῶς καλὸν γίγνεται, μὴ ὀρθῶς δὲ αἰσχρόν. οὕτω δὴ καὶ τὸ ἐρᾶν καὶ ὁ Ἔρως οὐ πᾶς ἐστι καλὸς οὐδὲ ἄξιος ἐγκωμιάζεσθαι, ἀλλὰ ὁ καλῶς προτρέπων ἐρᾶν.

9. Ὁ μὲν οὖν τῆς πανδήμου Ἀφροδίτης ὡς ἀληθῶς πάνδημός ἐστι καὶ ἐξεργάζεται, ὅτι ἂν τύχῃ. καὶ οὗτός ἐστιν, b ὃν οἱ φαῦλοι τῶν ἀνθρώπων ἐρῶσιν. ἐρῶσι δὲ οἱ τοιοῦτοι πρῶτον μὲν οὐχ ἧττον γυναικῶν ἢ παίδων, ἔπειτα, ὧν καὶ ἐρῶσι, τῶν σωμάτων μᾶλλον ἢ τῶν ψυχῶν, ἔπειτα, ὡς ἂν δύνωνται, ἀνοητοτάτων, πρὸς τὸ διαπράξασθαι μόνον βλέποντες, ἀμελοῦντες δὲ τοῦ καλῶς ἢ μή· ὅθεν δὴ συμβαίνει αὐτοῖς, ὅτι ἂν τύχωσι, τοῦτο πράττειν, ὁμοίως μὲν ἀγαθόν, ὁμοίως δὲ τοὐναντίον. ἔστι γὰρ καὶ ἀπὸ τῆς θεοῦ νεωτέρας τε οὔσης πολὺ ἢ τῆς ἑτέρας καὶ μετεχούσης ἐν τῇ γενέσει c

lich nur einen Eros gäbe, wäre es recht. Nun aber gibt es ja
nicht nur einen; gibt es aber nicht nur einen, dann ist es
richtiger, zuvor festzusetzen, welchen man preisen soll. Ich
will also versuchen, dies in Ordnung zu bringen, indem ich
zuerst den Eros bezeichne, den man preisen soll, und dann
ihn preise, wie er es als Gott verdient. Wir alle wissen ja, daß
es ohne Eros keine Aphrodite gibt. Gäbe es nun nur eine, so
gäbe es auch nur einen Eros; da es aber bekanntlich zwei gibt,
muß es auch zweierlei Eros geben. Gibt es denn etwa nicht
zwei solche Göttinnen? Die eine ist also wohl die ältere,
mutterlose, die Tochter des Himmels, der wir mithin den Beinamen 'die himmlische' geben; und die jüngere ist die Tochter
von Zeus und Dione, die nennen wir ja die allgemeine. Folg-
lich muß nun auch der Eros, der der einen Gehilfe ist, mit
Grund der allgemeine heißen, der andere aber der himmlische
– Nun muß man zwar alle Götter preisen, aber man muß die
verschiedene Bestimmung jener beiden darzulegen versuchen.
Mit jedem Tun nämlich steht es so: an sich ist es weder schön
noch schimpflich; etwa was wir jetzt hier treiben, Trinken
oder Singen oder Unterhaltung, davon ist nichts an sich
schön, sondern erst in der Ausführung, je nach dem, wie es
getan wird, stellt es sich als so oder so heraus; wird es schön
und richtig gemacht, so ist es schön, wenn nicht richtig, dann
ist es schimpflich. So ist es auch mit dem Verliebtsein, und
nicht jeder Eros ist schön und wert gepriesen zu werden, sondern nur der, der zum schönen Lieben hinführt.
Der Eros nun, der zu der allgemeinen Aphrodite gehört, ist
tatsächlich allgemein und wirkt wahllos, und das ist der,
dem die gewöhnlichen Menschen sich ergeben. Und zwar
lieben solche erstens Frauen nicht weniger als Knaben, ferner,
wenn sie denn diese lieben, den Leib mehr als die Seele,
weiterhin möglichst die Dümmsten, da sie nur darauf sehen,
zu ihrem Ziel zu kommen, unbekümmert, ob schön oder nicht;
so kommt es, daß sie wahllos alles tun, Gutes wie das Gegen-
teil. Denn dieser Eros kommt ja auch von der Göttin, die viel
jünger ist als die andere und in ihrem Ursprung am Weib-

καὶ θήλεος καὶ ἄρρενος. ὁ δὲ τῆς οὐρανίας πρῶτον μὲν οὐ μετεχούσης θήλεος ἀλλ' ἄρρενος μόνον· [καὶ ἔστιν οὗτος ὁ τῶν παίδων ἔρως.] ἔπειτα πρεσβυτέρας, ὕβρεως ἀμοίρου· ὅθεν δὴ ἐπὶ τὸ ἄρρεν τρέπονται οἱ ἐκ τούτου τοῦ ἔρωτος ἔπιπνοι, τὸ φύσει ἐρρωμενέστερον καὶ νοῦν μᾶλλον ἔχον ἀγαπῶντες. καί τις ἂν γνοίη καὶ ἐν αὐτῇ τῇ παιδεραστίᾳ τοὺς εἰλικρινῶς ὑπὸ τούτου τοῦ ἔρωτος ὡρμημένους. οὐ d γὰρ ἐρῶσι παίδων, ἀλλ' ἐπειδὰν ἤδη ἄρχωνται νοῦν ἴσχειν, τοῦτο δὲ πλησιάζει τῷ γενειάσκειν. παρεσκευασμένοι γάρ, οἶμαι, εἰσὶν οἱ ἐντεῦθεν ἀρχόμενοι ἐρᾶν ὡς τὸν βίον ἅπαντα συνεσόμενοι καὶ κοινῇ συμβιωσόμενοι, ἀλλ' οὐκ ἐξαπατήσαν- τες, ἐν ἀφροσύνῃ λαβόντες ὡς νέον, καταγελάσαντες οἰχήσεσθαι ἐπ' ἄλλον ἀποτρέχοντες. χρῆν δὲ καὶ νόμον εἶναι, μὴ ἐρᾶν παίδων, ἵνα μὴ εἰς ἄδηλον πολλὴ σπουδὴ ἀνη- e λίσκετο· τὸ γὰρ τῶν παίδων τέλος ἄδηλον, οἷ τελευτᾷ, κακίας καὶ ἀρετῆς ψυχῆς τε πέρι καὶ σώματος. οἱ μὲν οὖν ἀγαθοὶ τὸν νόμον τοῦτον αὐτοὶ αὑτοῖς ἑκόντες τίθενται, χρῆν δὲ καὶ τούτους τοὺς πανδήμους ἐραστὰς προσαναγ- κάζειν τὸ τοιοῦτον, ὥσπερ καὶ τῶν ἐλευθέρων γυναικῶν προσαναγκάζομεν αὐτούς, καθ' ὅσον δυνάμεθα, μὴ ἐρᾶν. 182 οὗτοι γάρ εἰσιν οἱ καὶ τὸ ὄνειδος πεποιηκότες, ὥστε τινὰς τολμᾶν λέγειν, ὡς αἰσχρὸν χαρίζεσθαι ἐρασταῖς· λέγουσι δὲ εἰς τούτους ἀποβλέποντες, ὁρῶντες αὐτῶν τὴν ἀκαιρίαν καὶ ἀδικίαν, ἐπεὶ οὐ δήπου κοσμίως γε καὶ νομίμως ὁτιοῦν πραττόμενον ψόγον ἂν δικαίως φέροι.

Καὶ δὴ καὶ ὁ περὶ τὸν ἔρωτα νόμος ἐν μὲν ταῖς ἄλλαις πόλεσι νοῆσαι ῥάδιος, ἁπλῶς γὰρ ὥρισται· ὁ δ' ἐνθάδε [καὶ ἐν Λακεδαίμονι] ποικίλος. ἐν Ἤλιδι μὲν γὰρ καὶ ἐν b Βοιωτοῖς καὶ οὗ μὴ σοφοὶ λέγειν ἁπλῶς νενομοθέτηται καλὸν τὸ χαρίζεσθαι ἐρασταῖς, καὶ οὐκ ἄν τις εἴποι οὔτε

lichen wie am Männlichen teilhat. Aber der andere gehört zu
der himmlischen Göttin, die erstens nicht am Weiblichen,
sondern nur am Männlichen teilhat, die sodann die ältere ist,
der Mutwillen fernliegt. Daher wenden sich die von diesem
Eros Begeisterten zum Männlichen; denn sie lieben das von
Natur Stärkere und mehr Vernunftbegabte. Und man kann
wohl auch in der Knabenliebe selbst die rein von diesem
Eros Getriebenen herauskennen; denn sie verlieben sich in
Knaben erst dann, wenn sich bei diesen schon der Verstand
regt, das entspricht etwa der Zeit, wo der erste Flaum sprießt.
Wer erst von da an zu lieben beginnt, ist, wie ich glaube,
bereit, sein ganzes Leben hindurch mit dem anderen zusammen zu sein und Gemeinschaft zu halten, statt den Geliebten,
wenn sie seine törichte Jugend gewonnen haben, zu betrügen
und mit Hohnlachen zu einem anderen davonzulaufen. Es
sollte auch verboten sein, Knaben im Kindesalter zu lieben,
damit nicht ins Ungewisse so viel Mühe verschwendet wird;
denn bei Kindern ist es noch unklar, wohin sie sich zuletzt
entwickeln, was die Tüchtigkeit und die Schlechtigkeit des
Leibes und der Seele betrifft. Die Guten nun machen sich
dies selbst aus freien Stücken zum Gesetz; man sollte aber
auch diese Liebhaber von der allgemeinen Art zu dergleichen
zwingen, wie wir sie ja auch, soweit als möglich, zwingen,
nicht freigeborene Frauen zu lieben. Diese Leute sind es nämlich, die die Sache gar in üblen Ruf gebracht haben, so daß
manche zu behaupten wagen, es sei schmählich, sich dem
Liebenden hinzugeben; das sagen sie aber nur im Hinblick
auf diese Leute, bei denen sie solche Taktlosigkeit und Un-
redlichkeit sehen; denn wenn irgend etwas in Zucht und
Ordnung getan wird, kann es sich wohl keinen gerechten
Tadel zuziehen.

Was nun in Sachen des Eros Brauch ist, kann man in den
anderen Staaten leicht erkennen, weil die Bestimmungen einfach sind; aber bei uns ist es verwickelt. In Elis nämlich und
bei den Böotern und wo man im Reden nicht geschickt ist,
gilt es einfach für schön, sich den Liebhabern hinzugeben,

νέος οὔτε παλαιὸς ὡς αἰσχρόν, ἵνα, οἶμαι, μὴ πράγματ' ἔχω-
σιν λόγῳ πειρώμενοι πείθειν τοὺς νέους ἅτε ἀδύνατοι λέγειν·
τῆς δὲ Ἰωνίας καὶ ἄλλοθι πολλαχοῦ αἰσχρὸν νενόμισται,
ὅσοι ὑπὸ βαρβάροις οἰκοῦσιν. τοῖς γὰρ βαρβάροις διὰ τὰς
τυραννίδας αἰσχρὸν τοῦτό γε καὶ ἥ γε φιλοσοφία καὶ ἡ   c
φιλογυμναστία· οὐ γάρ, οἶμαι, συμφέρει τοῖς ἄρχουσι,
φρονήματα μεγάλα ἐγγίγνεσθαι τῶν ἀρχομένων οὐδὲ φιλίας
ἰσχυρὰς καὶ κοινωνίας, ὃ δὴ μάλιστα φιλεῖ τά τε ἄλλα
πάντα καὶ ὁ ἔρως ἐμποιεῖν. ἔργῳ δὲ τοῦτο ἔμαθον καὶ οἱ
ἐνθάδε τύραννοι· ὁ γὰρ Ἀριστογείτονος ἔρως καὶ ἡ Ἁρμοδίου
φιλία βέβαιος γενομένη κατέλυσεν αὐτῶν τὴν ἀρχήν. οὕτως,
οὗ μὲν αἰσχρὸν ἐτέθη χαρίζεσθαι ἐρασταῖς, κακίᾳ τῶν   d
θεμένων κεῖται, τῶν μὲν ἀρχόντων πλεονεξίᾳ, τῶν δὲ
ἀρχομένων ἀνανδρίᾳ· οὗ δὲ καλὸν ἁπλῶς ἐνομίσθη, διὰ τὴν
τῶν θεμένων τῆς ψυχῆς ἀργίαν.

10. Ἐνθάδε δὲ πολὺ τούτων κάλλιον νενομοθέτηται, καί,
ὅπερ εἶπον, οὐ ῥάδιον κατανοῆσαι. ἐνθυμηθέντι γάρ, ὅτι
λέγεται κάλλιον τὸ φανερῶς ἐρᾶν τοῦ λάθρα, καὶ μάλιστα
τῶν γενναιοτάτων καὶ ἀρίστων, κἂν αἰσχίους ἄλλων ὦσι,
καὶ ὅτι αὖ ἡ παρακέλευσις τῷ ἐρῶντι παρὰ πάντων θαυμα-
στή, οὐχ ὥς τι αἰσχρὸν ποιοῦντι, καὶ ἑλόντι τε καλὸν δοκεῖ
εἶναι καὶ μὴ ἑλόντι αἰσχρόν, καὶ πρὸς τὸ ἐπιχειρεῖν ἑλεῖν ἐξου-   e
σίαν ὁ νόμος δέδωκε τῷ ἐραστῇ θαυμαστὰ ἔργα ἐργαζομένῳ
ἐπαινεῖσθαι, ἃ εἴ τις τολμῴη ποιεῖν ἀλλ' ὁτιοῦν διώκων καὶ
βουλόμενος διαπράξασθαι πλὴν τοῦτο, [φιλοσοφίας] τὰ μέ-   18
γιστα καρποῖτ' ἂν ὀνείδη· εἰ γὰρ ἢ χρήματα βουλόμενος
παρά του λαβεῖν ἢ ἀρχὴν ἄρξαι ἤ τινα ἄλλην δύναμιν
ἐθέλοι ποιεῖν οἷάπερ οἱ ἐρασταὶ πρὸς τὰ παιδικά, ἱκετείας

und niemand, weder jung noch alt, würde das als schimpflich bezeichnen, und zwar, meine ich, damit sie sich keine Mühe machen mit Überredungsversuchen bei den jungen Menschen, denn sie haben ja nicht die Gabe der Rede. In Ionien aber und an vielen Orten anderswo gilt es als Schande, soweit man unter barbarischer Oberhoheit lebt; denn die Barbaren halten dies wegen der verschiedenen Formen der Gewaltherrschaft für schändlich, wie ja auch die Philosophie und die Gymnastik; ist es doch den Herrschern, meine ich, nicht von Vorteil, wenn bei den Untertanen hohe Gesinnung aufkommt und feste Freundschaften und Verbindungen, was ja ganz besonders neben allem anderen der Eros zu schaffen pflegt. Davon mußten sich auch die hiesigen Tyrannen überzeugen; denn ihre Herrschaft wurde durch die Liebe des Aristogeiton und die treue Hinneigung des Harmodios zu ihm gestürzt. So muß man sagen: wo man es für schändlich erklärte, sich Liebenden hinzugeben, gilt das dank der Schlechtigkeit der Gesetzgeber, wobei der Machtgier der Herrscher die Feigheit der Untertanen entspricht; wo es aber ohne weiteres als schön angesehen wurde, ist es so aus seelischer Trägheit der Gesetzgeber.

Hier aber ist die Sitte viel schöner als dort, nur, wie gesagt, nicht leicht zu erkennen. Denn man bedenke: es gilt für schöner, offen zu werben als heimlich, und vor allem um die Edelsten und Besten, auch wenn sie häßlicher sind als andere; ferner wird dem Liebenden eine erstaunliche Ermunterung von allen Seiten zuteil, gar nicht wie einem, der etwas Schmähliches tut, und Erfolg bei dem Geliebten wird als schön, Mißerfolg als schmählich empfunden; und bei seiner Werbung gibt die Sitte dem Liebhaber die Möglichkeit, auffallende Dinge zu tun und dafür noch gelobt zu werden, Dinge, die jemandem den heftigsten Tadel einbrächten, wenn er damit eine andere Absicht verfolgen und durchsetzen wollte als diese; denn wenn einer um des Gewinns von Geld oder um Ausübung der Herrschaft oder sonst einer Macht willen das zu tun sich entschlösse, was die Liebhaber gegenüber ihren

τε καὶ ἀντιβολήσεις ἐν ταῖς δεήσεσιν ποιούμενοι, καὶ ὅρκους ὀμνύντες, καὶ κοιμήσεις ἐπὶ θύραις, καὶ ἐθέλοντες δουλείας δουλεύειν οἵας οὐδ' ἂν δοῦλος οὐδείς, ἐμποδίζοιτο ἂν μὴ πράττειν οὕτω τὴν πρᾶξιν καὶ ὑπὸ φίλων καὶ ὑπὸ ἐχθρῶν, τῶν μὲν ὀνειδιζόντων κολακείας καὶ ἀνελευθερίας, τῶν δὲ b νουθετούντων καὶ αἰσχυνομένων ὑπὲρ αὐτῶν – τῷ δ' ἐρῶντί πάντα ταῦτα ποιοῦντι χάρις ἔπεστι, καὶ δέδοται ὑπὸ τοῦ νόμου ἄνευ ὀνείδους πράττειν, ὡς πάγκαλόν τι πρᾶγμα διαπραττομένου· ὃ δὲ δεινότατον, ὡς γε λέγουσιν οἱ πολλοί, ὅτι καὶ ὀμνύντι μόνῳ συγγνώμη παρὰ θεῶν ἐκβάντι τὸν ὅρκον – ἀφροδίσιον γὰρ ὅρκον ⟨ὅρκον⟩ οὔ φασιν εἶναι· οὕτω καὶ οἱ θεοὶ καὶ οἱ ἄνθρωποι πᾶσαν ἐξουσίαν πεποιήκασι c τῷ ἐρῶντι, ὡς ὁ νόμος φησὶν ὁ ἐνθάδε.

Ταύτῃ μὲν οὖν οἰηθείη ἄν τις, πάγκαλον νομίζεσθαι ἐν τῇδε τῇ πόλει καὶ τὸ ἐρᾶν καὶ τὸ φίλους γίγνεσθαι τοῖς ἐρασταῖς. ἐπειδὰν δὲ παιδαγωγοὺς ἐπιστήσαντες οἱ πατέρες τοῖς ἐρωμένοις μὴ ἐῶσι διαλέγεσθαι τοῖς ἐρασταῖς, καὶ τῷ παιδαγωγῷ ταῦτα προστεταγμένα ᾖ, ἡλικιῶται δὲ καὶ ἑταῖροι ὀνειδίζωσιν, ἐάν τι ὁρῶσιν τοιοῦτον γιγνόμενον, καὶ τοὺς ὀνειδίζοντας αὖ οἱ πρεσβύτεροι μὴ διακωλύωσι d μηδὲ λοιδορῶσιν ὡς οὐκ ὀρθῶς λέγοντας, εἰς δὲ ταῦτά τις αὖ βλέψας ἡγήσαιτ' ἂν πάλιν, αἴσχιστον τὸ τοιοῦτον ἐνθάδε νομίζεσθαι. τὸ δέ, οἶμαι, ὧδ' ἔχει· οὐχ ἁπλοῦν ἐστιν, ὅπερ ἐξ ἀρχῆς ἐλέχθη, οὔτε καλὸν εἶναι αὐτὸ καθ' αὐτὸ οὔτε αἰσχρόν, ἀλλὰ καλῶς μὲν πραττόμενον καλόν, αἰσχρῶς δὲ αἰσχρόν. αἰσχρῶς μὲν οὖν ἐστι πονηρῷ τε καὶ πονηρῶς χαρίζεσθαι, καλῶς δὲ χρηστῷ τε καὶ καλῶς. πονηρὸς δ' ἐστὶν ἐκεῖνος ὁ ἐραστὴς ὁ πάνδημος, ὁ τοῦ σώματος μᾶλλον e ἢ τῆς ψυχῆς ἐρῶν. καὶ γὰρ οὐδὲ μόνιμός ἐστιν, ἅτε οὐδὲ μονίμου ἐρῶν πράγματος. ἅμα γὰρ τῷ τοῦ σώματος ἄνθει λήγοντι, οὗπερ ἤρα, ,οἴχεται ἀποπτάμενος‘ πολλοὺς λόγους καὶ ὑποσχέσεις καταισχύνας· ὁ δὲ τοῦ ἤθους χρηστοῦ ὄντος

c 8 ἑταῖροι: ἕτεροι

Geliebten tun, nämlich flehentliche und unterwürfige Bitten bei ihrer Werbung, dazu Eidschwüre und Nachtlager vor der Tür und Bereitschaft, freiwillige Sklavendienste zu leisten wie kein Sklave auf der Welt, dann würde er von Freund und Feind gehindert werden, so zu verfahren; die einen würden ihm Schmeichelei und unwürdiges Benehmen vorwerfen, die anderen ihm den Kopf zurechtsetzen und sich für ihn schämen. Wenn aber ein Liebhaber all das tut, so ruht der Reiz der Anmut auf ihm, und die Sitte erlaubt es ohne Vorwurf, in der Vorstellung, daß er ja etwas ganz Schönes tut. Was aber das Ärgste ist, um jedenfalls mit der großen Masse zu reden: dem Liebenden allein verzeihen die Götter, wenn er seinen Schwur bricht; denn ein Liebesschwur, sagt man, ist kein Schwur. So haben Götter und Menschen dem Liebenden jede Möglichkeit geschaffen, wie es die hier geltende Sitte will. Danach könnte man nun glauben, in dieser Stadt gelte es für unbedingt schön, zu lieben und gegen die Liebenden freundlich zu sein. Da aber die Väter denen, die geliebt werden, Aufseher bestellen und keine Gespräche mit den Liebhabern zulassen, und dem Aufseher dies eingeschärft wird; da Altersgenossen und Kameraden schelten, wenn sie derlei geschehen sehen, und da andererseits die Älteren solchen Tadlern nicht den Mund verbieten und sie nicht schelten, daß sie Unrecht hätten – wenn man dies ins Auge faßt, könnte man umgekehrt meinen, dergleichen gelte hier als größte Schande. Damit steht es aber, glaube ich, so: es ist, wie anfangs gesagt, nicht einfach an und für sich schön oder häßlich, sondern geschieht es auf schöne Weise, ist es schön, wenn aber auf häßliche, häßlich. Häßlich geschieht es, wenn man sich einem Schlechten und zudem auf schlechte Art hingibt, schön, wenn einem Guten und dazu auf schöne Art. Schlecht aber ist jener allgemeine Liebhaber, der mehr den Leib als die Seele liebt; und er ist ja nicht einmal beständig, weil er etwas Unbeständiges liebt; denn sobald die Blüte des Leibes, um die er warb, dahin ist, ,schwindet er im Fluge hinweg' und macht die vielen Worte und Versprechungen zuschanden. Dagegen

ἐραστὴς διὰ βίου μένει, ἅτε μονίμῳ συντακείς. τούτους δὴ βούλεται ὁ ἡμέτερος νόμος εὖ καὶ καλῶς βασανίζειν. [καὶ 184 τοῖς μὲν χαρίσασθαι, τοὺς δὲ διαφεύγειν.] διὰ ταῦτα οὖν τοῖς μὲν διώκειν παρακελεύεται, τοῖς δὲ φεύγειν, ἀγωνοθετῶν καὶ βασανίζων, ποτέρων ποτέ ἐστιν ὁ ἐρῶν καὶ ποτέρων ὁ ἐρώμενος. οὕτω δὴ ὑπὸ ταύτης τῆς αἰτίας πρῶτον μὲν τὸ ἁλίσκεσθαι ταχὺ αἰσχρὸν νενόμισται, ἵνα χρόνος ἐγγένηται, ὃς δὴ δοκεῖ τὰ πολλὰ καλῶς βασανίζειν, ἔπειτα τὸ ὑπὸ χρημάτων καὶ ὑπὸ πολιτικῶν δυνάμεων ἁλῶναι αἰσχρόν, ἐάν τε κακῶς πάσχων πτήξῃ καὶ μὴ καρτερήσῃ, ἄν τ᾽ b εὐεργετούμενος εἰς χρήματα ἢ εἰς διαπράξεις πολιτικὰς μὴ καταφρονήσῃ· οὐδὲν γὰρ δοκεῖ τούτων οὔτε βέβαιον οὔτε μόνιμον εἶναι, χωρὶς τοῦ μηδὲ πεφυκέναι ἀπ᾽ αὐτῶν γενναίαν φιλίαν. μία δὴ λείπεται τῷ ἡμετέρῳ νόμῳ ὁδός, εἰ μέλλει καλῶς χαριεῖσθαι ἐραστῇ παιδικά. [ἔστι γὰρ ἡμῖν νόμος] ὡς γὰρ ἐπὶ τοῖς ἐρασταῖς ἦν, δουλεύειν ἐθέλοντα ἡντινοῦν ⟨ἄλλην⟩ δουλείαν παιδικοῖς μὴ κολακείαν εἶναι c μηδὲ ἐπονείδιστον, οὕτω δὴ καὶ [ἄλλη] μία ἐρωμένῳ δουλεία ἑκούσιος λείπεται οὐκ ἐπονείδιστος. αὕτη δ᾽ ἐστὶν ἡ περὶ τὴν ἀρετήν.

11. Νενόμισται γὰρ δὴ ἡμῖν, ἐάν τις ἐθέλῃ τινὰ θεραπεύειν ἡγούμενος δι᾽ ἐκεῖνον ἀμείνων ἔσεσθαι ἢ κατὰ σοφίαν τινὰ ἢ κατὰ ἄλλο ὁτιοῦν μέρος ἀρετῆς, αὕτη αὖ ἡ ἐθελοδουλεία οὐκ αἰσχρὰ εἶναι οὐδὲ κολακεία. δεῖ δὴ τὼ νόμω τούτω συμβαλεῖν εἰς ταὐτόν, τόν τε περὶ τὴν παιδεραστίαν καὶ τὸν περὶ τὴν φιλοσοφίαν τε καὶ τὴν ἄλλην ἀρετήν, εἰ d μέλλει συμβῆναι καλὸν γενέσθαι τὸ ἐραστῇ παιδικὰ χαρίσασθαι. ὅταν γὰρ εἰς τὸ αὐτὸ ἔλθωσιν ἐραστής τε καὶ παιδικά, νόμον ἔχων ἑκάτερος, ὁ μὲν χαρισαμένοις παιδικοῖς ὑπηρετῶν ὁτιοῦν δικαίως ἂν ὑπηρετεῖν, ὁ δὲ τῷ ποιοῦντι αὐτὸν σοφόν τε καὶ ἀγαθὸν ⟨ὑπουργῶν⟩ δικαίως αὖ ὁτιοῦν

b 7 ὡς γάρ: ὥσπερ   c 2 ἐρωμένῳ: μῶν oder μόνον

bleibt der Liebhaber, dessen Liebe einem wertvollen Wesen gilt, sein Leben lang beständig, weil er mit Bleibendem verschmolzen ist. Diese Menschen möchte also unser Brauch recht ernstlich prüfen. Deshalb ermuntert er die einen zum Nachjagen, die anderen zum Fliehen, um einen Wettkampf zu veranstalten und zu erproben, von welcher Art der Liebende ist und von welcher der Geliebte. So gilt es aus diesem Grunde erstens als schändlich, sich schnell erobern zu lassen, damit Zeit dazwischen verfließt, die ja offensichtlich das meiste genau prüft; ferner gilt es als schändlich, sich durch Geld oder öffentlichen Einfluß gewinnen zu lassen, mag einer nun in übler Lage sich einschüchtern lassen und nicht festbleiben, mag er die ihm zuteil werdende Förderung durch Geld oder Erfolge im Staat als nicht unter seiner Würde ansehen; denn nichts von alledem scheint sicher und beständig, abgesehen davon, daß daraus auch keine echte Freundschaft entsteht. So bleibt nach unserer Sitte nur ein Weg, wenn der Geliebte sich dem Liebenden auf schöne Art hingeben soll: so wie es nämlich bei den Liebhabern der Fall war, daß keine Art sonstigen freiwilligen Sklavendienstes gegenüber dem Geliebten als Schmeichelei oder tadelnswert gilt, so bleibt auch für den Geliebten nur ein einziger freiwilliger Sklavendienst ohne Tadel: das ist der um der Tüchtigkeit willen.

Es ist ja doch die geltende Anschauung bei uns: wenn einer einem anderen dienstbar sein will in dem Glauben, durch ihn besser zu werden in irgendeinem Wissen oder sonst einem Teil der Tüchtigkeit, so gilt dieser freiwillige Sklavendienst seinerseits nicht als schändlich und auch nicht als Schmeichelei. Man muß also diese beiden Grundsätze miteinander verbinden, den in der Knabenliebe und den in der Liebe zum Wissen und zu jeder anderen Tüchtigkeit, wenn es sich als schön ergeben soll, daß der Geliebte dem Liebhaber seine Gunst gewährt. Wenn nämlich Liebender und Geliebter zusammenkommen, jeder nach seinem Grundsatz, der eine, daß er dem ihm ergebenem Geliebten in rechter Art jeden Dienst erweist, der andere, daß er den, der ihn wissend und tüchtig

ἂν ὑπουργεῖν, καὶ ὁ μὲν δυνάμενος εἰς φρόνησιν καὶ τὴν
ἄλλην ἀρετὴν συμβάλλεσθαι, ὁ δὲ δεόμενος εἰς παίδευσιν
καὶ τὴν ἄλλην σοφίαν κτᾶσθαι, τότε δὴ τούτων συνιόντων e
εἰς ταὐτὸν τῶν νόμων μοναχοῦ ἐνταῦθα συμπίπτει τὸ καλὸν
εἶναι, παιδικὰ ἐραστῇ χαρίσασθαι, ἄλλοθι δὲ οὐδαμοῦ. ἐπὶ
τούτῳ καὶ ἐξαπατηθῆναι οὐδὲν αἰσχρόν· ἐπὶ δὲ τοῖς ἄλλοις
πᾶσι καὶ ἐξαπατωμένῳ αἰσχύνην φέρει καὶ μή. εἰ γάρ τις
ἐραστῇ ὡς πλουσίῳ πλούτου ἕνεκα χαρισάμενος ἐξαπατηθείη 185
καὶ μὴ λάβοι χρήματα, ἀναφανέντος τοῦ ἐραστοῦ πένητος,
οὐδὲν ἧττον αἰσχρόν· δοκεῖ γὰρ ὁ τοιοῦτος τό γε αὑτοῦ
ἐπιδεῖξαι, ὅτι ἕνεκα χρημάτων ὁτιοῦν ἂν ὁτῳοῦν ὑπηρετοῖ,
τοῦτο δὲ οὐ καλόν. κατὰ τὸν αὐτὸν δὴ λόγον, κἂν εἴ τις
ὡς ἀγαθῷ χαρισάμενος καὶ αὐτὸς ὡς ἀμείνων ἐσόμενος διὰ
τὴν φιλίαν ἐραστοῦ ἐξαπατηθείη, ἀναφανέντος ἐκείνου κακοῦ
καὶ οὐ κεκτημένου ἀρετήν, ὅμως καλὴ ἡ ἀπάτη. δοκεῖ γὰρ b
αὖ καὶ οὗτος τὸ καθ᾽ αὑτὸν δεδηλωκέναι, ὅτι ἀρετῆς γ᾽
ἕνεκα καὶ τοῦ βελτίων γενέσθαι πᾶν ἂν παντὶ προθυμηθείη,
τοῦτο δὲ αὖ πάντων κάλλιστον· οὕτω πάντως γε καλὸν
ἀρετῆς ἕνεκα χαρίζεσθαι.

Οὗτός ἐστιν ὁ τῆς οὐρανίας θεοῦ ἔρως καὶ οὐράνιος καὶ
πολλοῦ ἄξιος καὶ πόλει καὶ ἰδιώταις, πολλὴν ἐπιμέλειαν
ἀναγκάζων ποιεῖσθαι πρὸς ἀρετὴν τόν τε ἐρῶντα αὐτὸν c
αὑτοῦ καὶ τὸν ἐρώμενον· οἱ δ᾽ ἕτεροι πάντες τῆς ἑτέρας, τῆς
πανδήμου. ταῦτά σοι, ἔφη, ὡς ἐκ τοῦ παραχρῆμα, ὦ Φαῖδρε,
περὶ Ἔρωτος συμβάλλομαι.

Παυσανίου δὲ παυσαμένου—διδάσκουσι γάρ με ἴσα λέγειν

macht, seinerseits überall in rechter Art unterstützt; und wenn der eine fähig ist, zu Einsicht und sonstiger Tüchtigkeit beizutragen, der andere aber das Bedürfnis hat, an Bildung und jeder anderen Art des Wissen zu wachsen – dann erst, wenn diese beiden Grundsätze zusammen kommen, nur hier trifft es zu, daß es schön ist, wenn der Geliebte dem Liebhaber seine Gunst gewährt, sonst aber nirgendwo. Unter dieser Voraussetzung ist es auch durchaus nicht schändlich, enttäuscht zu werden; bei jedem anderen Zweck aber bringt die Hingabe Schande, mag einer enttäuscht werden oder nicht. Denn wenn jemand einem angeblich reichen Liebhaber um des Reichtums willen gefällig war und sich dann getäuscht sieht und keinen Lohn erhält, weil der Liebhaber sich als arm herausstellt, so ist das ebenso schmählich; so einer hat nämlich offenbar, soweit es an ihm liegt, gezeigt, daß er um Geldes willen einem jeden in jeder Gunst willfährt, und das ist nicht schön. Aus demselben Gedankengang ergibt sich: mag sich jemand auch einem vermeintlich guten Menschen hingegeben haben, um durch die Freundschaft zu dem Liebhaber ein besserer Mensch zu werden, und dann enttäuscht werden, weil jener sich als schlecht und arm an Tüchtigkeit erwies, so bleibt solche Täuschung doch schön; entsprechend hat dieser nämlich offenbar, soweit es auf ihn ankam, erkennen lassen, daß er, um der Tüchtigkeit willen und um besser zu werden, für einen jeden zu jeglichem bereit wäre; und das ist das Allerschönste. So ist es in jedem Falle schön, um der Tüchtigkeit willen seine Gunst zu schenken.

Das ist der Eros, der zu der himmlischen Göttin gehört, selber himmlisch und von hohem Wert für den Staat wie für den Einzelnen, weil er den Liebenden und den Geliebten um der Tüchtigkeit willen zwingt, sich sehr ernstlich um sich selbst zu kümmern; die anderen Arten des Eros gehören der anderen Göttin an, der allgemeinen. Diesen Beitrag, so schloß er, liefere ich dir, Phaidros, wie es eben aus dem Stegreif gelingt, zum Preise des Eros."

Als Pausanias nun pausierte – denn so lehren mich die Sophi-

οὑτωσὶ οἱ σοφοί — ἔφη ὁ 'Αριστόδημος δεῖν μὲν 'Αριστοφάνη λέγειν, τυχεῖν δὲ αὐτῷ τινα ἢ ὑπὸ πλησμονῆς ἢ ὑπό τινος ἄλλου λύγγα ἐπιπεπτωκυῖαν καὶ οὐχ οἷόν τε εἶναι λέγειν, ἀλλ' εἰπεῖν αὐτόν — ἐν τῇ κάτω γὰρ αὐτοῦ τὸν ἰατρὸν d 'Ερυξίμαχον κατακεῖσθαι — ῏Ω 'Ερυξίμαχε, δίκαιος εἶ ἢ παῦσαί με τῆς λυγγὸς ἢ λέγειν ὑπὲρ ἐμοῦ, ἕως ἂν ἐγὼ παύσωμαι.

Καὶ τὸν 'Ερυξίμαχον εἰπεῖν· 'Αλλὰ ποιήσω ἀμφότερα ταῦτα· ἐγὼ μὲν γὰρ ἐρῶ ἐν τῷ σῷ μέρει, σὺ δ', ἐπειδὰν παύσῃ, ἐν τῷ ἐμῷ. ἐν ᾧ δ' ἂν ἐγὼ λέγω, ἐὰν μέν σοι ἐθέλῃ ἀπνευστὶ ἔχοντι πολὺν χρόνον παύεσθαι ἡ λύγξ· εἰ δὲ μή, ὕδατι ἀνακογχυλίασον. εἰ δ' ἄρα πάνυ ἰσχυρά ἐστιν, ἀναλαβών e τι τοιοῦτον, οἴῳ κινήσαις ἂν τὴν ῥῖνα, πτάρε· καὶ ἐὰν τοῦτο ποιήσῃς ἅπαξ ἢ δίς, καὶ εἰ πάνυ ἰσχυρά ἐστι, παύσεται.

Οὐκ ἂν φθάνοις λέγων, φάναι τὸν 'Αριστοφάνη. ἐγὼ δὲ ταῦτα ποιήσω.

12. Εἰπεῖν δὴ τὸν 'Ερυξίμαχον· Δοκεῖ τοίνυν μοι ἀναγκαῖον εἶναι, ἐπειδὴ Παυσανίας ὁρμήσας ἐπὶ τὸν λόγον καλῶς οὐχ ἱκανῶς ἀπετέλεσε, δεῖν ἐμὲ πειρᾶσθαι τέλος ἐπιθεῖναι τῷ 186 λόγῳ. τὸ μὲν γὰρ διπλοῦν εἶναι τὸν "Ερωτα δοκεῖ μοι καλῶς διελέσθαι· ὅτι δὲ οὐ μόνον ἐστὶν ἐπὶ ταῖς ψυχαῖς τῶν ἀνθρώπων πρὸς τοὺς καλούς, ἀλλὰ καὶ πρὸς ἄλλα πολλὰ καὶ ἐν τοῖς ἄλλοις, τοῖς τε σώμασι τῶν πάντων ζῴων καὶ τοῖς ἐν τῇ γῇ φυομένοις καί, ὡς ἔπος εἰπεῖν, ἐν πᾶσι τοῖς οὖσι, καθεωρακέναι μοι δοκῶ ἐκ τῆς ἰατρικῆς, τῆς ἡμετέρας τέχνης, ὡς μέγας καὶ θαυμαστὸς καὶ ἐπὶ πᾶν ὁ θεὸς τείνει b καὶ κατ' ἀνθρώπινα καὶ κατὰ θεῖα πράγματα. ἄρξομαι δὲ ἀπὸ τῆς ἰατρικῆς λέγων, ἵνα καὶ πρεσβεύωμεν τὴν τέχνην. ἡ γὰρ φύσις τῶν σωμάτων τὸν διπλοῦν "Ερωτα τοῦτον ἔχει·

sten in Gleichklängen zu reden –, sollte laut Aristodems Angabe Aristophanes sprechen; ihn habe aber gerade, sei es wegen seines zu vollen Magens oder aus einem anderen Grunde ein Schluckauf befallen, und er sei nicht imstande gewesen, seine Rede zu halten, sondern habe gesagt – der Arzt Eryximachos lag nämlich auf dem nächstunteren Platz –: „Eryximachos, du hast die Pflicht, entweder mich von dem Schluckauf zu befreien oder statt meiner zu sprechen, bis er mir pausiert."

Und Eryximachos habe erwidert: „Gut, ich will dies beides tun; denn ich will an deiner Stelle sprechen, und du sollst es, wenn er dir pausiert, an meiner. Und während ich meine Rede halte – sollte sich der Schluckauf, wenn du geraume Zeit den Atem anhältst, entschließen zu pausieren, dann gut, wo nicht, gurgle mit Wasser! Wenn er aber sehr hartnäckig ist, dann schnupfe etwas zum Kitzeln und niese! Wenn du das ein- oder zweimal tust, wird er pausieren, auch wenn er sehr hartnäckig ist."

„Leg nur gleich los mit deiner Rede", habe Aristophanes gesagt, „und ich will es so machen."

So habe denn also Eryximachos gesprochen: „Es scheint mir, da Pausanias zwar einen sehr schönen Anlauf zu der Rede genommen, sie aber nicht gehörig durchgeführt hat, unumgänglich zu sein, daß ich der Rede einen Schluß gebe. Einen doppelten Eros scheint er mir schön unterschieden zu haben; daß aber Eros nicht nur in den Seelen der Menschen als Liebe zu den schönen Jünglingen da ist, sondern auch zu vielem anderen, und in der übrigen Welt, nämlich in den Körpern aller Tiere, in den Pflanzen, die die Erde wachsen läßt, und sozusagen in allem, was ist, das meine ich von der Warte der Medizin herab, unserer Kunst, gesehen zu haben, wie groß nämlich und bewunderungswert der Gott ist und sich auf alles erstreckt in der Welt der Menschen wie der Götter. Von der Medizin aber will ich zuerst sprechen, um dieser Kunst die Ehre zu geben. In der Beschaffenheit unserer Körper

τὸ γὰρ ὑγιὲς τοῦ σώματος καὶ τὸ νοσοῦν ὁμολογουμένως ἔτερόν τε καὶ ἀνόμοιόν ἐστι, τὸ δὲ ἀνόμοιον ἀνομοίων ἐπιθυμεῖ καὶ ἐρᾷ. ἄλλος μὲν οὖν ὁ ἐπὶ τῷ ὑγιεινῷ ἔρως, ἄλλος δὲ ὁ ἐπὶ τῷ νοσώδει. ἔστιν δή, ὥσπερ ἄρτι Παυσανίας ἔλεγεν, τοῖς μὲν ἀγαθοῖς καλὸν χαρίζεσθαι τῶν ἀνθρώπων, τοῖς δ' ἀκολάστοις αἰσχρόν, οὕτω καὶ ἐν αὐτοῖς τοῖς σώμασιν c
τοῖς μὲν ἀγαθοῖς ἑκάστου τοῦ σώματος καὶ ὑγιεινοῖς καλὸν χαρίζεσθαι καὶ δεῖ, καὶ τοῦτό ἐστιν, ᾧ ὄνομα τὸ ἰατρικόν, τοῖς δὲ κακοῖς καὶ νοσώδεσιν αἰσχρόν τε καὶ δεῖ ἀχαριστεῖν, εἰ μέλλει τις τεχνικὸς εἶναι. ἔστι γὰρ ἰατρική, ὡς ἐν κεφαλαίῳ εἰπεῖν, ἐπιστήμη τῶν τοῦ σώματος ἐρωτικῶν πρὸς πλησμονὴν καὶ κένωσιν, καὶ ὁ διαγιγνώσκων ἐν τούτοις τὸν καλόν τε καὶ αἰσχρὸν ἔρωτα, οὗτός ἐστιν ὁ ἰατρικώτατος, d
καὶ ὁ μεταβάλλειν ποιῶν, ὥστε ἀντὶ τοῦ ἑτέρου ἔρωτος τὸν ἕτερον κτᾶσθαι, καὶ οἷς μὴ ἔνεστιν ἔρως, δεῖ δέ, ἐγγενέσθαι, ἐπιστάμενος ἐμποιῆσαι καὶ ἐνόντα ἐξελεῖν, ἀγαθὸς ἂν εἴη δημιουργός. δεῖ γὰρ δὴ τὰ ἔχθιστα ὄντα ἐν τῷ σώματι φίλα οἷόν τ' εἶναι ποιεῖν καὶ ἐρᾶν ἀλλήλων. ἔστι δὲ ἔχθιστα τὰ ἐναντιώτατα, ψυχρὸν θερμῷ, πικρὸν γλυκεῖ, ξηρὸν ὑγρῷ, πάντα τὰ τοιαῦτα· τούτοις ἐπιστηθεὶς ἔρωτα ἐμποιῆσαι καὶ e
ὁμόνοιαν ὁ ἡμέτερος πρόγονος Ἀσκληπιός, ὥς φασιν οἵδε οἱ ποιηταὶ καὶ ἐγὼ πείθομαι, συνέστησεν τὴν ἡμετέραν τέχνην. ἥ τε οὖν ἰατρική, ὥσπερ λέγω, πᾶσα διὰ τοῦ θεοῦ τούτου κυβερνᾶται, ὡσαύτως δὲ καὶ γυμναστικὴ καὶ γεωργία.   18

Μουσικὴ δὲ καὶ παντὶ κατάδηλος τῷ καὶ σμικρὸν προσέχοντι τὸν νοῦν, ὅτι κατὰ ταὐτὰ ἔχει τούτοις, ὥσπερ ἴσως καὶ Ἡράκλειτος βούλεται λέγειν, ἐπεὶ τοῖς γε ῥήμασιν οὐ καλῶς λέγει. τὸ ἓν γάρ φησι διαφερόμενον αὐτὸ αὑτῷ συμφέρεσθαι, ,ὥσπερ ἁρμονίαν τόξου τε καὶ λύρας'. ἔστι δὲ πολλὴ ἀλογία, ἁρμονίαν φάναι διαφέρεσθαι ἢ ἐκ διαφερομένων ἔτι

42

nämlich gibt es diesen doppelten Eros; das Gesunde und das Kranke im Körper sind ja zugestandenermaßen etwas voneinander Verschiedenes und Ungleiches; das Ungleiche aber begehrt und liebt Ungleiches. Ein anderer ist also Eros im Gesunden, ein anderer im Kranken. Wirklich ist es ja so, wie vorhin Pausanias sagte, es sei schön, den trefflichen Menschen sich hinzugeben, häßlich dagegen, den zuchtlosen; so ist es auch bei den Körpern selbst: dem Guten und Gesunden in jedem Körper zu willfahren ist schön und geboten, und das ist es, was man Heilkunde nennt; bei dem Schlechten und Krankhaften aber ist es schändlich, und man muß ihm Widerpart bieten, wenn man ein Fachmann sein will. Die Medizin ist nämlich im wesentlichen die Wissenschaft von den Vorgängen, die der Eros im Körper zum Aufnehmen und Abgeben auslöst, und wer darin den schönen und den häßlichen Eros zu unterscheiden weiß, der ist der größte Mediziner; und wer Wandel schaffen kann, so daß der Körper statt des einen Eros den anderen gewinnt, und wer da, wo kein Eros besteht, aber entstehen soll, ihn einzuführen weiß und einen vorhandenen auszutreiben, der versteht wohl sein Handwerk gut. Man muß ja bekanntlich imstande sein, das, was sich im Körper am feindlichsten gegenübersteht, in Freundschaft und Liebe zueinander zu bringen; am feindseligsten aber sind die größten Gegensätze, Kaltes und Warmes, Bitteres und Süßes, Trockenes und Nasses und all dergleichen. Diesen Liebe und Eintracht beizubringen, verstand Asklepios, unser Ahnherr, wie die Dichter hier sagen und ich ihnen glaube, und so begründete er unsere Kunst. Die Heilkunst wird also, wie ich behaupte, ganz von diesem Gott regiert, ebenso aber auch Gymnastik und Landbau.

Bei der Musik ist es jedem auch bei geringer Aufmerksamkeit klar, daß es mit ihr ebenso wie mit jenen steht, was wohl auch Heraklit sagen will, denn er drückt es nicht schön aus; er sagt nämlich, das Eine, an sich auseinanderstrebend, strebe doch zueinander, wie die Harmonie des Bogens und der Lyra. Es ist aber ein großer Widersinn, von der Harmonie zu sagen,

εἶναι. ἀλλὰ ἴσως τόδε ἐβούλετο λέγειν, ὅτι ἐκ διαφερομένων πρότερον τοῦ ὀξέος καὶ βαρέος, ἔπειτα ὕστερον ὁμολογη- b σάντων γέγονεν ὑπὸ τῆς μουσικῆς τέχνης. οὐ γὰρ δήπου ἐκ διαφερομένων γε ἔτι τοῦ ὀξέος καὶ βαρέος ἁρμονία ἂν εἴη· ἡ γὰρ ἁρμονία συμφωνία ἐστίν, συμφωνία δὲ ὁμολογία τις, ὁμολογίαν δὲ ἐκ διαφερομένων, ἕως ἂν διαφέρωνται, ἀδύνατον εἶναι· διαφερόμενον δὲ αὖ καὶ μὴ ὁμολογοῦν δυ- νατὸν ἁρμόσαι, ὥσπερ γε καὶ ὁ ῥυθμὸς ἐκ τοῦ ταχέος καὶ βραδέος, ἐκ διενηνεγμένων πρότερον, ὕστερον δὲ ὁμολογη- c σάντων, γέγονε. τὴν δὲ ὁμολογίαν πᾶσι τούτοις, ὥσπερ ἐκεῖ ἡ ἰατρική, ἐνταῦθα ἡ μουσικὴ ἐντίθησιν, ἔρωτα καὶ ὁμόνοιαν ἀλλήλων ἐμποιήσασα· καὶ ἔστιν αὖ μουσικὴ περὶ ἁρμονίαν καὶ ῥυθμὸν ἐρωτικῶν ἐπιστήμη. καὶ ἐν μέν γε αὐτῇ τῇ συστάσει ἁρμονίας τε καὶ ῥυθμοῦ οὐδὲν χαλεπὸν τὰ ἐρωτικὰ διαγιγνώσκειν, οὐδὲ ὁ διπλοῦς ἔρως ἐνταῦθά πω ἔστιν· ἀλλ' ἐπειδὰν δέῃ πρὸς τοὺς ἀνθρώπους καταχρῆσθαι ῥυθμῷ τε καὶ ἁρμονίᾳ ἢ ποιοῦντα, ὃ δὴ μελοποιίαν καλοῦσιν, d ἢ χρώμενον ὀρθῶς τοῖς πεποιημένοις μέλεσί τε καὶ μέτροις, ὃ δὴ παιδεία ἐκλήθη, ἐνταῦθα δὴ καὶ χαλεπὸν καὶ ἀγαθοῦ δημιουργοῦ δεῖ. πάλιν γὰρ ἥκει ὁ αὐτὸς λόγος, ὅτι τοῖς μὲν κοσμίοις τῶν ἀνθρώπων, καὶ ὡς ἂν κοσμιώτεροι γίγνοιντο οἱ μήπω ὄντες, δεῖ χαρίζεσθαι καὶ φυλάττειν τὸν τούτων ἔρωτα, καὶ οὗτός ἐστιν ὁ καλός, ὁ οὐράνιος, ὁ τῆς Οὐρανίας μούσης Ἔρως. ὁ δὲ Πολυμνίας ὁ πάνδημος, ὃν δεῖ εὐλαβού- e μενον προσφέρειν, οἷς ἂν προσφέρῃ, ὅπως ἂν τὴν μὲν ἡδονὴν αὐτοῦ καρπώσηται, ἀκολασίαν δὲ μηδεμίαν ἐμποιήσῃ, ὥσπερ ἐν τῇ ἡμετέρᾳ τέχνῃ μέγα ἔργον ταῖς περὶ τὴν ὀψοποιικὴν τέχνην ἐπιθυμίαις καλῶς χρῆσθαι, ὥστ' ἄνευ νόσου τὴν ἡδονὴν καρπώσασθαι. καὶ ἐν μουσικῇ δὴ καὶ ἐν ἰατρικῇ

sie strebe auseinander oder bestehe aus noch Widerstrebendem; aber vielleicht wollte er nur dies sagen, daß sie durch die musische Kunst aus Hohem und Tiefem entsteht, die zuvor auseinanderstrebten, dann aber übereinstimmen. Denn es gibt wohl kaum eine Harmonie aus Hohem und Tiefem, wenn sie noch auseinanderstreben; Harmonie ist nämlich Einklang, und Einklang ist eine Art von Einverständnis; Einverständnis von Auseinanderstrebendem, solange es noch auseinanderstrebt, gilt als unmöglich; andererseits ist es möglich, Auseinanderstrebendes und Uneiniges zur Harmonie zu bringen, wie ja auch der Rhythmus aus Schnellem und Langsamem entsteht, die vordem auseinanderstrebten, sich dann aber einigen. Das Einverständnis aber wird in alledem, wie dort von der Heilkunst, so hier von der Musik hineingebracht, die gegenseitige Liebe und Eintracht einflößt; und so ist die Musik die Wissenschaft von dem Wirken des Eros in Harmonie und Rhythmus. Und in dem Gefüge von Harmonie und Rhythmus an sich ist das Wirken des Eros durchaus nicht schwer zu erkennen, und der doppelte Eros hat hier noch keine Stätte; wenn man aber auf den Menschen Rhythmus und Harmonie anwenden soll, sei es, daß man schöpferisch tätig ist, was man kurz Komposition nennt, sei es, daß man die schon geschaffenen Weisen und Versmaße richtig gebraucht, was man kurz Bildung genannt hat, dann wird es schwer und bedarf eines tüchtigen Meisters. Denn da gilt wieder das vorher Gesagte, daß man den gesitteten Menschen – auch damit gesitteter wird, wer es noch nicht ist – gefällig sein und ihren Eros beschützen soll, und das ist der schöne, der himmlische Eros, der zur himmlischen Muse gehört, zu Urania; der andere aber gehört zu Polyhymnia, der allgemeine, den man nur mit Vorsicht heranziehen darf, wenn man es überhaupt bei jemand tut, damit man zwar seine Lust genießt, aber nicht den Keim zur Zuchtlosigkeit legt, so wie es in unserer Kunst eine wichtige Sache ist, die von der Kochkunst geweckten Begierden recht zu verwenden, so daß man ohne Erkrankung die Lust davon genießt. Man soll also in der Musik und in

καὶ ἐν τοῖς ἄλλοις πᾶσι καὶ τοῖς ἀνθρωπείοις καὶ τοῖς θείοις, καθ᾽ ὅσον παρείκει, φυλακτέον ἑκάτερον τὸν Ἔρωτα· ἔνεστον γάρ.

13. Ἐπεὶ καὶ ἡ τῶν ὡρῶν τοῦ ἐνιαυτοῦ σύστασις μεστή 188 ἐστιν ἀμφοτέρων τούτων, καὶ ἐπειδὰν μὲν πρὸς ἄλληλα τοῦ κοσμίου τύχῃ ἔρωτος ἃ νυνδὴ ἐγὼ ἔλεγον, τά τε θερμὰ καὶ τὰ ψυχρὰ καὶ ξηρὰ καὶ ὑγρά, καὶ ἁρμονίαν καὶ κρᾶσιν λάβῃ σώφρονα, ἥκει φέροντα εὐετηρίαν τε καὶ ὑγίειαν ἀνθρώποις καὶ τοῖς ἄλλοις ζῴοις τε καὶ φυτοῖς, καὶ οὐδὲν ἠδίκησεν· ὅταν δὲ ὁ μετὰ τῆς ὕβρεως Ἔρως ἐγκρατέστερος περὶ τὰς τοῦ ἐνιαυτοῦ ὥρας γένηται, διέφθειρέν τε πολλὰ καὶ ἠδίκησεν. οἵ τε γὰρ λοιμοὶ φιλοῦσι γίγνεσθαι ἐκ τῶν τοιούτων καὶ b ἄλλα ἀνόμοια πολλὰ νοσήματα καὶ τοῖς θηρίοις καὶ τοῖς φυτοῖς· καὶ γὰρ πάχναι καὶ χάλαζαι καὶ ἐρυσῖβαι ἐκ πλεο- νεξίας καὶ ἀκοσμίας περὶ ἄλληλα τῶν τοιούτων γίγνεται ἐρωτικῶν, ὧν ἐπιστήμη περὶ ἄστρων τε φορὰς καὶ ἐνιαυτῶν ὥρας ἀστρονομία καλεῖται.

Ἔτι τοίνυν καὶ αἱ θυσίαι πᾶσαι καὶ οἷς μαντικὴ ἐπιστατεῖ —ταῦτα δ᾽ ἐστὶν ἡ περὶ θεούς τε καὶ ἀνθρώπους πρὸς c ἀλλήλους κοινωνία—οὐ περὶ ἄλλο τί ἐστιν ἢ περὶ Ἔρωτος φυλακήν τε καὶ ἴασιν. πᾶσα γὰρ ἀσέβεια φιλεῖ γίγνεσθαι, ἐὰν μή τις τῷ κοσμίῳ Ἔρωτι χαρίζηται μηδὲ τιμᾷ τε αὐτὸν καὶ πρεσβεύῃ ἐν παντὶ ἔργῳ, ἀλλὰ τὸν ἕτερον, καὶ περὶ γονέας καὶ ζῶντας καὶ τετελευτηκότας καὶ περὶ θεούς· ἃ δὴ προστέτακται τῇ μαντικῇ ἐπισκοπεῖν τοὺς ἐρῶντας καὶ ἰατρεύειν, καὶ ἔστιν αὖ ἡ μαντικὴ φιλίας θεῶν καὶ ἀνθρώπων d δημιουργὸς τῷ ἐπίστασθαι τὰ κατὰ ἀνθρώπους ἐρωτικά, ὅσα τείνει πρὸς θέμιν καὶ εὐσέβειαν.

Οὕτω πολλὴν καὶ μεγάλην, μᾶλλον δὲ πᾶσαν δύναμιν ἔχει συλλήβδην μὲν ὁ πᾶς Ἔρως, ὁ δὲ περὶ τἀγαθὰ μετὰ σωφρο- σύνης καὶ δικαιοσύνης ἀποτελούμενος καὶ παρ᾽ ἡμῖν καὶ παρὰ θεοῖς, οὗτος τὴν μεγίστην δύναμιν ἔχει καὶ πᾶσαν ἡμῖν

---

d 3 εὐσέβειαν: ἀσέβειαν Variante

der Medizin und in allem anderen, Menschlichem wie Göttlichem, soweit möglich, auf die zweierlei Eros achten; denn sie sind beide darin.

Ist doch auch das Gefüge der Jahreszeiten voll von diesen beiden; und wenn die Gegensätze, die ich soeben nannte, Warmes und Kaltes, Trockenes und Nasses, zueinander den gesitteten Eros gewinnen und in eine gesunde Harmonie und Mischung kommen, dann schafft ihr Kommen Gedeihen und Gesundheit für Mensch und Tier und Pflanze und bringt keinen Schaden; wenn aber der Eros, dem Mutwillen anhaftet, in den Jahreszeiten überhand nimmt, dann bringt er vielen Verlust und Schaden; denn aus derlei pflegen die Seuchen zu entstehen und allerlei andere Krankheiten in großer Zahl bei Tieren und Pflanzen; Reif, Hagel, Mehltau nämlich entstehen, wenn gegenseitige Begehrlichkeit und Ordnungslosigkeit bei solchen Liebesverhältnissen herrschen, deren Kenntnis, was die Kreisbewegungen der Sterne und Jahreszeiten angeht, Astronomie heißt.

Ferner gelten auch alle Opfer und das Gebiet, das der Seherkunst untersteht, nämlich die wechselseitige Beziehung zwischen Göttern und Menschen, nichts anderem als der Wahrung des Eros und der Heilung von ihm. Denn jegliche Mißachtung der Religion pflegt aufzukommen, wenn man nicht dem gesitteten Eros huldigt, ihn nicht ehrt noch achtet in allem Tun, sondern dem anderen, im Verhalten gegen die Eltern bei ihren Lebzeiten und nach ihrem Tode und ebenso gegen die Götter; darin nun hat die Seherkunst die Aufgabe, diejenigen, die den Eros in sich fühlen, zu beobachten und zu heilen, und somit ist die Seherkunst ihrerseits die Schöpferin von Freundschaft zwischen Göttern und Menschen, weil sie sich auf alles Wirken des Eros unter den Menschen versteht, das göttliches Recht und Frömmigkeit zum Ziele hat.

So viele und große, ja alle Macht besitzt, um es zusammenzufassen, der Eros in seiner Gesamtheit; der Eros aber, der sich um des Guten willen mit Besonnenheit und Gerechtigkeit auswirkt, bei uns wie bei den Göttern, der besitzt die größte

εὐδαιμονίαν παρασκευάζει καὶ ἀλλήλοις δυναμένους ὁμιλεῖν καὶ φίλους εἶναι καὶ τοῖς κρείττοσιν ἡμῶν θεοῖς. ἴσως μὲν οὖν καὶ ἐγὼ τὸν Ἔρωτα ἐπαινῶν πολλὰ παραλείπω, οὐ μέντοι ἑκών γε. ἀλλ' εἴ τι ἐξέλιπον, σὸν ἔργον, ὦ Ἀριστόφανες, ἀναπληρῶσαι· ἢ εἴ πως ἄλλως ἐν νῷ ἔχεις ἐγκωμιάζειν τὸν θεόν, ἐγκωμίαζε, ἐπειδὴ καὶ τῆς λυγγὸς πέπαυσαι.

Ἐκδεξάμενον οὖν ἔφη εἰπεῖν τὸν Ἀριστοφάνη, ὅτι Καὶ μάλ' ἐπαύσατο, οὐ μέντοι πρίν γε τὸν πταρμὸν προσενεχθῆναι αὐτῇ, ὥστε με θαυμάζειν, εἰ τὸ κόσμιον τοῦ σώματος ἐπιθυμεῖ τοιούτων ψόφων καὶ γαργαλισμῶν, οἷον καὶ ὁ πταρμός ἐστιν. πάνυ γὰρ εὐθὺς ἐπαύσατο, ἐπειδὴ αὐτῷ τὸν πταρμὸν προσήνεγκα.

Καὶ τὸν Ἐρυξίμαχον, Ὠγαθέ, φάναι, Ἀριστόφανες, ὅρα τί ποιεῖς. γελωτοποιεῖς μέλλων λέγειν, καὶ φύλακά με τοῦ λόγου ἀναγκάζεις γίγνεσθαι τοῦ σεαυτοῦ, ἐάν τι γελοῖον εἴπῃς, ἐξόν σοι ἐν εἰρήνῃ λέγειν.

Καὶ τὸν Ἀριστοφάνη γελάσαντα εἰπεῖν· Εὖ λέγεις, ὦ Ἐρυξίμαχε, καί μοι ἔστω ἄρρητα τὰ εἰρημένα. ἀλλὰ μή με φύλαττε, ὡς ἐγὼ φοβοῦμαι περὶ τῶν μελλόντων ῥηθήσεσθαι, οὔ τι μὴ γελοῖα εἴπω —τοῦτο μὲν γὰρ ἂν κέρδος εἴη καὶ τῆς ἡμετέρας μούσης ἐπιχώριον —, ἀλλὰ μὴ καταγέλαστα.

Βαλών γε, φάναι, ὦ Ἀριστόφανες, οἴει ἐκφεύξεσθαι· ἀλλὰ πρόσεχε τὸν νοῦν καὶ οὕτως λέγε ὡς δώσων λόγον. ἴσως μέντοι, ἂν δόξῃ μοι, ἀφήσω σε.

14. Καὶ μήν, ὦ Ἐρυξίμαχε, εἰπεῖν τὸν Ἀριστοφάνη, ἄλλῃ γέ πῃ ἐν νῷ ἔχω λέγειν ἢ ᾗ σύ τε καὶ Παυσανίας εἰπέτην. ἐμοὶ γὰρ δοκοῦσιν ἄνθρωποι παντάπασι τὴν τοῦ ἔρωτος

Macht und bereitet uns jegliche Glückseligkeit, daß wir imstande sind, miteinander umzugehen und ein gutes Verhältnis zu haben, auch zu denen, die uns überlegen sind, den Göttern. Vielleicht übergehe auch ich vieles in meinem Preis des Eros, doch gewiß nicht mit Willen; sollte ich aber etwas übergangen haben, ist es deine Aufgabe, Aristophanes, die Ergänzung zu bringen; oder, wenn du irgendwie anders den Gott zu verherrlichen gedenkst, dann tu es, zumal du ja auch den Schluckauf losgeworden bist.''

Darauf nahm also, berichtete er weiter, Aristophanes das Wort und sagte: ,,Ja, er hat wirklich pausiert, aber erst, als ich das Niesen dagegen anwendete; daher nimmt es mich wunder, daß der Ordnungssinn im Körper solches Getöse und Gekitzel verlangt, wie unter anderem das Niesen ist; denn da hat er augenblicklich pausiert, als ich das Niesen dagegen anwendete.''

Und Eryximachos habe erwidert: ,,Mein guter Aristophanes, bedenk, was du treibst! Du machst Witze, während du reden sollst, und zwingst mich damit, deine Rede zu beaufsichtigen, falls du etwa Komisches sagst, während du sonst unbehelligt hättest sprechen können.''

Und lachend habe Aristophanes gesagt: ,,Du hast recht, Eryximachos, und ich will nichts gesagt haben. Aber beaufsichtige mich nicht, denn ich habe Angst wegen meiner kommenden Rede – freilich nicht vor komischen Worten, denn das wäre Gewinn und bliebe im Bereich unserer Muse, sondern vor albernen.''

,,Nach deinem Schuß denkst du zu entwischen?'' habe Eryximachos gesagt. ,,Nein, gib nur acht und rede so, daß du dich dann verantworten kannst; aber vielleicht werde ich dir das, wenn's mir beliebt, erlassen.''

,,In der Tat, Eryximachos'', habe Aristophanes gesagt, ,,denke ich irgendwie anders zu reden, als ihr beide, du und Pausanias, es tatet. Denn mir scheinen die Menschen die Macht des Eros

δύναμιν οὐκ ᾐσθῆσθαι, ἐπεὶ αἰσθανόμενοί γε μέγιστ' ἂν αὐτοῦ ἱερὰ κατασκευάσαι καὶ βωμούς, καὶ θυσίας ἂν ποιεῖν μεγίστας, οὐχ ὥσπερ νῦν τούτων οὐδὲν γίγνεται περὶ αὐτόν, δέον πάντων μάλιστα γίγνεσθαι. ἔστι γὰρ θεῶν φιλαν- θρωπότατος, ἐπίκουρός τε ὢν τῶν ἀνθρώπων καὶ ἰατρὸς d τούτων, ὧν ἰαθέντων μεγίστη εὐδαιμονία ἂν τῷ ἀνθρωπείῳ γένει εἴη. ἐγὼ οὖν πειράσομαι ὑμῖν εἰσηγήσασθαι τὴν δύναμιν αὐτοῦ, ὑμεῖς δὲ τῶν ἄλλων διδάσκαλοι ἔσεσθε.

Δεῖ δὲ πρῶτον ὑμᾶς μαθεῖν τὴν ἀνθρωπίνην φύσιν καὶ τὰ παθήματα αὐτῆς. ἡ γὰρ πάλαι ἡμῶν φύσις οὐχ αὐτὴ ἦν ἥπερ νῦν, ἀλλ' ἀλλοία. πρῶτον μὲν γὰρ τρία ἦν τὰ γένη τὰ τῶν ἀνθρώπων, οὐχ ὥσπερ νῦν δύο, ἄρρεν καὶ θῆλυ, ἀλλὰ καὶ τρίτον προσῆν κοινὸν ὂν ἀμφοτέρων τούτων, οὗ ε νῦν ὄνομα λοιπόν, αὐτὸ δὲ ἠφάνισται· ἀνδρόγυνον γὰρ ἓν τότε μὲν ἦν καὶ εἶδος καὶ ὄνομα ἐξ ἀμφοτέρων κοινὸν τοῦ τε ἄρρενος καὶ θήλεος, νῦν δὲ οὐκ ἔστιν ἀλλ' ἢ ἐν ὀνείδει ὄνομα κείμενον. ἔπειτα ὅλον ἦν ἑκάστου τοῦ ἀνθρώπου τὸ εἶδος, στρογγύλον, νῶτον καὶ πλευρὰς κύκλῳ ἔχον, χεῖρας δὲ τέτταρας εἶχε, καὶ τὰ σκέλη ἴσα ταῖς χερσίν, καὶ πρόσωπα δύ' ἐπ' αὐχένι κυκλοτερεῖ, ὅμοια πάντῃ· κεφαλὴν δ' ἐπ' 190 ἀμφοτέροις τοῖς προσώποις ἐναντίοις κειμένοις μίαν, καὶ ὦτα τέτταρα, καὶ αἰδοῖα δύο, καὶ τἆλλα πάντα, ὡς ἀπὸ τούτων ἄν τις εἰκάσειεν. ἐπορεύετο δὲ καὶ ὀρθὸν ὥσπερ νῦν, ὁποτέρωσε βουληθείη· καὶ ὁπότε ταχὺ ὁρμήσειεν θεῖν, ὥσπερ οἱ κυβιστῶντες εἰς ὀρθὸν τὰ σκέλη περιφερόμενοι [κυβιστῶσι κύκλῳ], ὀκτὼ τότε οὖσι τοῖς μέλεσιν ἀπερειδό- μενοι ταχὺ ἐφέροντο κύκλῳ. ἦν δὲ διὰ ταῦτα τρία τὰ γένη καὶ τοιαῦτα, ὅτι τὸ μὲν ἄρρεν ἦν τοῦ ἡλίου τὴν ἀρχὴν b ἔκγονον, τὸ δὲ θῆλυ τῆς γῆς, τὸ δὲ ἀμφοτέρων μετέχον τῆς

---

e 7 τὰ σκέλη: σκέλη τὰ

überhaupt nicht wahrgenommen zu haben, sonst hätten sie ihm wohl die größten Heiligtümer und Altäre errichtet und brächten ihm die größten Opfer dar, nicht wie jetzt, wo nichts dergleichen für ihn geschieht, während es am allermeisten geschehen sollte. Denn von den Göttern ist er der menschenfreundlichste, ein Helfer der Menschen und Arzt in den Fällen, wo Heilung wohl die größte Glückseligkeit für das Menschengeschlecht ist. Ich will also versuchen, euch seine Macht vorzuführen, und ihr werdet uns über seine sonstigen Eigenschaften belehren.

Zuerst aber sollt ihr die menschliche Natur und ihre Geschichte kennenlernen. Unsere Natur war nämlich vor Zeiten nicht die gleiche wie jetzt, sondern andersartig. Erstens gab es dreierlei Geschlechter unter den Menschen, nicht nur zwei wie jetzt, das männliche und das weibliche, sondern es gab noch ein drittes dazu, das zu beiden gehörte, von dem heute nur noch der Name lebt, während es selber ausgestorben ist; es gab nämlich das mann-weibliche Geschlecht, nach Gestalt und Namen eine Einheit von beidem, mit Anteil am männlichen und weiblichen; aber jetzt besteht nur mehr der Name als Schimpfwort. Sodann war damals die Gestalt eines jeden Menschen in sich geschlossen: sie war rund, Rücken und Seiten liefen rings herum, dazu hatte man vier Arme, und ebensoviele Beine wie Arme, und zwei Gesichter auf kreisrundem Halse, die ganz einander glichen; und über den beiden entgegengesetzten Gesichtern einen einzigen Schädel mit vier Ohren, dazu zwei Geschlechtsteile und alles weitere so, wie man es sich wohl danach vorstellen kann. Man schritt ferner aufrecht wie jetzt, und zwar beliebig in beiden Richtungen; und wenn man rasch laufen wollte, dann machte man es wie die, die Rad schlagen und dabei die Beine gerade in die Höhe strecken und herumwerfen; so stießen sie sich mit den damals acht Gliedmaßen ab und kamen flink im Kreise herum. Daß es aber drei Geschlechter und von solcher Gestalt gab, kam daher, daß das männliche ursprünglich von Helios abstammmte, das weibliche von der Erde, und das an beiden beteiligte vom

σελήνης, ὅτι καὶ ἡ σελήνη ἀμφοτέρων μετέχει· περιφερῆ δὲ δὴ ἦν καὶ αὐτὰ καὶ ἡ πορεία αὐτῶν διὰ τὸ τοῖς γονεῦσιν ὅμοια εἶναι. ἦν οὖν τὴν ἰσχὺν δεινὰ καὶ τὴν ῥώμην, καὶ τὰ φρονήματα μεγάλα εἶχον, ἐπεχείρησαν δὲ τοῖς θεοῖς, καὶ ὃ λέγει Ὅμηρος περὶ Ἐφιάλτου τε καὶ Ὤτου, περὶ ἐκείνων λέγεται, τὸ εἰς τὸν οὐρανὸν ἀνάβασιν ἐπιχειρεῖν ποιεῖν, ὡς ἐπιθησομένων τοῖς θεοῖς.   c

15. Ὁ οὖν Ζεὺς καὶ οἱ ἄλλοι θεοὶ ἐβουλεύοντο, ὅ τι χρὴ αὐτοὺς ποιῆσαι, καὶ ἠπόρουν· οὔτε γὰρ ὅπως ἀποκτείναιεν εἶχον καὶ ὥσπερ τοὺς γίγαντας κεραυνώσαντες τὸ γένος ἀφανίσαιεν — αἱ τιμαὶ γὰρ αὐτοῖς καὶ ἱερὰ τὰ παρὰ τῶν ἀνθρώπων ἠφανίζετο — οὔτε ὅπως ἐῷεν ἀσελγαίνειν. μόγις δὴ ὁ Ζεὺς ἐννοήσας λέγει, ὅτι 'Δοκῶ μοι,' ἔφη, 'ἔχειν μηχανήν, ὡς ἂν εἶέν τε ἄνθρωποι καὶ παύσαιντο τῆς ἀκολασίας [ἀσθενέστεροι γενόμενοι]. νῦν μὲν γὰρ αὐτούς, ἔφη, διατεμῶ   d
δίχα ἕκαστον, καὶ ἅμα μὲν ἀσθενέστεροι ἔσονται, ἅμα δὲ χρησιμώτεροι ἡμῖν διὰ τὸ πλείους τὸν ἀριθμὸν γεγονέναι· καὶ βαδιοῦνται ὀρθοὶ ἐπὶ δυοῖν σκελοῖν. ἐὰν δ' ἔτι δοκῶσιν ἀσελγαίνειν καὶ μὴ 'θέλωσιν ἡσυχίαν ἄγειν, πάλιν αὖ, ἔφη, τεμῶ δίχα, ὥστ' ἐφ' ἑνὸς πορεύσονται σκέλους ἀσκωλίζοντες.' ταῦτα εἰπὼν ἔτεμνε τοὺς ἀνθρώπους δίχα, ὥσπερ οἱ τὰ ὄα τέμνοντες καὶ μέλλοντες ταριχεύειν [ἢ ὥσπερ οἱ τὰ ᾠὰ ταῖς   e
θριξίν]. ὅντινα δὲ τέμοι, τὸν Ἀπόλλω ἐκέλευεν τό τε πρόσωπον μεταστρέφειν καὶ τὸ τοῦ αὐχένος ἥμισυ πρὸς τὴν τομήν, ἵνα θεώμενος τὴν αὑτοῦ τμῆσιν κοσμιώτερος εἴη ὁ ἄνθρωπος, καὶ τἆλλα ἰᾶσθαι ἐκέλευεν. ὁ δὲ τό τε πρόσωπον μετέστρεφε καὶ συνέλκων πανταχόθεν τὸ δέρμα ἐπὶ τὴν γαστέρα νῦν καλουμένην, ὥσπερ τὰ σύσπαστα βαλλάντια, ἓν στόμα ποιῶν ἀπέδει κατὰ μέσην τὴν γαστέρα, ὃ δὴ τὸν ὀμφαλὸν καλοῦσι. καὶ τὰς μὲν ἄλλας ῥυτίδας τὰς πολλὰς ἐξελέαινε καὶ τὰ στήθη διήρθρου, ἔχων τι τοιοῦτον 191

Mond, weil auch der Mond an beiden teilhat; und rund waren sie selbst und ihr Gang wegen ihrer Ähnlichkeit mit den Eltern. Sie waren also gewaltig an Kraft und Stärke und hatten hohe Pläne: da ließen sie sich mit den Göttern ein, und was Homer von Ephialtes und Otos erzählt, das bezieht sich auf sie, daß sie nämlich versuchten, sich einen Aufgang zum Himmel zu schaffen, um die Götter anzugreifen.

Zeus nun und die anderen Götter hielten Rat, was man mit ihnen anfangen sollte, und wußten keinen Ausweg; denn weder sahen sie eine Möglichkeit, sie zu töten und das ganze Geschlecht gleich den Giganten mit dem Blitzstrahl zu vernichten – denn dann wären ihnen auch Verehrung und Opfer von den Menschen zunichte geworden – noch sie weiter freveln zu lassen. Da kam Zeus endlich doch auf einen Gedanken und sprach: ‚Mich dünkt, ich habe ein Mittel, wie die Menschen weiter bestehen und doch von ihrer Zuchtlosigkeit lassen könnten. Denn jetzt‘, sagte er, ‚will ich jeden von ihnen mitten entzweischneiden, und da werden sie einerseits schwächer sein, andererseits nützlicher für uns, weil sie an Zahl zunehmen; und gehen sollen sie aufrecht auf zwei Beinen. Wenn es sich aber zeigt, daß sie immer noch freveln und keine Ruhe halten wollen, dann,‘ sagte er, ‚schneide ich sie nochmals durch, so daß sie auf einem Bein hüpfend daherkommen‘. Sprach’s und schnitt die Menschen mitten entzwei, gerade so, wie man die Früchte des Sperberbaumes zum Einmachen durchschneidet. Und wenn er einen durchgeschnitten hatte, befahl er dem Apollon, ihm das Gesicht und die zugehörige Hälfte des Halses nach dem Schnitt herumzudrehen, damit der Mensch, seine Zerschnittenheit vor Augen, sittsamer werde, und das übrige hieß er ihn heilen. So drehte denn Apollon das Gesicht herum und zog von allen Seiten die Haut zusammen nach der Stelle, die man jetzt Bauch nennt, und wie bei einem Schnürbeutel band er sie mitten auf dem Bauch zu und ließ nur eine einzige Öffnung, die man jetzt den Nabel nennt. Und die vielen übrigen Falten strich er zumeist glatt und gliederte die Brust, wobei er etwa ein Werkzeug hatte

ὄργανον οἷον οἱ σκυτοτόμοι περὶ τὸν καλάποδα λεαίνοντες
τὰς τῶν σκυτῶν ῥυτίδας· ὀλίγας δὲ κατέλιπε, τὰς περὶ
αὐτὴν τὴν γαστέρα καὶ τὸν ὀμφαλόν, μνημεῖον εἶναι τοῦ
παλαιοῦ πάθους.

Ἐπειδὴ οὖν ἡ φύσις δίχα ἐτμήθη, ποθοῦν ἕκαστον τὸ ἥμισυ
τὸ αὑτοῦ συνῄει, καὶ περιβάλλοντες τὰς χεῖρας καὶ συμπλε-
κόμενοι ἀλλήλοις, ἐπιθυμοῦντες συμφῦναι, ἀπέθνῃσκον ὑπὸ
λιμοῦ καὶ τῆς ἄλλης ἀργίας διὰ τὸ μηδὲν ἐθέλειν χωρὶς b
ἀλλήλων ποιεῖν. καὶ ὁπότε τι ἀποθάνοι τῶν ἡμίσεων, τὸ
δὲ λειφθείη, τὸ λειφθὲν ἄλλο ἐζήτει καὶ συνεπλέκετο, εἴτε
γυναικὸς τῆς ὅλης ἐντύχοι ἡμίσει, ὃ δὴ νῦν γυναῖκα καλοῦμεν,
εἴτε ἀνδρός· καὶ οὕτως ἀπώλλυντο. ἐλεήσας δὲ ὁ Ζεὺς ἄλλην
μηχανὴν πορίζεται καὶ μετατίθησιν αὐτῶν τὰ αἰδοῖα εἰς
τὸ πρόσθεν· τέως γὰρ καὶ ταῦτα ἐκτὸς εἶχον, καὶ ἐγέννων
καὶ ἔτικτον οὐκ εἰς ἀλλήλους, ἀλλ' εἰς γῆν ὥσπερ οἱ τέτ- c
τιγες. μετέθηκέ τε οὖν οὕτω αὐτῶν εἰς τὸ πρόσθεν καὶ
διὰ τούτων τὴν γέννησιν ἐν ἀλλήλοις ἐποίησεν, διὰ τοῦ
ἄρρενος ἐν τῷ θήλει, τῶνδε ἕνεκα, ἵνα ἐν τῇ συμπλοκῇ
ἅμα μέν, εἰ ἀνὴρ γυναικὶ ἐντύχοι, γεννῷεν καὶ γίγνοιτο τὸ
γένος, ἅμα δέ, εἰ καὶ ἄρρην ἄρρενι, πλησμονὴ γοῦν γίγνοιτο
τῆς συνουσίας καὶ διαπαύοιντο καὶ ἐπὶ τὰ ἔργα τρέποιντο
καὶ τοῦ ἄλλου βίου ἐπιμελοῖντο. ἔστι δὴ οὖν ἐκ τόσου
ὁ Ἔρως ἔμφυτος ἀλλήλων τοῖς ἀνθρώποις καὶ τῆς ἀρχαίας d
φύσεως συναγωγεὺς καὶ ἐπιχειρῶν ποιῆσαι ἓν ἐκ δυοῖν καὶ
ἰάσασθαι τὴν φύσιν τὴν ἀνθρωπίνην.

16. Ἕκαστος οὖν ἡμῶν ἐστιν ἀνθρώπου σύμβολον, ἅτε τε-
τμημένος ὥσπερ αἱ ψῆτται, ἐξ ἑνὸς δύο. ζητεῖ δὴ ἀεὶ τὸ αὑτοῦ
ἕκαστος σύμβολον. ὅσοι μὲν οὖν τῶν ἀνδρῶν τοῦ κοινοῦ
τμῆμά εἰσιν, ὃ δὴ τότε ἀνδρόγυνον ἐκαλεῖτο, φιλογύναικές
τέ εἰσι καὶ οἱ πολλοὶ τῶν μοιχῶν ἐκ τούτου τοῦ γένους
γεγόνασιν, καὶ ὅσαι αὖ γυναῖκες φίλανδροί τε καὶ μοιχεύ- e

---

c 8 γέννησιν: γένεσιν

wie die Schuster, wenn sie auf dem Leisten die Falten des Leders glätten; einige wenige aber beließ er, die am Bauch und um den Nabel; sie sollten Wahrzeichen des einstigen Erlebnisses sein.

Da nun das Ursprüngliche entzweigeschnitten war, sehnte sich ein jedes nach seiner Hälfte und gesellte sich zu ihr; da umarmten und umschlangen sie einander voller Begierde, zusammenzuwachsen, und starben vor Hunger und überhaupt vor Untätigkeit, weil sie nichts getrennt voneinander tun wollten. Und wenn eine von den Hälften starb und die andere am Leben blieb, dann suchte die überlebende irgendeine andere und umschlang sie, ob sie nun auf eines ganzen Weibes Hälfte traf – also das, was wir jetzt ein Weib nennen – oder auf eines Mannes Hälfte; und so quälten sie sich zu Tode. Da erbarmt sich Zeus und findet noch ein Mittel: er setzt ihre Geschlechtsteile nach vorn; denn bis dahin hatten sie sie noch außen und befruchteten und zeugten nicht ineinander, sondern in die Erde wie die Zikaden; so versetzte er sie nun nach vorn und bewirkte damit die Begattung ineinander, durch das Männliche im Weiblichen, in der Absicht, daß sie bei der Umschlingung, wenn ein Mann auf ein Weib träfe, Kinder zeugten und Nachkommenschaft käme, wenn aber ein Mann auf einen Mann träfe, wenigstens ihr Verlangen nach Zusammensein gestillt werde, sie dann davon abließen und sich an ihre Arbeit machten und sich überhaupt um den Lebensunterhalt kümmerten. Seit so alter Zeit also ist der Eros zueinander den Menschen eingepflanzt; er führt das Urwesen wieder zusammen und versucht, eins aus zweien zu machen und die Natur des Menschen zu heilen.

So ist denn jeder von uns Menschen nur ein Teilstück, denn er ist entzweigeschnitten wie die Flundern, aus einem zwei; da sucht denn ein jeder immer sein Gegenstück. Alle Männer nun, die ein Teil von jenem Gesamtwesen sind, das damals Mannweib genannt wurde, fühlen sich zu Frauen hingezogen, und die meisten Ehebrecher stammen aus diesem Geschlecht; und andererseits stammen von da alle Frauen, die

τριαι, ἐκ τούτου τοῦ γένους γίγνονται. ὅσαι δὲ τῶν γυναικῶν γυναικὸς τμῆμά εἰσιν, οὐ πάνυ αὗται τοῖς ἀνδράσι τὸν νοῦν προσέχουσιν, ἀλλὰ μᾶλλον πρὸς τὰς γυναῖκας τετραμμέναι εἰσί, καὶ αἱ ἑταιρίστριαι ἐκ τούτου τοῦ γένους γίγνονται. ὅσοι δὲ ἄρρενος τμῆμά εἰσι, τὰ ἄρρενα διώκουσι, καὶ τέως μὲν ἂν παῖδες ὦσιν, ἅτε τεμάχια ὄντα τοῦ ἄρρενος, φιλοῦσι τοὺς ἄνδρας καὶ χαίρουσι συγκατακείμενοι καὶ συμπεπλεγμένοι τοῖς ἀνδράσι, καὶ εἰσιν οὗτοι βέλτιστοι τῶν παίδων καὶ μειρακίων, ἅτε ἀνδρειότατοι ὄντες φύσει. φασὶ δὲ δή τινες αὐτοὺς ἀναισχύντους εἶναι, ψευδόμενοι· οὐ γὰρ ὑπ' ἀναισχυντίας τοῦτο δρῶσιν ἀλλ' ὑπὸ θάρρους καὶ ἀνδρείας καὶ ἀρρενωπίας, τὸ ὅμοιον αὑτοῖς ἀσπαζόμενοι. μέγα δὲ τεκμήριον· καὶ γὰρ τελεωθέντες μόνοι ἀποβαίνουσιν εἰς τὰ πολιτικὰ ἄνδρες οἱ τοιοῦτοι. ἐπειδὰν δὲ ἀνδρωθῶσι, παιδεραστοῦσι καὶ πρὸς γάμους καὶ παιδοποιίας οὐ προσέχουσι τὸν νοῦν φύσει, ἀλλ' ὑπὸ τοῦ νόμου ἀναγκάζονται· ἀλλ' ἐξαρκεῖ αὑτοῖς μετ' ἀλλήλων καταζῆν ἀγάμοις. πάντως μὲν οὖν ὁ τοιοῦτος παιδεραστής τε καὶ φιλεραστὴς γίγνεται, ἀεὶ τὸ συγγενὲς ἀσπαζόμενος.

Ὅταν μὲν οὖν καὶ αὐτῷ ἐκείνῳ ἐντύχῃ τῷ αὑτοῦ ἡμίσει καὶ ὁ παιδεραστὴς καὶ ἄλλος πᾶς, τότε καὶ θαυμαστὰ ἐκπλήττονται φιλίᾳ τε καὶ οἰκειότητι καὶ ἔρωτι, οὐκ ἐθέλοντες, ὡς ἔπος εἰπεῖν, χωρίζεσθαι ἀλλήλων οὐδὲ σμικρὸν χρόνον. καὶ οἱ διατελοῦντες μετ' ἀλλήλων διὰ βίου οὗτοί εἰσιν, οἳ οὐδ' ἂν ἔχοιεν εἰπεῖν, ὅτι βούλονται σφίσι παρ' ἀλλήλων γίγνεσθαι. οὐδενὶ γὰρ ἂν δόξειεν τοῦτ' εἶναι ἡ τῶν ἀφροδισίων συνουσία, ὡς ἄρα τούτου ἕνεκα ἕτερος ἑτέρῳ χαίρει συνὼν οὕτως ἐπὶ μεγάλης σπουδῆς· ἀλλ' ἄλλο τι βουλομένη ἑκατέρου ἡ ψυχὴ δήλη ἐστίν, ὃ οὐ δύναται εἰπεῖν, ἀλλὰ μαντεύεται, ὃ βούλεται, καὶ αἰνίττεται. καὶ εἰ αὐτοῖς ἐν τῷ αὐτῷ κατακειμένοις ἐπιστὰς ὁ Ἥφαιστος, ἔχων τὰ ὄργανα, ἔροιτο· 'Τί ἔσθ' ὃ βούλεσθε, ὦ ἄνθρωποι, ὑμῖν παρ' ἀλλήλων

sich zu Männern hingezogen fühlen, und auch die Ehebrecherinnen. Die Frauen aber, die ein Teil von einer Frau sind, kümmern sich überhaupt nicht um die Männer, sind vielmehr den Frauen zugewandt, und aus diesem Geschlecht entstehen die Tribaden. Die aber Teil eines Mannes sind, trachten nach dem Männlichen; und so lange sie Knaben sind, haben sie, als Stücke von Manneswesen, die Männer gern und freuen sich, bei Männern zu liegen und sie zu umarmen; und das sind die besten unter den Knaben und Jünglingen, denn sie sind von Natur am männlichsten. Manche behaupten zwar, sie seien schamlos, aber das ist gelogen; denn nicht aus Schamlosigkeit tun sie das, sondern aus Mut und Kühnheit und Mannhaftigkeit; sie heißen das willkommen, was ihnen ähnlich ist. Dafür spricht eines sehr deutlich: nur Wesen dieser Art wenden sich, sind sie zu Männern herangewachsen, den Staatsgeschäften zu. Noch als reife Männer lieben sie Knaben, und für Ehe und Kinderzeugung haben sie von Natur nicht viel Sinn, sondern lassen sich nur von der Sitte dazu zwingen; ihnen wäre es genug, ehelos ihr Leben miteinander hinzubringen. So wird denn ein solcher Mann allemal Knaben- und Freundesliebhaber werden, denn das ihm Zugehörige heißt er stets willkommen.

Wenn nun ein Knabenliebhaber und sonst ein jeder gar auf jene seine wirkliche Hälfte stößt, dann sind sie gar wundersam ergriffen von Freundschaft und Vertrautheit und Eros, und sie wollen sich voneinander sozusagen auch nicht für einen Augenblick trennen. Diejenigen, die ihr ganzes Leben miteinander verbringen, sind von solcher Art; sie wüßten nicht einmal zu sagen, was sie voneinander begehren. Denn niemand wird glauben, es sei der Liebesgenuß, dessentwegen der eine mit dem anderen so gern zusammen sei, mit so großem Eifer. Vielmehr ist es offenbar, daß bei beiden die Seele etwas anderes will, was sie nicht aussprechen kann — nein, sie erahnt und errät nur, was sie will. Und träte Hephaistos zu ihnen, wenn sie beisammen liegen, mit seinem Werkzeug und fragte sie: ‚Was ist's, ihr Menschen, was ihr voneinander wollt?' Und

γενέσθαι;' καὶ εἰ ἀποροῦντας αὐτοὺς πάλιν ἔροιτο· ,Ἆρά γε
τοῦδε ἐπιθυμεῖτε, ἐν τῷ αὐτῷ γενέσθαι ὅτι μάλιστα ἀλλήλοις, ὥστε καὶ νύκτα καὶ ἡμέραν μὴ ἀπολείπεσθαι ἀλλήλων; εἰ γὰρ τούτου ἐπιθυμεῖτε, θέλω ὑμᾶς συντῆξαι καὶ
συμφυσῆσαι εἰς τὸ αὐτό, ὥστε δύ' ὄντας ἕνα γεγονέναι   e
καὶ ἕως τ' ἂν ζῆτε, ὡς ἕνα ὄντα, κοινῇ ἀμφοτέρους ζῆν,
καὶ ἐπειδὰν ἀποθάνητε, ἐκεῖ αὖ ἐν Ἅιδου ἀντὶ δυοῖν ἕνα
εἶναι κοινῇ τεθνεῶτε· ἀλλ' ὁρᾶτε, εἰ τούτου ἐρᾶτε καὶ
ἐξαρκεῖ ὑμῖν, ἂν τούτου τύχητε.' ταῦτ' ἀκούσας ἴσμεν ὅτι
οὐδ' ἂν εἷς ἐξαρνηθείη οὐδ' ἄλλο τι ἂν φανείη βουλόμενος,
ἀλλ' ἀτεχνῶς οἴοιτ' ἂν ἀκηκοέναι τοῦτο, ὃ πάλαι ἄρα ἐπε-
θύμει, συνελθὼν καὶ συντακεὶς τῷ ἐρωμένῳ ἐκ δυοῖν εἷς
γενέσθαι. τοῦτο γάρ ἐστι τὸ αἴτιον, ὅτι ἡ ἀρχαία φύσις
ἡμῶν ἦν αὕτη καὶ ἦμεν ὅλοι· τοῦ ὅλου οὖν τῇ ἐπιθυμίᾳ
καὶ διώξει ἔρως ὄνομα.   193

Καὶ πρὸ τοῦ, ὥσπερ λέγω, ἓν ἦμεν, νυνὶ δὲ διὰ τὴν ἀδικίαν
διῳκίσθημεν ὑπὸ τοῦ θεοῦ, καθάπερ Ἀρκάδες ὑπὸ Λακε-
δαιμονίων· φόβος οὖν ἔστιν, ἐὰν μὴ κόσμιοι ὦμεν πρὸς τοὺς
θεούς, ὅπως μὴ καὶ αὖθις διασχισθησόμεθα, καὶ περίιμεν
ἔχοντες ὥσπερ οἱ ἐν ταῖς στήλαις καταγραφὴν ἐκτετυπω-
μένοι, διαπεπρισμένοι κατὰ τὰς ῥῖνας, γεγονότες ὥσπερ
λίσπαι. ἀλλὰ τούτων ἕνεκα πάντ' ἄνδρα χρὴ ἅπαντα
παρακελεύεσθαι εὐσεβεῖν περὶ θεούς, ἵνα τὰ μὲν ἐκφύγωμεν,   b
τῶν δὲ τύχωμεν, ὧν ὁ Ἔρως ἡμῖν ἡγεμὼν καὶ στρατηγός.
ᾧ μηδεὶς ἐναντία πραττέτω—πράττει δ' ἐναντία, ὅστις
θεοῖς ἀπεχθάνεται—, φίλοι γὰρ γενόμενοι καὶ διαλλαγέντες
τῷ θεῷ ἐξευρήσομέν τε καὶ ἐντευξόμεθα τοῖς παιδικοῖς τοῖς
ἡμετέροις αὐτῶν, ὃ τῶν νῦν ὀλίγοι ποιοῦσι.

Καὶ μή μοι ὑπολάβῃ Ἐρυξίμαχος, κωμῳδῶν τὸν λόγον,
ὡς Παυσανίαν καὶ Ἀγάθωνα λέγω—ἴσως μὲν γὰρ καὶ
οὗτοι τούτων τυγχάνουσιν ὄντες καὶ εἰσιν ἀμφότεροι τὴν   c

_____
b 2 ὧν: ὡς Variante

58

wenn er sie in ihrer Verlegenheit nochmals fragte: ‚Begehrt ihr etwa das, möglichst eng vereint zu werden, um Tag und Nacht nicht voneinander zu lassen? Wenn ihr das begehrt, so bin ich gewillt, euch zusammenzulöten und in Eins zu schweißen, so daß ihr aus zweien einer werdet und, so lange ihr lebt, als ein einziger Mensch zusammenlebt und, wenn ihr gestorben seid, auch drüben im Hades statt zwei nur einer seid, verbunden auch im Tode; nun bedenkt, ob ihr das wünscht und ob ihr zufrieden seid, wenn ihr dies bekommt' – bestimmt würde kein einziger, der das hört, es ablehnen noch irgendeinen anderen Wunsch äußern, sondern jeder würde ganz einfach das gehört zu haben glauben, was er ja schon längst begehrte, nämlich vereint und verschmolzen mit dem Geliebten aus zweien eins zu werden. Das liegt nämlich daran, daß dies vor Zeiten unsere Natur war und daß wir einmal ganz waren; das Begehren und der Drang nach dem Ganzen also, das heißt Eros.

Und vordem waren wir, wie gesagt, eins; jetzt aber wurden wir vom Gott wegen unserer Widersetzlichkeit getrennt angesiedelt, wie die Arkadier von den Lakedämoniern; wenn wir also gegen die Götter unfügsam sind, so steht zu befürchten, daß wir noch ein zweites Mal gespalten werden und herumgehen müssen wie die Figuren auf den Grabsteinen, die im Profil dargestellt sind, mitten durch die Nasen gesägt wie gespaltene Würfel. Darum muß jeder jeden ermahnen, gottesfürchtig zu sein, damit wir dem einen entgehen und das andere gewinnen, wozu Eros uns Führer und Feldherr ist. Ihm soll sich niemand widersetzen – und jeder widersetzt sich, der sich die Feindschaft der Götter zuzieht –; denn wenn wir mit dem Gott Freund geworden und mit ihm versöhnt sind, dann werden wir die Geliebten ausfindig machen und antreffen, die ein Teil von uns selbst sind, was unter den heutigen Menschen nur wenigen gelingt.

Und Eryximachos soll mir nicht ins Wort fallen, um sich über meine Rede lustig zu machen, als ob ich Pausanias und Agathon meinte – möglich zwar, daß sie auch dazu gehören und

φύσιν ἄρρενες —, λέγω δὲ οὖν ἔγωγε καθ' ἁπάντων καὶ
ἀνδρῶν καὶ γυναικῶν, ὅτι οὕτως ἂν ἡμῶν τὸ γένος εὔδαιμον
γένοιτο, εἰ ἐκτελέσαιμεν τὸν ἔρωτα καὶ τῶν παιδικῶν τῶν
αὑτοῦ ἕκαστος τύχοι εἰς τὴν ἀρχαίαν ἀπελθὼν φύσιν. εἰ
δὲ τοῦτο ἄριστον, ἀναγκαῖον καὶ τῶν νῦν παρόντων τὸ
τούτου ἐγγυτάτω ἄριστον εἶναι· τοῦτο δ' ἐστὶ παιδικῶν
τυχεῖν κατὰ νοῦν αὐτῷ πεφυκότων. οὗ δὴ τὸν αἴτιον θεὸν
ὑμνοῦντες δικαίως ἂν ὑμνοῖμεν Ἔρωτα, ὃς ἔν τε τῷ παρόντι   d
ἡμᾶς πλεῖστα ὀνίνησιν εἰς τὸ οἰκεῖον ἄγων καὶ εἰς τὸ ἔπειτα
ἐλπίδας μεγίστας παρέχεται, ἡμῶν παρεχομένων πρὸς θεοὺς
εὐσέβειαν, καταστήσας ἡμᾶς εἰς τὴν ἀρχαίαν φύσιν καὶ
ἰασάμενος μακαρίους καὶ εὐδαίμονας ποιῆσαι.

Οὗτος, ἔφη, ὦ Ἐρυξίμαχε, ὁ ἐμὸς λόγος ἐστὶ περὶ Ἔρωτος,
ἀλλοῖος ἢ ὁ σός. ὥσπερ οὖν ἐδεήθην σου, μὴ κωμῳδήσῃς
αὐτόν, ἵνα καὶ τῶν λοιπῶν ἀκούσωμεν, τί ἕκαστος ἐρεῖ,
μᾶλλον δὲ τί ἑκάτερος· Ἀγάθων γὰρ καὶ Σωκράτης λοιποί.   e

17. Ἀλλὰ πείσομαί σοι, ἔφη φάναι τὸν Ἐρυξίμαχον· καὶ
γάρ μοι ὁ λόγος ἡδέως ἐρρήθη. καὶ εἰ μὴ συνῄδη Σωκράτει
τε καὶ Ἀγάθωνι δεινοῖς οὖσι περὶ τὰ ἐρωτικά, πάνυ ἂν
ἐφοβούμην, μὴ ἀπορήσωσι λόγων διὰ τὸ πολλὰ καὶ
παντοδαπὰ εἰρῆσθαι· νῦν δὲ ὅμως θαρρῶ.

Τὸν οὖν Σωκράτη εἰπεῖν Καλῶς γὰρ αὐτὸς ἠγώνισαι, ὦ   194
Ἐρυξίμαχε· εἰ δὲ γένοιο, οὗ νῦν ἐγώ εἰμι, μᾶλλον δὲ ἴσως,
οὗ ἔσομαι, ἐπειδὰν καὶ Ἀγάθων εἴπῃ [εὖ], καὶ μάλ' ἂν
φοβοῖο καὶ ἐν παντὶ εἴης ὥσπερ ἐγὼ νῦν.

Φαρμάττειν βούλει με, ὦ Σώκρατες, εἰπεῖν τὸν Ἀγάθωνα,
ἵνα θορυβηθῶ διὰ τὸ οἴεσθαι, τὸ θέατρον προσδοκίαν
μεγάλην ἔχειν ὡς εὖ ἐροῦντος ἐμοῦ.

beide Manneswesen sind –: vielmehr behaupte ich von Männern und Frauen insgesamt, daß unser Geschlecht dann glücklich werden könnte, wenn wir das Ziel des Eros erreichten, ein jeder den ihm zugehörigen Geliebten bekäme und so zu seinem ursprünglichen Wesen gelangte. Ist aber dies das Beste, so wird von dem jetzt Gegebenen das das Beste sein, was ihm am nächsten kommt, und dies ist, einen Geliebten zu finden, dessen Art einem nach dem Sinne ist. Wenn wir also den Gott preisen, der das bewirkt, so preisen wir wohl nach Gebühr Eros, der schon jetzt uns am meisten Gutes erweist, weil er uns zu dem uns Zugehörigen führt und uns für die Zukunft das Schönste hoffen läßt, wenn wir uns fromm gegen die Götter verhalten; denn dann versetzt er uns in unseren Urzustand und macht uns durch seine Heilung selig und glücklich.

Dies, Eryximachos,“ sagte er, „ist meine Rede über den Eros, ungleich der deinen. Wie ich also schon bat, mach dich nicht über sie lustig, damit wir auch hören, was jeder von den anderen zu sagen hat, oder besser jeder von den beiden, denn nur Agathon und Sokrates sind noch übrig.“

„Gut, ich will dir gehorchen,“ sagte Eryximachos; „denn deine Rede war meines Erachtens wirklich angenehm zu hören. Und wenn ich nicht wüßte, daß Sokrates und Agathon in Sachen des Eros maßgebend sind, würde ich sehr befürchten müssen, daß sie nichts mehr zu sagen wüßten, weil schon so viel und so mancherlei gesprochen wurde; so aber bin ich doch zuversichtlich.“

Sokrates erwiderte: „Du selbst hast dich ja gut geschlagen, Eryximachos; wenn du aber in der Lage wärest, in der ich jetzt bin, oder besser vielleicht: in der ich sein werde, wenn auch Agathon gesprochen hat, da wärest du in großer Bangigkeit und mit deiner Weisheit am Ende, wie ich jetzt.“

„Du willst mich behexen, Sokrates,“ sagte Agathon, „damit ich außer Fassung komme in der Einbildung, das Publikum setze große Erwartungen in mich als guten Redner.“

Ἐπιλήσμων μεντἂν εἴην, ὦ Ἀγάθων, εἰπεῖν τὸν Σωκράτη, εἰ ἰδὼν τὴν σὴν ἀνδρείαν καὶ μεγαλοφροσύνην ἀναβαίνον- b τος ἐπὶ τὸν ὀκρίβαντα μετὰ τῶν ὑποκριτῶν καὶ βλέψαντος ἐναντία τοσούτῳ θεάτρῳ, μέλλοντος ἐπιδείξεσθαι σαυτοῦ λόγους καὶ οὐδ᾽ ὁπωστιοῦν ἐκπλαγέντος, νῦν οἰηθείην σε θορυβηθήσεσθαι ἕνεκα ἡμῶν ὀλίγων ἀνθρώπων.

Τί δέ, ὦ Σώκρατες; τὸν Ἀγάθωνα φάναι, οὐ δήπου με οὕτω θεάτρου μεστὸν ἡγῇ, ὥστε καὶ ἀγνοεῖν, ὅτι νοῦν ἔχοντι ὀλίγοι ἔμφρονες πολλῶν ἀφρόνων φοβερώτεροι; Οὐ μεντἂν καλῶς ποιοίην, φάναι, ὦ Ἀγάθων, περὶ σοῦ τι c ἐγὼ ἄγροικον δοξάζων· ἀλλ᾽ εὖ οἶδα, ὅτι, εἴ τισιν ἐντύχοις, οὓς ἡγοῖο σοφούς, μᾶλλον ἂν αὐτῶν φροντίζοις ἢ τῶν πολλῶν. ἀλλὰ μὴ οὐχ οὗτοι ἡμεῖς ὦμεν, ἡμεῖς μὲν γὰρ καὶ ἐκεῖ παρῆμεν καὶ ἦμεν τῶν πολλῶν· εἰ δὲ ἄλλοις ἐντύχοις σοφοῖς, τάχ᾽ ἂν αἰσχύνοιο αὐτούς, εἴ τι ἴσως οἴοιο αἰσχρὸν ὂν ποιεῖν· ἢ πῶς λέγεις;

Ἀληθῆ λέγεις, φάναι.
Τοὺς δὲ πολλοὺς οὐκ ἂν αἰσχύνοιο, εἴ τι οἴοιο αἰσχρὸν ποιεῖν;
Καὶ τὸν Φαῖδρον ἔφη ὑπολαβόντα εἰπεῖν Ὦ φίλε Ἀγάθων, d ἐὰν ἀποκρίνῃ Σωκράτει, οὐδὲν ἔτι διοίσει αὐτῷ ὁπῃοῦν τῶν ἐνθάδε ὁτιοῦν γίγνεσθαι, ἐὰν μόνον ἔχῃ ὅτῳ διαλέγηται, ἄλλως τε καὶ καλῷ· ἐγὼ δὲ ἡδέως μὲν ἀκούω Σωκράτους διαλεγομένου, ἀναγκαῖον δέ μοι ἐπιμεληθῆναι τοῦ ἐγκωμίου τῷ Ἔρωτι καὶ ἀποδέξασθαι παρ᾽ ἑνὸς ἑκάστου ὑμῶν τὸν λόγον· ἀποδοὺς οὖν ἑκάτερος τῷ θεῷ οὕτως ἤδη διαλεγέσθω.
Ἀλλὰ καλῶς λέγεις, ὦ Φαῖδρε, φάναι τὸν Ἀγάθωνα, καὶ e οὐδέν με κωλύει λέγειν· Σωκράτει γὰρ καὶ αὖθις ἔσται πολλάκις διαλέγεσθαι.

„Dann müßte ich wahrhaftig vergeßlich sein, Agathon," sagte Sokrates, „wenn ich nach dem Anblick, wie du kühn und hochgemut mit deinen Schauspielern auf die Bretter stiegst und in dem Augenblick, wo du deine Stücke vortragen solltest, einem so zahlreichen Publikum in die Augen schautest, ohne dich im geringsten einschüchtern zu lassen – wenn ich da meinte, du werdest jetzt außer Fassung kommen wegen uns paar Leuten."

„Wie, Sokrates," sagte Agathon, „du denkst doch wohl nicht, ich hätte den Kopf so voll vom Theater, daß ich nicht einmal mehr wüßte, daß ein vernünftiger Mann sich vor wenigen klugen Menschen mehr fürchten muß als vor vielen dummen?"

„Freilich täte ich nicht gut daran," war Sokrates' Antwort, „wenn ich dir etwas Täppisches zutraute; nein, ich weiß wohl, wenn du mit Leuten zusammenträfest, die dir weise erschienen, würdest du dich mehr um sie kümmern als um die Masse. Aber schwerlich sind wir solche; denn auch wir waren dort zugegen und gehörten zur Masse; wenn du aber mit anderen zusammenträfest, die weise sind, würdest du dich wohl vor ihnen schämen, falls du vielleicht etwas Beschämendes zu tun glaubtest; oder was meinst du?"

„Du hast recht", sagte Agathon.

„Vor der Masse aber würdest du dich nicht schämen, wenn du etwas Beschämendes zu tun meintest?"

Da griff Phaidros ein und sagte: „Lieber Agathon, wenn du Sokrates antwortest, so wird es ihm im weiteren ganz gleichgültig sein, was überhaupt aus allem hier werden soll, wenn er nur einen hat, mit dem er sich unterhalten kann, und nun gar einen schönen jungen Mann! Ich höre Sokrates' Unterhaltungen gern zu, aber ich muß mich um die Huldigung für Eros kümmern und von jedem unter euch seine Rede entgegennehmen; habt ihr beide also dem Gott euren Zoll entrichtet, dann mögt ihr euch so unterhalten."

„Du hast recht, Phaidros," sagte Agathon, „und nichts hindert mich, meine Rede zu halten; zu Gesprächen mit Sokrates wird sich wohl noch oft Gelegenheit bieten.

18. Ἐγὼ δὲ βούλομαι πρῶτον μὲν εἰπεῖν, ὡς χρή με εἰπεῖν, ἔπειτα εἰπεῖν. δοκοῦσι γάρ μοι πάντες οἱ πρόσθεν εἰρηκότες οὐ τὸν θεὸν ἐγκωμιάζειν, ἀλλὰ τοὺς ἀνθρώπους εὐδαιμονίζειν τῶν ἀγαθῶν, ὧν ὁ θεὸς αὐτοῖς αἴτιος· ὁποῖος δέ τις αὐτὸς ὢν ταῦτα ἐδωρήσατο, οὐδεὶς εἴρηκεν. εἷς δὲ τρόπος ὀρθὸς παντὸς 19 ἐπαίνου περὶ παντός, λόγῳ διελθεῖν, οἷος οἵων αἴτιος ὢν τυγχάνει, περὶ οὗ ἂν ὁ λόγος ᾖ. οὕτω δὴ τὸν Ἔρωτα καὶ ἡμᾶς δίκαιον ἐπαινέσαι πρῶτον αὐτόν, οἷός ἐστιν, ἔπειτα τὰς δόσεις.

Φημὶ οὖν ἐγώ, πάντων θεῶν εὐδαιμόνων ὄντων Ἔρωτα, εἰ θέμις καὶ ἀνεμέσητον εἰπεῖν, εὐδαιμονέστατον εἶναι αὐτῶν, κάλλιστον ὄντα καὶ ἄριστον. ἔστι δὲ κάλλιστος ὢν τοιόσδε. πρῶτον μὲν νεώτατος θεῶν, ὦ Φαῖδρε. μέγα δὲ τεκμήριον b τῷ λόγῳ αὐτὸς παρέχεται, φεύγων φυγῇ τὸ γῆρας, ταχὺ ὂν δῆλον ὅτι· θᾶττον γοῦν τοῦ δέοντος ἡμῖν προσέρχεται. ὃ δὴ πέφυκεν Ἔρως μισεῖν καὶ οὐδ' ἐντὸς πολλοῦ πλησιάζειν. μετὰ δὲ νέων ἀεὶ σύνεστί τε καὶ ἔσται· ὁ γὰρ παλαιὸς λόγος εὖ ἔχει, ὡς ὅμοιον ὁμοίῳ ἀεὶ πελάζει. ἐγὼ δὲ Φαίδρῳ πολλὰ ἄλλα ὁμολογῶν τοῦτο οὐχ ὁμολογῶ, ὡς Ἔρως Κρόνου καὶ Ἰαπετοῦ ἀρχαιότερός ἐστιν, ἀλλά φημι νεώτα- c τον αὐτὸν εἶναι θεῶν καὶ ἀεὶ νέον, τὰ δὲ παλαιὰ πράγματα περὶ θεούς, ἃ Ἡσίοδος καὶ Παρμενίδης λέγουσιν, Ἀνάγκῃ καὶ οὐκ Ἔρωτι γεγονέναι, εἰ ἐκεῖνοι ἀληθῆ ἔλεγον· οὐ γὰρ ἂν ἐκτομαὶ οὐδὲ δεσμοὶ ἀλλήλων ἐγίγνοντο καὶ ἄλλα πολλὰ καὶ βίαια, εἰ Ἔρως ἐν αὐτοῖς ἦν, ἀλλὰ φιλία καὶ εἰρήνη, ὥσπερ νῦν, ἐξ οὗ Ἔρως τῶν θεῶν βασιλεύει.

Νέος μὲν οὖν ἐστι, πρὸς δὲ τῷ νέῳ ἁπαλός. ποιητοῦ δ' ἔστιν ἐνδεής, οἷος ἦν Ὅμηρος, πρὸς τὸ ἐπιδεῖξαι θεοῦ d ἁπαλότητα. Ὅμηρος γὰρ Ἄτην θεόν τέ φησιν εἶναι καὶ ἁπαλήν—τοὺς γοῦν πόδας αὐτῆς ἁπαλοὺς εἶναι—λέγων

---

b 5 ἔσται: ἔστιν

Ich will nun zuerst davon reden, wie ich zu reden habe, und dann reden. Denn wie mir scheint, verherrlichten alle meine Vorredner nicht den Gott, sondern priesen die Menschen glücklich um der Gaben willen, die sie dem Gott verdanken; wie er aber selber beschaffen ist, der ihnen solches schenkte, hat niemand gesagt. Die einzig richtige Art aber für jede Lobrede auf jeglichen Gegenstand ist die, darzutun, wie der beschaffen ist, von dem die Rede handeln soll, und wie die Dinge sind, die er bewirkt. Gerade so bei Eros: auch wir müssen zuerst ihn selbst und seine Beschaffenheit, dann seine Gaben preisen.

Ich behaupte nun, daß Eros unter allen glückseligen Göttern – wenn es erlaubt und nicht vermessen ist, das zu sagen – als schönster und bester der glückseligste ist. Er ist aber der Schönste, und zwar: erstens als jüngster unter den Göttern, Phaidros; einen starken Beweis für diese Behauptung liefert er selbst; denn er flieht flugs vor dem Alter, das bekanntlich schnell ist; jedenfalls kommt es schneller als nötig auf uns zu. Das haßt Eros von Natur und nähert sich ihm nicht einmal von weitem; der Jugend aber gesellt er sich stets, jetzt und in Zukunft; denn das alte Wort hat recht, daß Gleich und Gleich sich gern gesellt. Ich bin mit Phaidros sonst in vielem einverstanden, aber darin bin ich nicht einverstanden, daß Eros älter sei als Kronos und Iapetos; vielmehr behaupte ich, er ist der jüngste unter den Göttern und immer jung, während jene alten Göttergeschichten, von denen Hesiod und Parmenides berichten, durch Ananke und nicht durch Eros geschehen sind, falls jene die Wahrheit erzählt haben. Denn gegenseitige Verstümmelungen und Fesselungen wären nicht vorgekommen und viele andere Gewalttaten, wenn Eros unter den Göttern geweilt hätte, sondern nur Freundschaft und Friede wie jetzt, seitdem Eros der Götter König ist.

Jung ist er also, dazu aber auch zart; einen Dichter braucht man, wie Homer es war, um die Zartheit eines Gottes zu zeigen. Homer erzählt ja von Ate, sie sei eine Gottheit und sei zart – jedenfalls ihre Füße nennt er zart, wenn er sagt:

τῆς μένθ' ἁπαλοὶ πόδες· οὐ γὰρ ἐπ' οὔδεος
πίλναται, ἀλλ' ἄρα ἥ γε κατ' ἀνδρῶν κράατα βαίνει.

καλῷ οὖν δοκεῖ μοι τεκμηρίῳ τὴν ἁπαλότητα ἀποφαίνειν,
ὅτι οὐκ ἐπὶ σκληροῦ βαίνει, ἀλλ' ἐπὶ μαλθακοῦ. τῷ αὐτῷ
δὴ καὶ ἡμεῖς χρησώμεθα τεκμηρίῳ περὶ "Ερωτα, ὅτι ἁπαλός. e
οὐ γὰρ ἐπὶ γῆς βαίνει οὐδ' ἐπὶ κρανίων, ἃ ἐστιν οὐ πάνυ
μαλακά, ἀλλ' ἐν τοῖς μαλακωτάτοις τῶν ὄντων καὶ βαίνει
καὶ οἰκεῖ. ἐν γὰρ ἤθεσι καὶ ψυχαῖς θεῶν καὶ ἀνθρώπων τὴν
οἴκησιν ἵδρυται, καὶ οὐκ αὖ ἑξῆς ἐν πάσαις ταῖς ψυχαῖς, ἀλλ'
ᾗτινι ἂν σκληρὸν ἦθος ἐχούσῃ ἐντύχῃ, ἀπέρχεται, ᾗ δ' ἂν
μαλακόν, οἰκίζεται. ἁπτόμενον οὖν ἀεὶ καὶ ποσὶν καὶ πάντη
ἐν μαλακωτάτοις τῶν μαλακωτάτων ἁπαλώτατον ἀνάγκη
εἶναι.

Νεώτατος μὲν δή ἐστι καὶ ἁπαλώτατος, πρὸς δὲ τούτοις 19θ
ὑγρὸς τὸ εἶδος. οὐ γὰρ ἂν οἷός τ' ἦν πάντη περιπτύσσεσθαι
οὐδὲ διὰ πάσης ψυχῆς καὶ εἰσιὼν τὸ πρῶτον λανθάνειν καὶ
ἐξιών, εἰ σκληρὸς ἦν. συμμέτρου δὲ καὶ ὑγρᾶς ἰδέας μέγα
τεκμήριον ἡ εὐσχημοσύνη, ὃ δὴ διαφερόντως ἐκ πάντων
ὁμολογουμένως "Ερως ἔχει· ἀσχημοσύνῃ γὰρ καὶ "Ερωτι
πρὸς ἀλλήλους ἀεὶ πόλεμος. χρόας δὲ κάλλος ἡ κατ' ἄνθη
δίαιτα τοῦ θεοῦ σημαίνει· ἀνανθεῖ γὰρ καὶ ἀπηνθηκότι καὶ b
σώματι καὶ ψυχῇ καὶ ἄλλῳ ὁτῳοῦν οὐκ ἐνίζει "Ερως, οὗ δ'
ἂν εὐανθής τε καὶ εὐώδης τόπος ᾖ, ἐνταῦθα καὶ ἵζει καὶ μένει.

19. Περὶ μὲν οὖν κάλλους τοῦ θεοῦ καὶ ταῦτα ἱκανὰ καὶ ἔτι
πολλὰ λείπεται, περὶ δὲ ἀρετῆς "Ερωτος μετὰ ταῦτα λεκτέον,
τὸ μὲν μέγιστον, ὅτι "Ερως οὔτ' ἀδικεῖ οὔτ' ἀδικεῖται οὔτε
ὑπὸ θεοῦ οὔτε θεόν, οὔτε ὑπ' ἀνθρώπου οὔτε ἄνθρωπον.
οὔτε γὰρ αὐτὸς βίᾳ πάσχει, εἴ τι πάσχει, βία γὰρ "Ερωτος
οὐχ ἅπτεται· οὔτε ποιῶν ποιεῖ, πᾶς γὰρ ἑκὼν "Ερωτι πᾶν c

Zart schweben die Füß' ihr; nimmer dem Grund auch
nahet sie, nein, hoch wandelt sie her auf den Häuptern
der Menschen.

Mit einem schönen Beweis scheint er mir also ihre Zartheit
deutlich zu machen, daß sie nicht auf rauhem Boden schreitet,
sondern auf weichem. Eben diesen Beweis wollen auch wir
dafür benutzen, daß Eros zart ist; denn er schreitet nicht auf
dem Erdboden, auch nicht auf Schädeln – beide sind ja nicht
gerade weich –, sondern auf dem Weichsten, was es gibt,
wandelt und verweilt er: hat er doch in den Herzen und Seelen
der Götter und Menschen seinen Wohnsitz genommen, und
zwar nicht unterschiedslos in allen Seelen: nein, wenn er auf
eine Seele mit rauhem Wesen trifft, zieht er fort, und nur in
einer von weicher Art siedelt er sich an. Da er nun stets
mit seinen Füßen, ja ganz und gar mit dem Allerweichsten
in Berührung ist, muß er von zartester Art sein.

So ist er also der jüngste und zarteste, dazu aber geschmeidig
an Gestalt. Denn er wäre nicht imstande, überall sich anzu-
schmiegen noch zuerst unvermerkt in jede Seele einzutreten
und sie wieder zu verlassen, wenn er ungelenk wäre. Für seine
ebenmäßige und geschmeidige Gestalt ist ein starker Beweis
das Formvollendete, das der Eros nach allgemeinem Zuge-
ständnis ganz besonders besitzt; denn das Formlose und Eros
sind in ständigem Krieg miteinander. Auf Schönheit der Haut-
farbe aber deutet das Leben des Gottes unter Blüten; denn
in Blütenlosem und Verblühtem, sei es Leib oder Seele oder
was sonst, weilt Eros nicht, wo aber voll schöner Blüten und
schöner Düfte eine Stätte ist, da nimmt er Sitz und Woh-
nung.

Über die Schönheit des Gottes mag das nun genügen, und
doch bleibt noch viel zu sagen. Über die Vorzüge des Eros
aber ist jetzt zu sprechen. Das Wichtigste ist, daß Eros nicht
Unrecht tut noch leidet, weder von einem Gott noch an einem
Gott, weder von einem Menschen noch an einem Menschen;
denn er leidet weder selbst durch Zwang, falls er etwas leidet,
da Zwang nicht an Eros rührt; noch tut er mit Zwang, was

ὑπηρετεῖ, ἃ δ' ἂν ἑκὼν ἑκόντι ὁμολογήσῃ, φασὶν 'οἱ πόλεως βασιλῆς νόμοι' δίκαια εἶναι. πρὸς δὲ τῇ δικαιοσύνῃ σωφροσύνης πλείστης μετέχει. εἶναι γὰρ ὁμολογεῖται σωφροσύνη τὸ κρατεῖν ἡδονῶν καὶ ἐπιθυμιῶν, Ἔρωτος δὲ μηδεμίαν ἡδονὴν κρείττω εἶναι· εἰ δὲ ἥττους, κρατοῖντ' ἂν ὑπὸ Ἔρωτος, ὁ δὲ κρατοῖ, κρατῶν δὲ ἡδονῶν καὶ ἐπιθυμιῶν ὁ Ἔρως διαφερόντως ἂν σωφρονοῖ. καὶ μὴν εἴς γε ἀνδρείαν Ἔρωτι 'οὐδ' Ἄρης ἀνθίσταται'. οὐ γὰρ ἔχει Ἔρωτα Ἄρης, ἀλλ' d Ἔρως Ἄρη 'Αφροδίτης, ὡς λόγος, κρείττων δὲ ὁ ἔχων τοῦ ἐχομένου· τοῦ δ' ἀνδρειοτάτου τῶν ἄλλων κρατῶν πάντων ἂν ἀνδρειότατος εἴη.

Περὶ μὲν οὖν δικαιοσύνης καὶ σωφροσύνης καὶ ἀνδρείας τοῦ θεοῦ εἴρηται, περὶ δὲ σοφίας λείπεται· ὅσον οὖν δυνατόν, πειρατέον μὴ ἐλλείπειν. καὶ πρῶτον μέν, ἵν' αὖ καὶ ἐγὼ τὴν ἡμετέραν τέχνην τιμήσω ὥσπερ Ἐρυξίμαχος τὴν αὑτοῦ, e ποιητὴς ὁ θεὸς σοφὸς οὕτως, ὥστε καὶ ἄλλον ποιῆσαι· πᾶς γοῦν ποιητὴς γίγνεται, 'κἂν ἄμουσος ᾖ τὸ πρίν', οὗ ἂν Ἔρως ἅψηται. ᾧ δὴ πρέπει ἡμᾶς μαρτυρίῳ χρῆσθαι, ὅτι ποιητὴς ὁ Ἔρως ἀγαθὸς ἐν κεφαλαίῳ πᾶσαν ποίησιν τὴν κατὰ μουσικήν· ἃ γάρ τις ἢ μὴ ἔχει ἢ μὴ οἶδεν, οὔτ' ἂν ἑτέρῳ δοίη οὔτ' ἂν ἄλλον διδάξειεν. καὶ μὲν δὴ τήν γε τῶν ζῴων 197 ποίησιν πάντων τίς ἐναντιώσεται μὴ οὐχὶ Ἔρωτος εἶναι σοφίαν, ᾗ γίγνεταί τε καὶ φύεται πάντα τὰ ζῷα; ἀλλὰ τὴν τῶν τεχνῶν δημιουργίαν οὐκ ἴσμεν, ὅτι, οὗ μὲν ἂν ὁ θεὸς οὗτος διδάσκαλος γένηται, ἐλλόγιμος καὶ φανὸς ἀπέβη, οὗ δ' ἂν Ἔρως μὴ ἐφάψηται, σκοτεινός; τοξικήν γε μὴν καὶ ἰατρικὴν καὶ μαντικὴν Ἀπόλλων ἀνηῦρεν ἐπιθυμίας καὶ ἔρωτος ἡγεμονεύσαντος, ὥστε καὶ οὗτος Ἔρωτος ἂν εἴη b

68

er tut, denn jeder dient freiwillig dem Eros in allem. Was aber einer willig dem Willigen zugesteht, das erklären ‚des Staates Herrscher', die Gesetze, für gerecht. Neben der Gerechtigkeit hat er auch an der Besonnenheit den stärksten Anteil; denn es herrscht darüber Einverständnis, daß Besonnenheit die Beherrschung von Lüsten und Begierden sei, keine Lust aber stärker sei als Eros; sind die anderen aber schwächer, so werden sie wohl von Eros beherrscht, und er ist dann Herr über sie, und wenn Eros Lüste und Begierden beherrscht, dann ist er wohl ganz besonders besonnen. Und wirklich, in der Tapferkeit kann dem Eros ‚nicht einmal Ares widerstehen'; denn nicht Ares hält den Eros in Banden, sondern Eros den Ares – der Eros zu Aphrodite, wie es heißt; wer aber einen anderen in Banden hält, ist stärker als der Gefangene; wer aber den Tapfersten beherrscht, der ist wohl selber der Allertapferste.

Über die Gerechtigkeit, Besonnenheit und Tapferkeit des Gottes soviel. Es bleibt aber noch übrig, von seiner Weisheit zu reden. Soweit möglich, muß man versuchen, es auch da nicht fehlen zu lassen. Und vor allem, damit auch ich unserer Kunst die Ehre gebe wie Eryximachos der seinen: der Gott ist ein so weiser Dichter, daß er auch andere dazu macht; wird doch ein jeder zum Dichter, ‚auch wenn er früher fern den Musen war', wenn ihn Eros anrührt. Das dürfen wir zum Zeugnis nehmen, daß Eros ein tüchtiger Schöpfer, kurz gesagt, in jeder musischen Schöpfung ist. Denn was einer nicht hat noch weiß, das kann er wohl auch keinem zweiten geben noch einen anderen lehren. Und vollends die Schöpfung der Lebewesen insgesamt – wer möchte bestreiten, daß es Eros' Weisheit sei, durch die alle Lebewesen entstehen und wachsen? Weiter, wissen wir nicht von der schöpferischen Arbeit in den Künsten, daß jeder, dem dieser Gott zum Lehrer wird, Ansehen und Glanz gewinnt, indes der, den Eros nicht anrührt, im Dunkeln bleibt? Bogenschießkunst und Heilkunst und Seherkunst erfand Apollon, weil ihn Begehr und Eros führten; so ist auch er wohl ein Schüler des Eros, so sind es

μαθητής, καὶ Μοῦσαι μουσικῆς καὶ Ἥφαιστος χαλκείας καὶ Ἀθηνᾶ ἱστουργίας καὶ 'Ζεὺς κυβερνᾶν θεῶν τε καὶ ἀνθρώπων'. ὅθεν δὴ καὶ κατεσκευάσθη τῶν θεῶν τὰ πράγματα Ἔρωτος ἐγγενομένου, δῆλον ὅτι κάλλους, αἶσχει γὰρ οὐκ ἔπεστιν ἔρως. πρὸ τοῦ δέ, ὥσπερ ἐν ἀρχῇ εἶπον, πολλὰ καὶ δεινὰ θεοῖς ἐγίγνετο, ὡς λέγεται, διὰ τὴν τῆς Ἀνάγκης βασιλείαν· ἐπειδὴ δ' ὁ θεὸς οὗτος ἔφυ, ἐκ τοῦ ἐρᾶν τῶν καλῶν πάντ' ἀγαθὰ γέγονεν καὶ θεοῖς καὶ ἀνθρώποις.

Οὕτως ἐμοὶ δοκεῖ, ὦ Φαῖδρε, Ἔρως πρῶτος αὐτὸς ὢν κάλ- c λιστος καὶ ἄριστος μετὰ τοῦτο τοῖς ἄλλοις ἄλλων τοιούτων αἴτιος εἶναι. ἐπέρχεται δέ μοί τι καὶ ἔμμετρον εἰπεῖν, ὅτι οὗτός ἐστιν ὁ ποιῶν

εἰρήνην μὲν ἐν ἀνθρώποις, πελάγει δὲ γαλήνην
νηνεμίαν, ἀνέμων κοίτην, ὕπνον [τε] νηκηδῆ.

οὗτος δὲ ἡμᾶς ἀλλοτριότητος μὲν κενοῖ, οἰκειότητος δὲ πληροῖ, d τὰς τοιάσδε συνόδους μετ' ἀλλήλων πάσας τιθεὶς συνιέναι, ἐν ἑορταῖς, ἐν χοροῖς, ἐν θυσίαισι γιγνόμενος ἡγεμών· πρᾳότητα μὲν πορίζων, ἀγριότητα δ' ἐξορίζων· φιλόδωρος εὐμενείας, ἄδωρος δυσμενείας· ἵλεως ἀγαθός· θεατὸς σοφοῖς, ἀγαστὸς θεοῖς· ζηλωτὸς ἀμοίροις, κτητὸς εὐμοίροις· τρυφῆς, ἁβρότητος, χλιδῆς, χαρίτων, ἱμέρου, πόθου πατήρ· ἐπιμελὴς ἀγαθῶν, ἀμελὴς κακῶν· ἐν πόνῳ, ἐν φόβῳ, ἐν πόθῳ, ἐν λόγῳ κυβερνήτης, ἐπιβάτης, παραστάτης τε καὶ σωτὴρ ἄριστος, συμπάντων τε θεῶν καὶ ἀνθρώπων κόσμος, ἡγεμών e κάλλιστος καὶ ἄριστος, ᾧ χρὴ ἕπεσθαι πάντα ἄνδρα ἐφυμ- νοῦντα καλῶς, ᾠδῆς μετέχοντα, ἣν ᾄδει θέλγων πάντων θεῶν τε καὶ ἀνθρώπων νόημα.

Οὗτος, ἔφη, ὁ παρ' ἐμοῦ λόγος, ὦ Φαῖδρε, τῷ θεῷ ἀνα- κείσθω, τὰ μὲν παιδιᾶς, τὰ δὲ σπουδῆς μετρίας, καθ' ὅσον ἐγὼ δύναμαι, μετέχων.

die Musen in der Musik, Hephaistos im Schmieden, Athene im Weben und ‚Zeus im Regiment über Götter und Menschen'. Daher kamen denn auch die Angelegenheiten der Götter in Ordnung, als Eros hinzutrat, das heißt die Liebe zur Schönheit; denn bei Häßlichkeit wohnt Eros nicht. Vordem aber geschah, wie ich zu Anfang sagte, viel Schaudervolles bei den Göttern nach der Sage, weil Ananke herrschte; seitdem aber dieser Gott in die Welt kam, entstand aus der Liebe zum Schönen lauter Gutes bei Göttern und Menschen. So, Phaidros, erscheint mir der Eros: vor allem ist er selbst der erste an Schönheit und Tüchtigkeit, und zudem spendet er allen anderen diese Gaben. Da fällt es mir ein, auch einmal in Versen zu sagen, was er beschert:

Frieden wirket er den Menschen:
ohne Regung ruht die See,
Stürme schweigen, Wogen sinken,
Schlummer ohne Angst und Weh.

Er befreit uns vom Gefühl der Fremdheit, macht uns reich an Vertrautheit, solche geselligen Zusammenkünfte wie unsere hier bringt er zustande, in Festen, in Reigentänzen, bei Opfermahlen ein Führer; Sanftheit uns sendend, Wildheit abwendend; gern mit Huld uns belohnend, mit Haß uns verschonend; so gnädig wie gut; ein Schauspiel den Weisen, ein Wunder den Göttern; ersehnt den Unglücklichen, im Besitz der Glücklichen; des Genusses, des Behagens, des Prunkes, der Anmut, der Sehnsucht, des Verlangens Vater; besorgt um die Guten, unbesorgt um die Schlechten; in Nöten, in Ängsten, im Sehnen, im Reden der beste Steuermann, Streiter zu Wasser wie zu Lande und tüchtigster Retter; aller Götter und Menschen Schmuck; schönster und trefflichster Führer, dem jedermann folgen sollte, ihm zujauchzend, schön einstimmend in das Lied, mit dem er aller Götter und Menschen Sinn bezaubert.

Diese Rede,'' sagte er, ,,sei von mir dem Gotte dargebracht, Phaidros; an Spiel und auch an Ernst enthält sie ein rechtes Maß, so viel, als mir gelingen will.''

20. Εἰπόντος δὲ τοῦ Ἀγάθωνος πάντας ἔφη ὁ Ἀριστόδημος 198
ἀναθορυβῆσαι τοὺς παρόντας, ὡς πρεπόντως τοῦ νεανίσκου
εἰρηκότος καὶ αὐτῷ καὶ τῷ θεῷ.

Τὸν οὖν Σωκράτη εἰπεῖν βλέψαντα εἰς τὸν Ἐρυξίμαχον,
Ἆρά σοι δοκῶ, φάναι, ὦ παῖ Ἀκουμενοῦ, ἀδεὲς πάλαι δέος
δεδιέναι, ἀλλ' οὐ μαντικῶς, ἃ νυνδὴ ἔλεγον, εἰπεῖν, ὅτι
Ἀγάθων θαυμαστῶς ἐροῖ, ἐγὼ δ' ἀπορήσοιμι;

Τὸ μὲν ἕτερον, φάναι τὸν Ἐρυξίμαχον, μαντικῶς μοι δοκεῖς
εἰρηκέναι, ὅτι Ἀγάθων εὖ ἐρεῖ· τὸ δέ, σὲ ἀπορήσειν, οὐκ
οἶμαι.

Καὶ πῶς, ὦ μακάριε, εἰπεῖν τὸν Σωκράτη, οὐ μέλλω ἀπορεῖν b
καὶ ἐγὼ καὶ ἄλλος ὁστισοῦν, μέλλων λέξειν μετὰ καλὸν
οὕτω καὶ παντοδαπὸν λόγον ῥηθέντα; καὶ τὰ μὲν ἄλλα
οὐχ ὁμοίως μὲν θαυμαστά. τὸ δὲ ἐπὶ τελευτῆς τοῦ κάλλους
τῶν ὀνομάτων καὶ ῥημάτων τίς οὐκ ἂν ἐξεπλάγη ἀκούων;
ἐπεὶ ἔγωγε ἐνθυμούμενος, ὅτι αὐτὸς οὐχ οἷός τ' ἔσομαι οὐδ'
ἐγγὺς τούτων οὐδὲν καλὸν εἰπεῖν, ὑπ' αἰσχύνης ὀλίγου
ἀποδρὰς ᾠχόμην, εἴ πῃ εἶχον. καὶ γάρ με Γοργίου ὁ λόγος c
ἀνεμίμνησκεν, ὥστε ἀτεχνῶς τὸ τοῦ Ὁμήρου ἐπεπόνθη·
ἐφοβούμην, μή μοι τελευτῶν ὁ Ἀγάθων Γοργίου κεφαλὴν
δεινοῦ λέγειν ἐν τῷ λόγῳ ἐπὶ τὸν ἐμὸν λόγον πέμψας αὐτόν
με λίθον [τῇ ἀφωνίᾳ] ποιήσειεν. καὶ ἐνενόησα τότε ἄρα
καταγέλαστος ὤν, ἡνίκα ὑμῖν ὡμολόγουν, ἐν τῷ μέρει μεθ'
ὑμῶν ἐγκωμιάσεσθαι τὸν Ἔρωτα, καὶ ἔφην, εἶναι δεινὸς τὰ d
ἐρωτικά, οὐδὲν εἰδὼς ἄρα τοῦ πράγματος, ὡς ἔδει ἐγκωμιάζειν ὁτιοῦν.

Ἐγὼ μὲν γὰρ ὑπ' ἀβελτερίας ᾤμην, δεῖν τἀληθῆ λέγειν
περὶ ἑκάστου τοῦ ἐγκωμιαζομένου, καὶ τοῦτο μὲν ὑπάρχειν,
ἐξ αὐτῶν δὲ τούτων τὰ κάλλιστα ἐκλεγομένους ὡς εὐπρε-

Als Agathon geendet hatte, da hätten, erzählte Aristodemos, alle Anwesenden ihm zugejubelt, wie würdig seiner selbst und des Gottes der junge Mann gesprochen habe. Sokrates habe den Eryximachos angesehen und gesagt: „Nun, Sohn des Akumenos, denkst du, ich habe schon längst nur so eitler Furcht nachgehangen und nicht vielmehr wie ein Seher gesprochen, als ich vorhin sagte, Agathon werde wundervoll reden und ich würde in Verlegenheit sein?"

„In dem einen Punkt", erwiderte Eryximachos, „hast du, wie mir scheint, als Seher gesprochen, daß Agathon gut reden werde; aber daß du in Verlegenheit sein werdest, glaube ich nicht."

„Und wie sollte nicht, du Ahnungsloser," sagte Sokrates, „ich, und wer es sonst sein möchte, in Verlegenheit geraten, wenn er nach einer so schönen und vielseitigen Rede sprechen soll? Zwar ist das andere nicht in gleichem Maße bewundernswert, bei dem Schluß aber – wer wäre da über die Schönheit der Worte und Wendungen nicht außer sich geraten beim Zuhören? Denn als ich bedachte, daß ich selbst nicht imstande sein werde, auch nur annähernd so Schönes zu sagen, wäre ich fast vor Scham davongelaufen, wenn ich nur einen Weg gesehen hätte. Denn wahrhaftig erinnerte mich die Rede an Gorgias, so daß ich geradezu das erlebte, was bei Homer steht: ich fürchtete, daß mir Agathon schließlich das Haupt des Gorgias, des gewaltigen Redners, in seiner Rede gegen meine Rede schwingen und mich damit zu Stein machen werde. Und da begriff ich denn, daß ich mich lächerlich gemacht hatte, als ich mich einverstanden erklärte, in einer Reihe neben euch den Eros zu preisen, und behauptete, in den Dingen des Eros gewaltig beschlagen zu sein, während ich offenbar nichts von der Kunst verstand, wie man irgendeine Lobrede zu halten hat.

Denn ich glaubte in meiner Einfalt, man müsse die Wahrheit über den jeweils zu preisenden Gegenstand sagen, und das bilde die Grundlage; und dann sei aus eben diesem das Schönste auszuwählen und so hübsch wie möglich anzuordnen.

πέστατα τιθέναι, καὶ πάνυ δὴ μέγα ἐφρόνουν ὡς εὖ ἐρῶν, ὡς εἰδὼς τὴν ἀλήθειαν τοῦ ἐπαινεῖν ὁτιοῦν. τὸ δὲ ἄρα, ὡς ἔοικεν, οὐ τοῦτο ἦν τὸ καλῶς ἐπαινεῖν ὁτιοῦν, ἀλλὰ τὸ ὡς μέγιστα ἀνατιθέναι τῷ πράγματι καὶ ὡς κάλλιστα, ἐάν τε ᾖ e οὕτως ἔχοντα ἐάν τε μή· εἰ δὲ ψευδῆ, οὐδὲν ἄρ' ἦν πρᾶγμα. προύρρήθη γάρ, ὡς ἔοικεν, ὅπως ἕκαστος ἡμῶν τὸν Ἔρωτα ἐγκωμιάζειν δόξει, οὐχ ὅπως ἐγκωμιάσεται. διὰ ταῦτα δὴ οἶμαι πάντα λόγον κινοῦντες ἀνατίθετε τῷ Ἔρωτι, καὶ φατε αὐτὸν τοιοῦτόν τε εἶναι καὶ τοσούτων αἴτιον, ὅπως ἂν φαίνηται ὡς κάλλιστος καὶ ἄριστος, δῆλον ὅτι τοῖς μὴ γιγνώ- 199 σκουσιν, οὐ γὰρ ἄν που τοῖς γε εἰδόσιν, καὶ καλῶς γ' ἔχει καὶ σεμνῶς ὁ ἔπαινος.

Ἀλλὰ γὰρ ἐγὼ οὐκ ᾔδη ἄρα τὸν τρόπον τοῦ ἐπαίνου, οὐ δ' εἰδὼς ὑμῖν ὡμολόγησα καὶ αὐτὸς ἐν τῷ μέρει ἐπαινέσεσθαι. ἡ γλῶσσα οὖν ὑπέσχετο, ἡ δὲ φρὴν οὔ· χαιρέτω δή. οὐ γὰρ ἔτι ἐγκωμιάζω τοῦτον τὸν τρόπον, οὐ γὰρ ἂν δυναίμην. οὐ μέντοι ἀλλὰ τά γε ἀληθῆ, εἰ βούλεσθε, ἐθέλω εἰπεῖν κατ' b ἐμαυτόν, οὐ πρὸς τοὺς ὑμετέρους λόγους, ἵνα μὴ γέλωτα ὄφλω. ὅρα οὖν, ὦ Φαῖδρε, εἴ τι καὶ τοιούτου λόγου δέη, περὶ Ἔρωτος τἀληθῆ λεγόμενα ἀκούειν, ὀνομάσει δὲ καὶ θέσει ῥημάτων τοιαύτῃ, ὁποία δὴ ἄν τις τύχῃ ἐπελθοῦσα.

Τὸν οὖν Φαῖδρον ἔφη καὶ τοὺς ἄλλους κελεύειν λέγειν, ὅπῃ αὐτὸς οἴοιτο δεῖν εἰπεῖν, ταύτῃ.

Ἔτι τοίνυν, φάναι, ὦ Φαῖδρε, πάρες μοι Ἀγάθωνα σμίκρ' ἄττα ἐρέσθαι, ἵνα ἀνομολογησάμενος παρ' αὐτοῦ οὕτως ἤδη λέγω.
Ἀλλὰ παρίημι, φάναι τὸν Φαῖδρον, ἀλλ' ἐρώτα. c

---

e 4 δόξει: δόξῃ   b 5 δὴ ἄν: δ'ἄν

Und so tat ich mir schon viel darauf zugute, wie schön ich reden würde, denn ich meinte die wahre Art zu verstehen, wie man eine Lobrede hält. Tatsächlich war das aber offenbar nicht die rechte Weise, etwas schön zu loben; vielmehr gilt es, dem Gegenstand möglichst bedeutende und schöne Eigenschaften beizulegen, gleich, ob es sich damit wirklich so verhält oder nicht; wenn es falsch war, lag ja nichts daran. Denn man hat den Eindruck, es war abgemacht, daß sich jeder von uns nur den Anschein geben solle, den Eros zu preisen, nicht, daß er ihn tatsächlich preise. Deshalb rührt ihr, meine ich, an alle möglichen Dinge, um sie dem Eros beizulegen, und sagt, er sei von der und der Art und so und so vieler Gaben Urheber, damit er etwa so schön und trefflich wie möglich erscheine – versteht sich, nur den Unkundigen, den Wissenden ja wohl schwerlich –, und schon wird die Lobrede schön und erhaben.

Ich aber wußte nichts von dieser Art, Lobreden zu halten, und weil ich nichts wußte, erklärte ich mich einverstanden, auch selbst, wenn die Reihe an mir sei, eine Rede zu halten. ‚Die Zunge also hat versprochen, nicht das Herz‘. Fort denn damit! Auf diese Art halte ich nämlich nicht noch eine Lobrede; ich könnte es gar nicht. Nein, gewiß nicht; aber die Wahrheit, wenn ihr das wollt, bin ich bereit zu sagen auf meine Weise, nicht im Wettbewerb mit euren Reden, damit ich nicht zum Gespött werde. Sieh nun zu, Phaidros, ob du auch eine solche Rede brauchen kannst, daß man nämlich über Eros die Wahrheit sagen hört, in Wortwahl und Satzbau aber so, wie es sich gerade einstellt.‘‘

Phaidros nun und die anderen, berichtete er, forderten ihn auf zu reden, wie man nach seiner Meinung sprechen müsse, so und nicht anders.

„Noch eins nun, Phaidros,‘‘ habe Sokrates gesagt; „erlaube mir, an Agathon ein paar kleine Fragen zu richten, damit ich mich erst mit ihm verständige, ehe ich rede.‘‘

„Aber gewiß erlaube ich's dir,‘‘ habe Phaidros erwidert, „aber gewiß, frag nur!‘‘

Μετὰ ταῦτα δὴ τὸν Σωκράτη ἔφη ἐνθένδε ποθὲν ἄρξασθαι.

21. Καὶ μήν, ὦ φίλε Ἀγάθων, καλῶς μοι ἔδοξας καθηγήσασθαι τοῦ λόγου λέγων, ὅτι πρῶτον μὲν δέοι αὐτὸν ἐπιδεῖξαι, ὁποῖός τίς ἐστιν ὁ Ἔρως, ὕστερον δὲ τὰ ἔργα αὐτοῦ. ταύτην τὴν ἀρχὴν πάνυ ἄγαμαι. ἴθι οὖν μοι περὶ Ἔρωτος, ἐπειδὴ καὶ τἆλλα καλῶς καὶ μεγαλοπρεπῶς διῆλθες οἷός ἐστι, καὶ τόδε εἰπέ· πότερόν ἐστι τοιοῦτος οἷος εἶναι τινός d ὁ Ἔρως ἔρως, ἢ οὐδενός; ἐρωτῶ δ᾽ οὔκ, εἰ μητρός τινος ἢ πατρός ἐστιν—γελοῖον γὰρ ἂν εἴη τὸ ἐρώτημα, εἰ Ἔρως ἐστὶν ἔρως μητρὸς ἢ πατρός—, ἀλλ᾽ ὥσπερ ἂν εἰ αὐτὸ τοῦτο, πατέρα, ἠρώτων, ἆρα ὁ πατήρ ἐστι πατήρ τινός ἢ οὔ; εἶπες ἂν δήπου μοι, εἰ ἐβούλου καλῶς ἀποκρίνασθαι, ὅτι ἔστιν ὑέος γε ἢ θυγατρὸς ὁ πατὴρ πατήρ· ἢ οὔ;

Πάνυ γε, φάναι τὸν Ἀγάθωνα.
Οὐκοῦν καὶ ἡ μήτηρ ὡσαύτως;
Ὁμολογεῖσθαι καὶ τοῦτο.
Ἔτι τοίνυν, εἰπεῖν τὸν Σωκράτη, ἀπόκριναι ὀλίγῳ πλείω, e
ἵνα μᾶλλον καταμάθῃς, ὃ βούλομαι. εἰ γὰρ ἐροίμην, ʻΤί δέ;
ἀδελφός, αὐτὸ τοῦθ᾽, ὅπερ ἔστιν, ἔστι τινὸς ἀδελφὸς ἢ οὔ;ʼ

Φάναι εἶναι.
Οὐκοῦν ἀδελφοῦ ἢ ἀδελφῆς;
Ὁμολογεῖν.
Πειρῶ δή, φάναι, καὶ τὸν ἔρωτα εἰπεῖν. ὁ Ἔρως ἔρως
ἐστὶν οὐδενὸς ἢ τινός;
Πάνυ μὲν οὖν ἔστιν.
Τοῦτο μὲν τοίνυν, εἰπεῖν τὸν Σωκράτη, φύλαξον παρὰ 200
σαυτῷ μεμνημένος ὅτου· τοσόνδε δὲ εἰπέ, πότερον ὁ Ἔρως
ἐκείνου, οὗ ἔστιν ἔρως, ἐπιθυμεῖ αὐτοῦ ἢ οὔ;

Πάνυ γε, φάναι.
Πότερον ἔχων αὐτό, οὗ ἐπιθυμεῖ τε καὶ ἐρᾷ, εἶτα ἐπιθυμεῖ
τε καὶ ἐρᾷ, ἢ οὐκ ἔχων;

Danach habe denn Sokrates etwa so begonnen:

„In der Tat, lieber Agathon, schien mir der Beginn deiner Rede schön, da du sagtest, man müsse zunächst zeigen, von welcher Art Eros, und dann, was sein Wirken sei. Diesen Anfang bewundere ich überaus. Nun denn, so sag mir von Eros, da du im übrigen sein Wesen so schön und prächtig schildertest, auch dies noch: ist der Eros von solcher Art, daß er ein Eros von jemand ist oder nicht? Ich frage aber nicht, ob er einer Mutter oder eines Vaters Eros ist – denn das wäre eine lächerliche Frage, ob der Eros zu einer Mutter oder zu einem Vater gehört –, sondern so, wie wenn ich nach dem Begriff ‚Vater‘ fragte, ob der Vater ein Vater von jemand sei oder nicht. Da würdest du mir gewiß sagen, wenn du richtig antworten wolltest, daß er, als Vater, eines Sohnes oder einer Tochter Vater sei, nicht wahr?"
„Ja", habe Agathon gesagt.
„Und die Mutter geradeso?"
Auch dies habe er bejaht.
„Gib mir noch etwas weiter Antwort," habe darauf Sokrates gesagt, „damit du besser verstehst, worauf ich hinaus will. Wenn ich nämlich fragte: ‚Wie nun? Ist ein Bruder seinem Wesen nach Bruder von jemand oder nicht?'"
„Ja", habe er gesagt.
„Also von einem Bruder oder einer Schwester?"
Er habe zugestimmt.
„So versuch denn", sei Sokrates fortgefahren, „auch Eros zu beschreiben! Ist der Eros ein Eros von nichts oder von etwas?"
„Gewiß ist er dies letzte."
„Dies nun," habe Sokrates gesagt, „behalte noch bei dir im Gedächtnis, wovon er Eros ist; aber soviel sag mir, ob der Eros dasjenige, wovon er Eros ist, begehrt oder nicht."
„Jawohl", habe er erwidert.
„Wenn er das hat, was er begehrt und ersehnt, begehrt und ersehnt er es danach, oder nur, wenn er es nicht hat?"

Οὐκ ἔχων, ὡς τὸ εἰκός γε, φάναι.

Σκόπει δή, εἰπεῖν τὸν Σωκράτη, ἀντὶ τοῦ εἰκότος εἰ ἀνάγκη οὕτως, τὸ ἐπιθυμοῦν ἐπιθυμεῖν, οὗ ἐνδεές ἐστιν, ἢ μὴ ἐπιθυμεῖν, ἐὰν μὴ ἐνδεὲς ᾖ; ἐμοὶ μὲν γὰρ θαυμαστῶς δοκεῖ, b ὦ Ἀγάθων, ὡς ἀνάγκη εἶναι· σοὶ δὲ πῶς;

Κάμοί, φάναι, δοκεῖ.
Καλῶς λέγεις. ἆρ᾽ οὖν βούλοιτ᾽ ἄν τις μέγας ὢν μέγας εἶναι, ἢ ἰσχυρὸς ὢν ἰσχυρός;
Ἀδύνατον ἐκ τῶν ὡμολογημένων.
Οὐ γάρ που ἐνδεὴς ἂν εἴη τούτων ὅ γε ὤν.

Ἀληθῆ λέγεις.
Εἰ γὰρ καὶ ἰσχυρὸς ὢν βούλοιτο ἰσχυρὸς εἶναι, φάναι τὸν Σωκράτη, καὶ ταχὺς ὢν ταχύς, καὶ ὑγιὴς ὢν ὑγιής—ἴσως γὰρ ἄν τις ταῦτα οἰηθείη καὶ πάντα τὰ τοιαῦτα τοὺς ὄντας τε τοιούτους καὶ ἔχοντας ταῦτα τούτων, ἅπερ ἔχουσι, καὶ c ἐπιθυμεῖν, ἵν᾽ οὖν μὴ ἐξαπατηθῶμεν, τούτου ἕνεκα λέγω— τούτοις γάρ, ὦ Ἀγάθων, εἰ ἐννοεῖς, ἔχειν μὲν ἕκαστα τούτων ἐν τῷ παρόντι ἀνάγκη, ἃ ἔχουσιν, ἐάντε βούλωνται ἐάντε μή, καὶ τούτου γε δήπου τίς ἂν ἐπιθυμήσειεν; ἀλλ᾽ ὅταν τις λέγῃ, ὅτι ᾽ἐγὼ ὑγιαίνων βούλομαι καὶ ὑγιαίνειν, καὶ πλουτῶν βούλομαι καὶ πλουτεῖν, καὶ ἐπιθυμῶ αὐτῶν τούτων, ἃ ἔχω,᾽ εἴποιμεν ἂν αὐτῷ, ὅτι ᾽σύ, ὦ ἄνθρωπε, πλοῦτον κεκτημένος καὶ ὑγίειαν καὶ ἰσχὺν βούλει καὶ εἰς d τὸν ἔπειτα χρόνον ταῦτα κεκτῆσθαι, ἐπεὶ ἐν τῷ γε νῦν παρόντι, εἴτε βούλει εἴτε μή, ἔχεις· σκόπει οὖν, ὅταν τοῦτο λέγῃς, ὅτι ᾽ἐπιθυμῶ τῶν παρόντων,᾽ εἰ ἄλλο τι λέγεις ἢ τόδε, ὅτι ᾽βούλομαι τὰ νῦν παρόντα καὶ εἰς τὸν ἔπειτα χρόνον παρεῖναι.᾽᾽ ἄλλο τι ὁμολογοῖ ἄν;

Συμφάναι ἔφη τὸν Ἀγάθωνα.
Εἰπεῖν δὴ τὸν Σωκράτη, Οὐκοῦν τοῦτό γ᾽ ἐστὶν ἐκείνου ἐρᾶν, ὃ οὔπω ἕτοιμον αὐτῷ ἐστιν οὐδὲ ἔχει, τὸ εἰς τὸν

„Wenn er es nicht hat, vermutlich", habe er erwidert.

„Sieh nun zu", habe Sokrates gesagt, „ob es statt bloß vermutlich nicht zwingend so ist, daß das Begehrende das begehrt, was es braucht, oder nicht begehrt, was es nicht braucht; denn mir scheint da in erstaunlichem Maße ein Zwang vorzuliegen; und dir?"

„Auch mir scheint es so", habe er erwidert.

„Schön. Würde also jemand, der groß ist, groß sein wollen, oder, wer stark ist, stark?"

„Unmöglich nach dem, worüber wir einig sind".

„Es kann ja nicht wohl jemand das brauchen, was er schon ist."

„Du hast recht."

„Denn wenn einer", habe Sokrates gesagt, „der stark ist, stark zu sein wünschte, und wer schnell ist, schnell, und wer gesund ist, gesund – man könnte sich nämlich vielleicht bei diesen und allen Dingen vorstellen, daß diejenigen, die so schon sind und das schon besitzen, eben das, was sie haben, doch auch begehren; damit wir nun nicht fehlgehen, deshalb sage ich das –: diese müssen, wenn du's bedenkst, Agathon, notwendig in dem betreffenden Augenblick jeweils das besitzen, was sie besitzen, ob sie wollen oder nicht, und wer würde so etwas erst begehren? Nein, sondern wenn einer sagt: ich bin gesund und will auch gesund sein, und ich bin reich und will auch reich sein, und ich begehre eben die Dinge, die ich habe, so würden wir ihm sagen: Mann, du willst Reichtum und Gesundheit und Kraft, die du besitzest, auch in Zukunft besitzen, denn gegenwärtig hast du es ja, ob du willst oder nicht; sieh also zu, ob du mit dem Satz ‚ich begehre das Vorhandene' etwas anderes meinst als ‚ich will, daß das jetzt Vorhandene auch künftig vorhanden sei'! Nicht wahr, das gäbe er zu?"

Agathon, berichtete er weiter, habe dem zugestimmt.

Da habe Sokrates gesagt, „Heißt das nun nicht ein Begehren von dem, was einem noch nicht zur Hand ist und noch nicht im Besitz, wenn man in solcher Art wünscht, daß einem diese

ἔπειτα χρόνον ταῦτα εἶναι αὑτῷ σωζόμενα καὶ παρόντα;
Πάνυ γε, φάναι.

Καὶ οὗτος ἄρα καὶ ἄλλος πᾶς ὁ ἐπιθυμῶν τοῦ μὴ ἑτοίμου
ἐπιθυμεῖ καὶ τοῦ μὴ παρόντος, καὶ ὃ μὴ ἔχει καὶ ὃ μὴ ἔστιν
αὐτὸς καὶ οὗ ἐνδεής ἐστι, τοιαῦτ᾽ ἄττα ἐστίν, ὧν ἡ ἐπιθυμία
τε καὶ ὁ ἔρως ἐστίν;

Πάνυ γ᾽, εἰπεῖν.
Ἴθι δή, φάναι τὸν Σωκράτη, ἀνομολογησώμεθα τὰ εἰρημένα. ἄλλο τι ἔστιν ὁ Ἔρως πρῶτον μὲν τινῶν, ἔπειτα
τούτων, ὧν ἂν ἔνδεια παρῇ αὐτῷ;

Ναί, φάναι.

Ἐπὶ δὴ τούτοις ἀναμνήσθητι τίνων ἔφησθα ἐν τῷ λόγῳ
εἶναι τὸν Ἔρωτα· εἰ δὲ βούλει, ἐγώ σε ἀναμνήσω. οἶμαι
γάρ σε οὑτωσί πως εἰπεῖν, ὅτι τοῖς θεοῖς κατεσκευάσθη τὰ
πράγματα δι᾽ ἔρωτα καλῶν· αἰσχρῶν γὰρ οὐκ εἴη ἔρως. οὐχ
οὑτωσί πως ἔλεγες;

Εἶπον γάρ, φάναι τὸν Ἀγάθωνα.
Καὶ ἐπιεικῶς γε λέγεις, ὦ ἑταῖρε, φάναι τὸν Σωκράτη· καὶ
εἰ τοῦτο οὕτως ἔχει, ἄλλο τι ὁ Ἔρως κάλλους ἂν εἴη ἔρως,
αἴσχους δὲ οὔ;

Ὡμολόγει.
Οὐκοῦν ὡμολόγηται, οὗ ἐνδεής ἐστι καὶ μὴ ἔχει, τούτου b
ἐρᾶν;
Ναί, εἰπεῖν.
Ἐνδεὴς ἄρ᾽ ἐστὶ καὶ οὐκ ἔχει ὁ Ἔρως κάλλος.

Ἀνάγκη, φάναι.
Τί δέ; τὸ ἐνδεὲς κάλλους καὶ μηδαμῇ κεκτημένον κάλλος
ἄρα λέγεις σὺ καλὸν εἶναι;
Οὐ δῆτα.
Ἔτι οὖν ὁμολογεῖς Ἔρωτα καλὸν εἶναι, εἰ ταῦτα οὕτως
ἔχει;

Dinge auch weiterhin erhalten bleiben und vorhanden sind?"
„Jawohl", habe er gesagt.

„Also begehrt dieser wie jeder andere, der etwas begehrt, nur das, was ihm nicht zur Hand ist und nicht zur Verfügung steht; und was einer nicht hat und was er selbst nicht ist und was er braucht, das ist, worauf sich das Verlangen und der Eros richten?"

„Durchaus", habe er erwidert.

„Gut denn," habe Sokrates gesagt, „so wollen wir uns über das Gesagte noch einmal verständigen. Nicht wahr, der Eros ist erstens auf etwas gerichtet, und ferner auf das, was er jeweils braucht?"

„Ja", habe er erwidert.

„Da erinnere dich weiterhin, worauf der Eros deiner Rede zufolge gerichtet ist; aber wenn du willst, kann ich selbst dich daran erinnern. Ich meine nämlich, du hättest etwa so gesagt, daß die Angelegenheiten der Götter dank dem Eros zum Schönen in Ordnung kamen; denn zum Häßlichen gebe es keinen Eros. Sprachst du nicht etwa so?"

„Ja, so sprach ich", habe Agathon erwidert.

„Und zwar zutreffend, mein Freund", habe Sokrates gesagt.

„Und wenn sich dies so verhält, nicht wahr, dann ist der Eros wohl ein Streben nach Schönheit, nicht aber nach Häßlichkeit?"

Er stimmte zu.

„Ist es nicht zugegeben, daß man nach dem strebt, was man braucht und nicht hat?"

„Ja", habe er gesagt.

„Also braucht Eros etwas und ist nicht im Besitz der Schönheit?"

„Zwangsläufig", habe er erwidert.

„Und weiter? Das, was der Schönheit bedarf und sie nicht im geringsten besitzt, nennst du das etwa schön?"

„Gewiß nicht."

„Gibst du nun noch zu, daß Eros schön sei, wenn sich dies so verhält?"

Καὶ τὸν ᾿Αγάθωνα εἰπεῖν Κινδυνεύω, ὦ Σώκρατες, οὐδὲν εἰδέναι ὧν τότε εἶπον.
Καὶ μὴν καλῶς γε εἶπες, φάναι, ὦ ᾿Αγάθων. ἀλλὰ σμικρὸν c ἔτι εἰπέ· τἀγαθὰ οὐ καὶ καλὰ δοκεῖ σοι εἶναι;

῎Εμοιγε.
Εἰ ἄρα ὁ ῎Ερως τῶν καλῶν ἐνδεής ἐστι, τὰ δὲ ἀγαθὰ καλά, κἂν τῶν ἀγαθῶν ἐνδεὴς εἴη.
᾿Εγώ, φάναι, ὦ Σώκρατες, σοὶ οὐκ ἂν δυναίμην ἀντι-λέγειν, ἀλλ᾿ οὕτως ἐχέτω, ὡς σὺ λέγεις.
Οὐ μὲν οὖν τῇ ἀληθείᾳ, φάναι, ὦ φίλε ᾿Αγάθων, δύνασαι ἀντιλέγειν, ἐπεὶ Σωκράτει γε οὐδὲν χαλεπόν.

22. Καὶ σὲ μέν γε ἤδη ἐάσω. τὸν δὲ λόγον τὸν περὶ τοῦ d ῎Ερωτος, ὅν ποτ᾿ ἤκουσα γυναικὸς Μαντινικῆς Διοτίμας, ἣ ταῦτά τε σοφὴ ἦν καὶ ἄλλα πολλὰ καὶ ᾿Αθηναίοις ποτὲ θυσαμένοις πρὸ τοῦ λοιμοῦ δέκα ἔτη ἀναβολὴν ἐποίησε τῆς νόσου, ἣ δὴ καὶ ἐμὲ τὰ ἐρωτικὰ ἐδίδαξεν—ὃν οὖν ἐκείνη ἔλεγε λόγον, πειράσομαι ὑμῖν διελθεῖν ἐκ τῶν ὡμολογη-μένων ἐμοὶ καὶ ᾿Αγάθωνι, αὐτὸς ἐπ᾿ ἐμαυτοῦ, ὅπως ἂν δύνωμαι. δεῖ δή, ὦ ᾿Αγάθων, ὥσπερ σὺ ἡγήσω, διελθεῖν αὐτὸν πρῶτον, τίς ἐστιν ὁ ῎Ερως καὶ ποῖός τις, ἔπειτα τὰ e ἔργα αὐτοῦ. δοκεῖ οὖν μοι ῥᾷστον εἶναι, οὕτω διελθεῖν, ὡς ποτέ με ἡ ξένη ἀνακρίνουσα διῄει. σχεδὸν γάρ τι καὶ ἐγὼ πρὸς αὐτὴν ἕτερα τοιαῦτα ἔλεγον, οἷάπερ νῦν πρὸς ἐμὲ ᾿Αγάθων, ὡς εἴη ὁ ῎Ερως μέγας θεός, εἴη δὲ τῶν καλῶν· ἤλεγχε δή με τούτοις τοῖς λόγοις οἷσπερ ἐγὼ τοῦτον, ὡς οὔτε καλὸς εἴη κατὰ τὸν ἐμὸν λόγον οὔτε ἀγαθός.

Καὶ ἐγώ, Πῶς λέγεις, ἔφην, ὦ Διοτίμα; αἰσχρὸς ἄρα ὁ ῎Ερως ἐστὶ καὶ κακός;
Καὶ ἥ, Οὐκ εὐφημήσεις; ἔφη· ἦ οἴει, ὅτι ἂν μὴ καλὸν ᾖ, ἀναγ-καῖον, αὐτὸ εἶναι αἰσχρόν;

d 2 Μαντινικῆς: -τικῆς Variante (vgl. 211 d 1)   d 8 ἡγήσω: διηγ-

Da habe Agathon gesagt: „Ich fürchte, Sokrates, daß ich über das, was ich vorhin sagte, nichts wußte."

„Und doch hast du schön geredet, Agathon", habe er erwidert. „Aber noch eine Kleinigkeit sag mir: scheint dir das Gute nicht auch schön zu sein?"

„Doch."

„Wenn nun der Eros das Schöne braucht, das Gute aber schön ist, so wird er wohl auch das Gute brauchen."

„Ich," habe er gesagt, „Sokrates, kann dir wohl nicht widersprechen, sondern es soll gelten, was du sagst."

„Nein, vielmehr der Wahrheit kannst du nicht widersprechen, lieber Agathon", habe jener gesagt, „denn Sokrates zu widersprechen, wäre gar nicht schwer."

Damit will ich dich in Ruhe lassen; die Rede über den Eros aber, die ich einmal von einer Frau aus Mantinea namens Diotima gehört habe, die hierin wie in vielem anderen kundig war und den Athenern nach einem Opfer vor der Pest zehn Jahre Aufschub der Krankheit erwirkte, die mich denn auch in den Dingen des Eros unterwies, – die Rede also, die sie vortrug, will ich, von dem ausgehend, worüber ich und Agathon uns verständigt haben, euch wieder zu erzählen versuchen, mit meinen Worten und auf eigene Verantwortung, so gut es geht. Es gilt also, wie du, Agathon, den Weg wiesest, zuerst darzulegen, wer Eros ist und von welcher Art, danach sein Wirken. Am leichtesten, glaube ich, ist das nun so zu behandeln, wie es einst die fremde Frau tat, als sie mich verhörte. Auch ich sagte nämlich zu ihr ziemlich dasselbe, wie Agathon jetzt zu mir, daß Eros ein großer Gott sei und sich auf das Schöne beziehe; da suchte sie mich mit denselben Gründen zu widerlegen, wie ich ihn: nach meiner eigenen Darstellung sei er weder schön noch gut.

Und ich sagte darauf: Wie meinst du, Diotima? Ist Eros etwa häßlich oder schlecht?

Und sie erwiderte darauf: Willst du gleich still sein? Oder glaubst du, was nicht schön ist, das sei notwendig häßlich?

Μάλιστά γε.

Ἦ καὶ ἂν μὴ σοφόν, ἀμαθές; ἢ οὐκ ᾔσθησαι, ὅτι ἔστιν τι μεταξὺ σοφίας καὶ ἀμαθίας;

Τί τοῦτο;
Τὸ ὀρθὰ δοξάζειν ἄνευ τοῦ ἔχειν λόγον δοῦναι οὐκ οἶσθ᾽, ἔφη, ὅτι οὔτε ἐπίστασθαί ἐστιν — ἄλογον γὰρ πρᾶγμα πῶς ἂν εἴη ἐπιστήμη; — οὔτε ἀμαθία — τὸ γὰρ τοῦ ὄντος τυγχάνον πῶς ἂν εἴη ἀμαθία; ἔστι δὲ δήπου τοιοῦτον ἡ ὀρθὴ δόξα, μεταξὺ φρονήσεως καὶ ἀμαθίας.

Ἀληθῆ, ἦν δ᾽ ἐγώ, λέγεις.
Μὴ τοίνυν ἀνάγκαζε, ὃ μὴ καλόν ἐστιν, αἰσχρὸν εἶναι, b
μηδέ, ὃ μὴ ἀγαθόν, κακόν. οὕτω δὲ καὶ τὸν Ἔρωτα ἐπειδὴ αὐτὸς ὁμολογεῖς μὴ εἶναι ἀγαθὸν μηδὲ καλόν, μηδέν τι μᾶλλον οἴου δεῖν αὐτὸν αἰσχρὸν καὶ κακὸν εἶναι, ἀλλά τι μεταξύ, ἔφη, τούτοιν.

Καὶ μήν, ἦν δ᾽ ἐγώ, ὁμολογεῖταί γε παρὰ πάντων μέγας θεὸς εἶναι.
Τῶν μὴ εἰδότων, ἔφη, πάντων λέγεις, ἢ καὶ τῶν εἰδότων;

Συμπάντων μὲν οὖν.
Καὶ ἡ γελάσασα, Καὶ πῶς ἄν, ἔφη, ὦ Σώκρατες, ὁμολογοῖτο μέγας θεὸς εἶναι παρὰ τούτων, οἳ φασιν αὐτὸν οὐδὲ θεὸν c εἶναι;
Τίνες οὗτοι; ἦν δ᾽ ἐγώ.
Εἷς μέν, ἔφη, σύ, μία δ᾽ ἐγώ.
Κἀγὼ εἶπον, Πῶς τοῦτο λέγεις;
Καὶ ἥ, Ῥᾳδίως, ἔφη. λέγε γάρ μοι, οὐ πάντας θεοὺς φῂς εὐδαίμονας εἶναι [καὶ καλούς]; ἢ τολμήσαις ἂν τινα μὴ φάναι [καλόν τε καὶ] εὐδαίμονα θεῶν εἶναι;
Μὰ Δί᾽ οὐκ ἔγωγ᾽, ἔφην.
Εὐδαίμονας δὲ δὴ λέγεις οὐ τοὺς τἀγαθὰ καὶ τὰ καλὰ κεκτημένους;

Gewiß.

Und wohl auch, was nicht weise, das sei unwissend? Oder hast du nicht bemerkt, daß es etwas gibt, was zwischen Weisheit und Unwissenheit in der Mitte liegt?

Was ist das?

Das richtige Meinen, ohne daß man Rechenschaft darüber geben kann; weißt du nicht, sagte sie, daß das weder ein Wissen ist – denn wie sollte etwas, für das man keine Gründe sagen kann, ein Wissen sein? – noch Unwissenheit; denn was die Wirklichkeit genau trifft, wie wäre das Unwissenheit? So ist die richtige Meinung wohl so etwas wie ein Mittelding zwischen Einsicht und Unwissenheit.

Du hast recht, sagte ich.

So mach denn nicht mit Gewalt das, was nicht schön ist, zu etwas Häßlichem noch das, was nicht gut ist, zu etwas Schlechtem. Und so auch beim Eros: da du selber zugibst, er sei weder gut noch schön, so darfst du deswegen nicht gleich glauben, er müsse häßlich und schlecht sein, sondern irgendein Mittelding, wie sie sagte, von den beiden.

Und doch, erwiderte ich, wird von allen anerkannt, er sei ein großer Gott.

Meinst du mit ‚allen‘ die Unwissenden, sagte sie, oder auch die Wissenden?

Alle zusammen doch.

Da lachte sie und sagte: Und wie sollte dann, Sokrates, der Eros als großer Gott von denen anerkannt werden, die ihn nicht einmal als einen Gott gelten lassen?

Wer sind die? sagte ich.

Einer bist du, sagte sie, und eine ich.

Und ich erwiderte: Wie kannst du das behaupten?

Darauf sie: Mit Leichtigkeit. Denn sag mir: meinst du nicht, daß alle Götter glückselig sind? Oder möchtest du wagen, von einem der Götter zu leugnen, er sei glückselig?

Beim Zeus, ich gewiß nicht, antwortete ich.

Nennst du glückselig nicht die, welche das Gute und das Schöne besitzen?

Πάνυ γε.

'Αλλὰ μὴν "Ερωτά γε ὡμολόγηκας δι' ἔνδειαν τῶν ἀγαθῶν   d
καὶ καλῶν ἐπιθυμεῖν αὐτῶν τούτων, ὧν ἐνδεής ἐστιν.
'Ωμολόγηκα γάρ.

Πῶς ἂν οὖν θεὸς εἴη ὅ γε τῶν καλῶν καὶ ἀγαθῶν ἄμοιρος;

Οὐδαμῶς, ὥς γ' ἔοικεν.

'Ορᾷς οὖν, ἔφη, ὅτι καὶ σὺ "Ερωτα οὐ θεὸν νομίζεις;

23. Τί οὖν ἄν, ἔφην, εἴη ὁ "Ερως; θνητός;

"Ηκιστά γε.

'Αλλὰ τί μήν;

"Ωσπερ τὰ πρότερα, ἔφη, μεταξὺ θνητοῦ καὶ ἀθανάτου.

Τί οὖν, ὦ Διοτίμα;

Δαίμων μέγας, ὦ Σώκρατες· καὶ γὰρ πᾶν τὸ δαιμόνιον
μεταξύ ἐστι θεοῦ τε καὶ θνητοῦ.   e

Τίνα, ἦν δ' ἐγώ, δύναμιν ἔχον;

'Ερμηνεῦον καὶ διαπορθμεῦον θεοῖς τὰ παρ' ἀνθρώπων καὶ
ἀνθρώποις τὰ παρὰ θεῶν, τῶν μὲν τὰς δεήσεις καὶ θυσίας,
τῶν δὲ τὰς ἐπιτάξεις τε καὶ ἀμοιβάς, ἐν μέσῳ δὲ ὂν ἀμφοτέρων συμπληροῖ, ὥστε τὸ πᾶν αὐτὸ αὑτῷ συνδεδέσθαι.
διὰ τούτου καὶ ἡ μαντικὴ πᾶσα χωρεῖ καὶ ἡ τῶν ἱερέων
τέχνη τῶν τε περὶ τὰς θυσίας καὶ τελετὰς καὶ τὰς ἐπῳδὰς   203
καὶ τὴν μαγγανείαν πᾶσαν καὶ γοητείαν. θεὸς δὲ ἀνθρώπῳ
οὐ μείγνυται, ἀλλὰ διὰ τούτου πᾶσά ἐστιν ἡ ὁμιλία καὶ ἡ
διάλεκτος θεοῖς πρὸς ἀνθρώπους (καὶ πρὸς θεοὺς ἀνθρώποις), καὶ ἐγρηγορόσι καὶ καθεύδουσι· καὶ ὁ μὲν περὶ τὰ
τοιαῦτα σοφὸς δαιμόνιος ἀνήρ, ὁ δὲ ἄλλο τι σοφὸς ὢν ἢ
περὶ τέχνας ἢ χειρουργίας τινὰς βάναυσος. οὗτοι δὴ οἱ
δαίμονες πολλοὶ καὶ παντοδαποί εἰσιν, εἷς δὲ τούτων ἐστὶ
καὶ ὁ "Ερως.

---

a 2 μαγγανείαν: μαντείαν

Gewiß.

Aber vom Eros hast du zugegeben, daß er aus Mangel an dem Guten und Schönen eben das begehrt, dessen er bedarf.

Ja, das gab ich zu.

Wie könnte nun der ein Gott sein, der keinen Teil an Schönem und Gutem hat?

Auf keine Weise, wie es scheint.

Siehst du nun, sagte sie, daß auch du den Eros nicht für einen Gott hältst?

Was mag denn nun der Eros sein? fragte ich; ein Sterblicher?

Keineswegs.

Aber was eigentlich?

Wie vorhin, sagte sie, mitten zwischen Sterblichem und Unsterblichem.

Was also, Diotima?

Ein großer Dämon, Sokrates; denn der ganze Bereich des Dämonischen steht auf der Mitte zwischen Gott und Sterblichem.

Und welche Fähigkeit hat es? sagte ich.

Es verdolmetscht und vermittelt den Göttern, was von den Menschen, und den Menschen, was von den Göttern kommt: von den einen die Bitten und Opfer, von den anderen die Gebote und Gegengaben; und da es zwischen beiden steht, ergänzt es sie, so daß das Ganze in sich selber verknüpft ist. Durch das Dämonische geht auch alle Weissagung und die Kunst der Priester, die mit den Opfern und Weihen und Beschwörungen und der ganzen Zauber- und Besprechungskunst zu tun hat. Ein Gott dagegen macht sich mit den Menschen nicht gemein; vielmehr kommt durch das Dämonische aller Verkehr und alle Zwiesprache von den Göttern zu den Menschen und von den Menschen zu den Göttern zustande, im Wachen wie im Traume. Und wer sich darauf versteht, ist ein dämonischer Mann; wer sich aber auf irgend etwas sonst versteht in diesen oder jenen Künsten oder Handwerken, ist nur ein Banause. Diese Dämonen sind zahlreich und von allerlei Art, einer von ihnen aber ist auch Eros.

Πατρὸς δέ, ἦν δ' ἐγώ, τίνος ἐστὶ καὶ μητρός;

Μακρότερον μέν, ἔφη, διηγήσασθαι. ὅμως δέ σοι ἐρῶ. ὅτε b
γὰρ ἐγένετο ἡ 'Αφροδίτη, εἱστιῶντο οἱ θεοὶ οἵ τε ἄλλοι
καὶ ὁ τῆς Μήτιδος ὑὸς Πόρος. ἐπειδὴ δὲ ἐδείπνησαν, προσ-
αιτήσουσα οἷον δὴ εὐωχίας οὔσης ἀφίκετο ἡ Πενία καὶ
ἦν περὶ τὰς θύρας. ὁ οὖν Πόρος μεθυσθεὶς τοῦ νέκταρος —
οἶνος γὰρ οὔπω ἦν — εἰς τὸν τοῦ Διὸς κῆπον ἐξελθὼν
βεβαρημένος ηὗδεν· ἡ οὖν Πενία, ἐπιβουλεύουσα διὰ τὴν
αὑτῆς ἀπορίαν παιδίον ποιήσασθαι ἐκ τοῦ Πόρου, κατα-
κλίνεταί τε παρ' αὐτῷ καὶ ἐκύησε τὸν ῎Ερωτα. διὸ δὴ καὶ c
τῆς 'Αφροδίτης ἀκόλουθος καὶ θεράπων γέγονεν ὁ ῎Ερως,
γεννηθεὶς ἐν τοῖς ἐκείνης γενεθλίοις, καὶ ἅμα φύσει ἐραστὴς ὢν περὶ τὸ καλὸν, καὶ τῆς 'Αφροδίτης καλῆς οὔσης.
ἅτε οὖν Πόρου καὶ Πενίας ὑὸς ὢν ὁ ῎Ερως ἐν τοιαύτῃ τύχῃ
καθέστηκεν· πρῶτον μὲν πένης ἀεί ἐστι, καὶ πολλοῦ δεῖ
ἁπαλός τε καὶ καλός, οἷον οἱ πολλοὶ οἴονται, ἀλλὰ σκληρὸς
καὶ αὐχμηρὸς καὶ ἀνυπόδητος καὶ ἄοικος, χαμαιπετὴς ἀεὶ d
ὢν καὶ ἄστρωτος, ἐπὶ θύραις καὶ ἐν ὁδοῖς ὑπαίθριος κοιμώ-
μενος, τὴν τῆς μητρὸς φύσιν ἔχων, ἀεὶ ἐνδείᾳ σύνοικος.
κατὰ δὲ αὖ τὸν πατέρα ἐπίβουλός ἐστι τοῖς καλοῖς καὶ τοῖς
ἀγαθοῖς, ἀνδρεῖος ὢν καὶ ἴτης καὶ σύντονος, θηρευτὴς
δεινός, ἀεί τινας πλέκων μηχανάς, καὶ φρονήσεως ἐπι-
θυμητὴς καὶ πόριμος, φιλοσοφῶν διὰ παντὸς τοῦ βίου,
δεινὸς γόης καὶ φαρμακεὺς καὶ σοφιστής· καὶ οὔτε ὡς
ἀθάνατος πέφυκεν οὔτε ὡς θνητός, ἀλλὰ τοτὲ μὲν τῆς αὐτῆς e
ἡμέρας θάλλει καὶ ζῇ [ὅταν εὐπορήσῃ], τοτὲ δὲ ἀποθνή-
σκει, πάλιν δὲ ἀναβιώσκεται, ⟨ὅταν εὐπορήσῃ,⟩ διὰ τὴν τοῦ
πατρὸς φύσιν, τὸ δὲ ποριζόμενον ἀεὶ ὑπεκρεῖ, ὥστε οὔτε
ἀπορεῖ ῎Ερως ποτὲ οὔτε πλουτεῖ, σοφίας δ' αὖ καὶ ἀμαθίας
ἐν μέσῳ ἐστίν, ἔχει γὰρ ὧδε· θεῶν οὐδεὶς φιλοσοφεῖ οὐδ' 204
ἐπιθυμεῖ σοφὸς γενέσθαι — ἔστι γάρ — οὐδ' εἴ τις ἄλλος

Und wer sind sein Vater und seine Mutter? fragte ich.

Das ist eine längere Geschichte, aber ich will sie dir erzählen. Als nämlich Aphrodite geboren wurde, hielten die Götter einen Schmaus, unter ihnen auch der Klugheit Sohn, Schafferat. Als das Essen beendet war, kam die Armut zum Betteln, da es ja ein Festessen war, und hielt sich an der Tür auf. Schafferat nun, berauscht vom Nektar – Wein gab's ja noch nicht –, ging in den Garten des Zeus hinaus und lag bald in schwerem Schlaf. Die Armut faßte nun um ihrer Ratlosigkeit willen den Plan, von Schafferat ein Kind zu bekommen; sie legte sich zu ihm und empfing den Eros. Daher ist ja Eros auch Begleiter und Knappe der Aphrodite, denn er ist an ihrem Geburtsfest gezeugt und zugleich von Natur in das Schöne verliebt; denn auch Aphrodite ist schön. Als dem Sohn des Schafferat und der Armut wurde dem Eros nun folgendes Los: erstens ist er immer arm, und, weit entfernt, zart und schön zu sein, wie die Menge glaubt, ist er vielmehr hart und rauh und barfuß und unbehaust; stets liegt er am bloßen Boden ohne Decke, an den Türen und auf den Straßen schläft er unter freiem Himmel, denn er hat die Natur der Mutter, und so ist er stets dem Mangel gesellt. Andererseits aber ist er wie sein Vater: stets stellt er dem Guten und Schönen nach, ist mannhaft und draufgängerisch und energisch, ein gewaltiger Jäger, der immer irgendwelche Netze stellt, nach Einsicht begierig und geschickt, sie zu schaffen, nach Wissen strebend sein Leben lang, ein gewaltiger Zauberer und Hexenmeister und Sophist. Und er hat weder die Natur eines Unsterblichen noch eines Sterblichen, sondern am selben Tage blüht er bald und lebt, bald stirbt er ab; aber dann belebt er sich wieder, wenn er einen guten Ausweg findet, dank der Natur seines Vaters. Aber was er sich schafft, das zerrinnt immer wieder: so ist Eros nie mittellos, aber auch nie reich. Auch zwischen Weisheit und Unwissenheit steht er in der Mitte, denn damit steht es so: keiner von den Göttern strebt nach Weisheit noch begehrt er, weise zu werden, ist er's doch schon; und auch wenn sonst einer weise ist, strebt er nicht

σοφός, οὐ φιλοσοφεῖ. οὐδ' αὖ οἱ ἀμαθεῖς φιλοσοφοῦσιν οὐδ' ἐπιθυμοῦσι σοφοὶ γενέσθαι· αὐτὸ γὰρ τοῦτό ἐστι χαλεπὸν ἀμαθία, τὸ μὴ ὄντα καλὸν κἀγαθὸν μηδὲ φρόνιμον δοκεῖν αὑτῷ εἶναι ἱκανόν. οὔκουν ἐπιθυμεῖ ὁ μὴ οἰόμενος ἐνδεὴς εἶναι, οὗ ἂν μὴ οἴηται ἐπιδεῖσθαι.

Τίνες οὖν, ἔφην ἐγώ, ὦ Διοτίμα, οἱ φιλοσοφοῦντες, εἰ μήτε οἱ σοφοὶ μήτε οἱ ἀμαθεῖς;
Δῆλον δή, ἔφη, τοῦτό γε ἤδη καὶ παιδί, ὅτι οἱ μεταξὺ b τούτων ἀμφοτέρων, ὧν ἂν εἴη καὶ ὁ "Ερως. ἔστιν γὰρ δὴ τῶν καλλίστων ἡ σοφία, "Ερως δ' ἐστὶν ἔρως περὶ τὸ καλόν, ὥστε ἀναγκαῖον "Ερωτα φιλόσοφον εἶναι, φιλόσοφον δὲ ὄντα μεταξὺ εἶναι σοφοῦ καὶ ἀμαθοῦς. αἰτία δὲ αὐτῷ καὶ τούτων ἡ γένεσις· πατρὸς μὲν γὰρ σοφοῦ ἐστι καὶ εὐπόρου, μητρὸς δὲ οὐ σοφῆς καὶ ἀπόρου. ἡ μὲν οὖν φύσις τοῦ δαίμονος, ὦ φίλε Σώκρατες, αὕτη. ὃν δὲ σὺ ᾠήθης "Ερωτα εἶναι, θαυμαστὸν οὐδὲν ἔπαθες. ᾠήθης δέ, ὡς ἐμοὶ δοκεῖ c τεκμαιρομένη ἐξ ὧν σὺ λέγεις, τὸ ἐρώμενον εἶναι "Ερωτα, οὐ τὸ ἐρῶν. διὰ ταῦτά σοι οἶμαι πάγκαλος ἐφαίνετο ὁ "Ερως. καὶ γὰρ ἔστι τὸ ἐραστὸν [τὸ] τῷ ὄντι καλὸν καὶ ἁβρὸν καὶ τέλεον καὶ μακαριστόν· τὸ δέ γε ἐρῶν ἄλλην ἰδέαν τοιαύτην ἔχον, οἵαν ἐγὼ διῆλθον.

24. Καὶ ἐγὼ εἶπον, Εἶεν δή, ὦ ξένη, καλῶς γὰρ λέγεις· τοιοῦτος ὢν ὁ "Ερως τίνα χρείαν ἔχει τοῖς ἀνθρώποις;

Τοῦτο δὴ μετὰ ταῦτ', ἔφη, ὦ Σώκρατες, πειράσομαί σε d διδάξαι. ἔστι μὲν γὰρ δὴ τοιοῦτος καὶ οὕτω γεγονὼς ὁ "Ερως, ἔστι δὲ τῶν καλῶν, ὡς σὺ φής. εἰ δέ τις ἡμᾶς ἔροιτο· 'Τί τῶν καλῶν ἐστιν ὁ "Ερως, ὦ Σώκρατές τε καὶ Διοτίμα;' ὧδε δὲ σαφέστερον· 'ἐρᾷ ὁ ἐρῶν τῶν καλῶν· τί ἐρᾷ;'

Καὶ ἐγὼ εἶπον, ὅτι Γενέσθαι αὑτῷ.

nach Weisheit. Andererseits streben auch die Unwissenden nicht nach Weisheit noch begehren sie, weise zu werden; denn gerade deshalb ist die Unwissenheit schlimm, weil man, ohne edlen Wesens und ohne einsichtig zu sein, mit sich selbst zufrieden ist; wer demnach nicht glaubt, bedürftig zu sein, der begehrt auch nicht, was er nicht zu entbehren glaubt.

Wer, sagte ich, treibt also Philosophie, Diotima, wenn es weder die Wissenden noch die Unwissenden tun?

Das könnte nun schon ein Kind begreifen, erwiderte sie, daß es die sind, die zwischen beiden stehen, und zu ihnen gehört wohl auch Eros. Denn zu dem Schönsten zählt das Wissen; Eros aber ist ein Streben, das dem Schönen gilt; und so wird Eros notwendig ein Philosoph sein und als Philosoph zwischen Wissen und Unwissenheit stehen. Auch das kommt von seiner Herkunft; stammt er doch von einem wissenden und wohlberatenen Vater und von einer unwissenden und ratlosen Mutter. Das ist also die Natur dieses Dämons, lieber Sokrates; mit deiner Meinung über den Eros ist dir aber nichts Erstaunliches widerfahren. Du meintest, wie mir scheint, wenn ich aus deinen Worten schließen soll, das Geliebte sei der Eros, nicht das Liebende. Deshalb, meine ich, ist der Eros dir wunderschön vorgekommen. Denn das Liebenswerte ist wirklich schön und zart und vollkommen und glückselig zu nennen; das Liebende aber hat eine andere Gestalt, so, wie ich sie dir beschrieben habe.

Und ich sagte: Gut denn, fremde Frau; du hast ja recht. Wenn der Eros so beschaffen ist, welchen Nutzen hat er für die Menschen?

Darüber, Sokrates, will ich dich nunmehr, antwortete sie, zu belehren versuchen. Solcher Art und Herkunft also ist der Eros, und er bezieht sich, wie du sagst, auf das Schöne. Gesetzt aber, jemand fragte uns: ‚Inwiefern bezieht sich Eros auf das Schöne, Sokrates und Diotima?' Deutlicher will ich so fragen: der Liebende begehrt das Schöne; was begehrt er daran?

Und ich sagte: Daß er es bekomme.

'Αλλ' ἔτι ποθεῖ, ἔφη, ἡ ἀπόκρισις ἐρώτησιν τοιάνδε· Τί ἔσται ἐκείνῳ, ᾧ ἂν γένηται τὰ καλά;

Οὐ πάνυ ἔφην ἔτι ἔχειν ἐγὼ πρὸς ταύτην τὴν ἐρώτησιν προχείρως ἀποκρίνασθαι.

'Αλλ', ἔφη, ὥσπερ ἂν εἴ τις μεταβαλὼν ἀντὶ τοῦ καλοῦ ε τῷ ἀγαθῷ χρώμενος πυνθάνοιτο· Φέρε, ὦ Σώκρατες, ἐρᾷ ὁ ἐρῶν τῶν ἀγαθῶν· τί ἐρᾷ;

Γενέσθαι, ἦν δ' ἐγώ, αὐτῷ.

Καὶ τί ἔσται ἐκείνῳ, ᾧ ἂν γένηται τἀγαθά;

Τοῦτ' εὐπορώτερον, ἦν δ' ἐγώ, ἔχω ἀποκρίνασθαι· ὅτι εὐδαίμων ἔσται.

Κτήσει γάρ, ἔφη, ἀγαθῶν οἱ εὐδαίμονες εὐδαίμονες, καὶ 205 οὐκέτι προσδεῖ ἐρέσθαι ''ἵνα τί δὲ βούλεται εὐδαίμων εἶναι ὁ βουλόμενος;' ἀλλὰ τέλος δοκεῖ ἔχειν ἡ ἀπόκρισις.

'Αληθῆ λέγεις, εἶπον ἐγώ.

Ταύτην δὴ τὴν βούλησιν καὶ τὸν ἔρωτα τοῦτον πότερα κοινὸν οἴει εἶναι πάντων ἀνθρώπων, καὶ πάντας τἀγαθὰ βούλεσθαι αὑτοῖς εἶναι ἀεί, ἢ πῶς λέγεις; ·

Οὕτως, ἦν δ' ἐγώ· κοινὸν εἶναι πάντων.

Τί δὴ οὖν, ἔφη, ὦ Σώκρατες, οὐ πάντας ἐρᾶν φαμεν, εἴπερ γε πάντες τῶν αὐτῶν ἐρῶσι καὶ ἀεί, ἀλλά τινάς φαμεν b ἐρᾶν, τοὺς δ' οὔ;

Θαυμάζω, ἦν δ' ἐγώ, καὶ αὐτός.

'Αλλὰ μὴ θαύμαζ', ἔφη· ἀφελόντες γὰρ τοῦ ἔρωτός τι εἶδος ὀνομάζομεν, τὸ τοῦ ὅλου ἐπιτιθέντες ὄνομα, ἔρωτα, τὰ δὲ ἄλλα ἄλλοις καταχρώμεθα ὀνόμασιν.

Ὥσπερ τί; ἦν δ' ἐγώ.

Ὥσπερ τόδε. οἶσθ' ὅτι ποίησίς ἐστί τι πολύ. ἡ γάρ τοι ἐκ τοῦ μὴ ὄντος εἰς τὸ ὂν ἰόντι ὁτῳοῦν αἰτία πᾶσά ἐστι ποίησις, ὥστε καὶ αἱ ὑπὸ πάσαις ταῖς τέχναις ἐργασίαι ο ποιήσεις εἰσὶ καὶ οἱ τούτων δημιουργοὶ πάντες ποιηταί.

Doch fordert, sagte sie, diese Antwort noch folgende Frage: was wird der haben, dem das Schöne zuteil wird?

Da erklärte ich, auf diese Frage keine rechte Antwort zur Hand zu haben.

Nun, sagte sie, etwa so: wie wenn man im Austausch statt des Schönen das Gute einsetzte und dann fragte: nimm an, Sokrates, der Begehrende begehrt das Gute; was begehrt er daran?

Daß er es bekomme, antwortete ich.

Und was wird der haben, der das Gute bekommt?

Das kann ich leichter beantworten, sagte ich: er wird glücklich sein.

Ja, sagte sie, denn durch den Besitz des Guten sind die Glücklichen glücklich; und man braucht nicht mehr weiter zu fragen: wozu will denn der glücklich werden, der es will? Sondern die Antwort scheint abschließend zu sein.

Das ist wahr, gab ich zu.

Glaubst du also, daß dieser Wille und dieses Verlangen allen Menschen gemeinsam ist und daß alle jeweils das Gute haben wollen, oder wie meinst du?

Ja, sagte ich, daß es allen gemeinsam ist.

Warum nun, Sokrates, fuhr sie fort, sagen wir nicht von allen, daß sie den Eros haben, da doch alle dasselbe begehren und zwar immer, sondern sprechen nur einigen den Eros zu, anderen nicht?

Da wundere ich mich selbst, sagte ich.

Nein, wundere dich nicht, erwiderte sie; wir nehmen nämlich vom Eros nur eine einzelne Gattung für sich und benennen diese mit dem Gesamtnamen Eros, während wir sonst andere Namen gebrauchen.

Zum Beispiel welchen? sagte ich.

Zum Beispiel diesen: du weißt, daß ,Schaffen' etwas Umfangreiches ist; denn die Ursache dafür, daß irgend etwas aus dem Nichtsein ins Sein tritt, ist allemal ein Schaffen (oder Dichten); und so sind auch die Tätigkeiten, die in den Bereich aller Künste fallen, eigentlich Dichtung, und die Meister darin alle Dichter.

Ἀληθῆ λέγεις.

Ἀλλ᾽ ὅμως, ἦ δ᾽ ἥ, οἶσθ᾽, ὅτι οὐ καλοῦνται ποιηταί, ἀλλὰ ἄλλα ἔχουσιν ὀνόματα, ἀπὸ δὲ πάσης τῆς ποιήσεως ἓν μόριον ἀφορισθὲν τὸ περὶ τὴν μουσικὴν καὶ τὰ μέτρα τῷ τοῦ ὅλου ὀνόματι προσαγορεύεται. ποίησις γὰρ τοῦτο μόνον καλεῖται, καὶ οἱ ἔχοντες τοῦτο τὸ μόριον τῆς ποιήσεως ποιηταί.

Ἀληθῆ λέγεις, ἔφην.

Οὕτω τοίνυν καὶ περὶ τὸν ἔρωτα. τὸ μὲν κεφάλαιόν ἐστι **d** πᾶσα ἡ τῶν ἀγαθῶν ἐπιθυμία καὶ τοῦ εὐδαιμονεῖν ὁ ‘μέγιστός τε καὶ δολερὸς ἔρως‘ παντί· ἀλλ᾽ οἱ μὲν ἄλλῃ τρεπόμενοι πολλαχῇ ἐπ᾽ αὐτόν, ἢ κατὰ χρηματισμὸν ἢ κατὰ φιλογυμναστίαν ἢ κατὰ φιλοσοφίαν, οὔτε ἐρᾶν καλοῦνται οὔτε ἐρασταί, οἱ δὲ κατὰ ἕν τι εἶδος ἰόντες τε καὶ ἐσπουδακότες τὸ τοῦ ὅλου ὄνομα ἴσχουσιν [ἔρωτά τε καὶ ἐρᾶν καὶ ἐρασταί].

Κινδυνεύεις ἀληθῆ, ἔφην ἐγώ, λέγειν.

Καὶ λέγεται μέν γέ τις, ἔφη, λόγος, ὡς οἳ ἂν τὸ ἥμισυ ἑαυτῶν ζητῶσιν, οὗτοι ἐρῶσιν· ὁ δ᾽ ἐμὸς λόγος οὔτε ἡμίσεός **e** φησιν εἶναι τὸν ἔρωτα οὔτε ὅλου, ἐὰν μὴ τυγχάνῃ γέ που, ὦ ἑταῖρε, ἀγαθὸν ὄν, ἐπεὶ αὑτῶν γε καὶ πόδας καὶ χεῖρας ἐθέλουσιν ἀποτέμνεσθαι οἱ ἄνθρωποι, ἐὰν αὑτοῖς δοκῇ τὰ ἑαυτῶν πονηρὰ εἶναι. οὐ γὰρ τὸ ἑαυτῶν, οἶμαι, ἕκαστοι ἀσπάζονται, εἰ μὴ εἴ τις τὸ μὲν ἀγαθὸν οἰκεῖον καλεῖ καὶ ἑαυτοῦ, τὸ δὲ κακὸν ἀλλότριον· ὡς οὐδέν γε ἄλλο ἐστὶν, οὗ ἐρῶσιν ἄνθρωποι ἢ τοῦ ἀγαθοῦ. ἢ σοὶ δοκοῦσιν; **206**

Μὰ Δί᾽ οὐκ ἔμοιγε, ἦν δ᾽ ἐγώ.

Ἆρ᾽ οὖν, ἦ δ᾽ ἥ, οὕτως ἁπλοῦν ἐστι λέγειν, ὅτι οἱ ἄνθρωποι τἀγαθοῦ ἐρῶσιν;

Ναί, ἔφην.

Τί δέ; οὐ προσθετέον, ἔφη, ὅτι καὶ εἶναι τὸ ἀγαθὸν αὑτοῖς ἐρῶσιν;

Προσθετέον.

Ἆρ᾽ οὖν, ἔφη, καὶ οὐ μόνον εἶναι, ἀλλὰ καὶ ἀεὶ εἶναι;

Du hast recht.

Und doch werden sie, wie du weißt, fuhr sie fort, nicht Dichter genannt, sondern haben andere Namen, und man trennt von dem gesamten ‚Dichten‘ einen Teil ab, der mit der Musik und den Versmaßen zu tun hat, und bezeichnet nur diesen mit dem Gesamtnamen. Denn Dichten nennt man das allein, und nur die, die diesen Teil des Schaffens besitzen, heißen Dichter. Du hast recht, sagte ich.

So steht es nun auch mit dem Eros. Dem Gesamtbegriff nach ist jedes Verlangen nach dem Guten und dem Glück jener größte, verfängliche Eros für jeden; aber bei den einen, die sich auf mancherlei Wegen sonst ihm zuwenden, in Gelderwerb oder in Leibesübungen oder in Philosophie, sagt man nicht ‚lieben‘ und ‚Liebhaber‘; die anderen dagegen, die in einer bestimmten einzelnen Richtung gehen und es darauf angelegt haben, bekommen den Gesamtnamen.

Du hast offenbar recht, sagte ich.

Und es geht wohl die Rede, sagte sie, daß diejenigen, die ihre eigene Hälfte suchen, lieben. Meine Darlegung aber zeigt, daß der Eros weder auf die Hälfte geht noch auf das Ganze, es sei denn gerade etwas Gutes, mein Freund; wollen doch die Menschen sich sogar ihre eigenen Füße und Hände abschneiden lassen, wenn sie, ihr Eigentum, ihnen schlecht vorkommen. Denn nicht das Ihrige ist es, an dem alle hängen, es sei denn, daß einer das Gute sich angehörig und sein eigen nennt und das Schlechte sich fremd; gibt es doch nichts anderes, wonach die Menschen verlangen, als das Gute. Oder meinst du, doch?

Bei Gott nein, sagte ich.

Dürfen wir also so einfach sagen, daß die Menschen das Gute begehren?

Ja, sagte ich.

Nun? sagte sie; muß man nicht hinzufügen, daß sie begehren, das Gute auch zu besitzen?

Das muß man hinzufügen.

Und nicht bloß zu besitzen, sondern auch immer zu besitzen?

Καὶ τοῦτο προσθετέον.

Ἔστιν ἄρα συλλήβδην, ἔφη, ὁ ἔρως τοῦ τὸ ἀγαθὸν αὑτῷ εἶναι ἀεί.

Ἀληθέστατα, ἔφην ἐγώ, λέγεις.

25. Ὅτε δὴ τούτου ὁ ἔρως ἐστὶν ἀεί, ᾗ δ' ἥ, τῶν τίνα τρόπον **b** διωκόντων αὐτὸ καὶ ἐν τίνι πράξει ἡ σπουδὴ.καὶ ἡ σύντασις ἔρως ἂν καλοῖτο; τί τοῦτο τυγχάνει ὂν τὸ ἔργον; ἔχεις εἰπεῖν;

Οὐ μεντἂν σέ, ἔφην ἐγώ, ὦ Διοτίμα, ἐθαύμαζον ἐπὶ σοφίᾳ καὶ ἐφοίτων παρὰ σὲ αὐτὰ ταῦτα μαθησόμενος.

Ἀλλὰ ἐγώ σοι, ἔφη, ἐρῶ. ἔστι γὰρ τοῦτο τόκος ἐν καλῷ καὶ κατὰ τὸ σῶμα καὶ κατὰ τὴν ψυχήν.

Μαντείας, ἦν δ' ἐγώ, δεῖται ὅτι ποτε λέγεις, καὶ οὐ μανθάνω.

Ἀλλ' ἐγώ, ᾗ δ' ἥ, σαφέστερον ἐρῶ. κυοῦσιν γάρ, ἔφη, ὦ **c** Σώκρατες, πάντες ἄνθρωποι καὶ κατὰ τὸ σῶμα καὶ κατὰ τὴν ψυχήν, καὶ ἐπειδὰν ἔν τῇ ἡλικίᾳ γένωνται, τίκτειν ἐπιθυμεῖ ἡμῶν ἡ φύσις. τίκτειν δὲ ἐν μὲν αἰσχρῷ οὐ δύναται, ἐν δὲ καλῷ. ἡ γὰρ ἀνδρὸς καὶ γυναικὸς συνουσία τόκος ἐστίν. ἔστι δὲ τοῦτο θεῖον τὸ πρᾶγμα, καὶ τοῦτο ἐν θνητῷ ὄντι τῷ ζῴῳ ἀθάνατον ἔνεστιν, ἡ κύησις καὶ ἡ γέννησις. τὰ δὲ ἐν τῷ ἀναρμόστῳ ἀδύνατον γενέσθαι. ἀνάρμοστον δ' ἐστὶ τὸ αἰσχρὸν παντὶ τῷ θείῳ, τὸ δὲ καλὸν **d** ἁρμόττον. Μοῖρα οὖν καὶ Εἰλείθυια ἡ καλλονή ἐστι τῇ γενέσει διὰ ταῦτα· ὅταν μὲν καλῷ προσπελάζῃ τὸ κυοῦν, ἵλεών τε γίγνεται καὶ εὐφραινόμενον διαχεῖται καὶ τίκτει τε καὶ γεννᾷ· ὅταν δὲ αἰσχρῷ, σκυθρωπόν τε καὶ λυπούμενον συσπειρᾶται καὶ ἀποτρέπεται καὶ ἀνείλλεται καὶ οὐ γεννᾷ, ἀλλὰ ἴσχον τὸ κύημα χαλεπῶς φέρει. ὅθεν δὴ τῷ κυοῦντί τε καὶ ἤδη σπαργῶντι πολλὴ ἡ πτοίησις γέγονε περὶ τὸ καλὸν διὰ τὸ μεγάλης ὠδῖνος ἀπολύειν τὸν ἐλόντα. **e**

---

b 1 τούτου: τοῦτο   c 3 τῇ: τινι   e 1 ἐλόντα: ἔχοντα

Auch das muß man hinzufügen.

So bezieht sich denn im Ergebnis, sagte sie, der Eros darauf, das Gute immer zu besitzen.

Vollkommen richtig, was du sagst, erwiderte ich.

Wenn also hierauf der Eros für alle Zeiten gerichtet ist: bei welcher Art, dieses Ziel zu verfolgen, und bei welchem Tun kann man den Eifer und die Anstrengung als Eros bezeichnen? Kannst du das sagen?

Dann, erwiderte ich, würde ich gewiß nicht dich, Diotima, um deine Weisheit bewundern und zu dir in die Schule gehen; gerade dieses will ich ja lernen.

Nun, so will ich's dir sagen, antwortete sie. Es ist eine Fortpflanzung in Schönem am Leibe wie an der Seele.

Seherkunst, sagte ich, braucht es für das, was du eigentlich meinst; ich verstehe es nicht.

Nun, so will ich deutlicher sprechen, erwiderte sie. Trächtig von Samen sind alle Menschen, Sokrates, an Leib und Seele, und wenn sie in das bestimmte Alter gekommen sind, dann begehrt unsere Natur, etwas hervorzubringen; doch in Häßlichem kann sie nichts hervorbringen, wohl aber in Schönem. Denn die Verbindung von Mann und Frau ist Fortpflanzung; das ist etwas Göttliches, und es ist das Unsterbliche in dem sonst sterblichen Wesen, das Trächtigsein und die Zeugung. Das kann aber in dem Unharmonischen nicht geschehen; und unharmonisch ist das Häßliche gegenüber allem Göttlichen, aber das Schöne harmoniert. Schicksalsmacht und Geburtshelferin ist also die Schönheit für das Werden aus folgendem Grunde: wenn das von Samen Trächtige sich dem Schönen nähert, wird es froh und zerfließt vor Lust und pflanzt sich durch die Zeugung fort; wenn es sich aber Häßlichem nähert, so verdüstert es sich und zieht sich betrübt zusammen, wendet sich ab und weicht in sich zurück, und es zeugt nicht, sondern trägt seine Fülle weiter als schwere Last. So befindet sich denn, wer von Samen trächtig und schon geschwellt ist, in heftiger Erregung gegenüber dem Schönen, weil es ihn, der den Geliebten gewonnen hat, von starken Wehen erlöst. Es

ἔστιν γάρ, ὦ Σώκρατες, ἔφη, οὐ τοῦ καλοῦ ὁ ἔρως, ὡς σὺ οἴει.
Ἀλλὰ τί μήν;
Τῆς γεννήσεως καὶ τοῦ τόκου ἐν τῷ καλῷ.
Εἶεν, ἦν δ' ἐγώ.
Πάνυ μὲν οὖν, ἔφη. τί δὴ οὖν τῆς γεννήσεως; ὅτι ἀειγενές ἐστι καὶ ἀθάνατον ὡς θνητῷ ἡ γέννησις. ἀθανασίας δὲ ἀναγκαῖον ἐπιθυμεῖν μετὰ ἀγαθοῦ ἐκ τῶν ὡμολογημένων, 207 εἴπερ τοῦ ἀγαθὸν ἑαυτῷ εἶναι ἀεὶ ⟨ὁ⟩ ἔρως ἐστίν. ἀναγκαῖον δὴ ἐκ τούτου τοῦ λόγου καὶ τῆς ἀθανασίας τὸν ἔρωτα εἶναι.

26. Ταῦτά τε οὖν πάντα ἐδίδασκέ με, ὁπότε περὶ ἐρωτικῶν λόγους ποιοῖτο, καί ποτε ἤρετο· Τί οἴη, ὦ Σώκρατες, αἴτιον εἶναι τούτου τοῦ ἔρωτος καὶ τῆς ἐπιθυμίας; ἢ οὐκ αἰσθάνη, ὡς δεινῶς διατίθεται πάντα τὰ θηρία, ἐπειδὰν γεννᾶν ἐπιθυμήσῃ, καὶ τὰ πεζὰ καὶ τὰ πτηνά, νοσοῦντά τε πάντα καὶ ἐρωτικῶς διατιθέμενα, πρῶτον μὲν περὶ τὸ συμ- b μιγῆναι ἀλλήλοις, ἔπειτα περὶ τὴν τροφὴν τοῦ γενομένου, καὶ ἕτοιμά ἐστιν ὑπὲρ τούτων καὶ διαμάχεσθαι τὰ ἀσθενέστατα τοῖς ἰσχυροτάτοις καὶ ὑπεραποθνήσκειν, καὶ αὐτὰ τῷ λιμῷ παρατεινόμενα ὥστ' ἐκεῖνα ἐκτρέφειν, καὶ ἄλλο πᾶν ποιοῦντα; τοὺς μὲν γὰρ ἀνθρώπους, ἔφη, οἴοιτ' ἄν τις ἐκ λογισμοῦ ταῦτα ποιεῖν· τὰ δὲ θηρία τίς αἰτία οὕτως ἐρωτικῶς διατίθεσθαι; ἔχεις λέγειν; c

Καὶ ἐγὼ αὖ ἔλεγον, ὅτι οὐκ εἰδείην.
Ἡ δ' εἶπεν· Διανοῇ οὖν δεινός ποτε γενήσεσθαι τὰ ἐρωτικά, ἐὰν ταῦτα μὴ ἐννοῇς;
Ἀλλὰ διὰ ταῦτά τοι, ὦ Διοτίμα, ὅπερ νυνδὴ εἶπον, παρὰ σὲ ἥκω, γνούς, ὅτι διδασκάλων δέομαι. ἀλλά μοι λέγε καὶ τούτων τὴν αἰτίαν καὶ τῶν ἄλλων τῶν περὶ τὰ ἐρωτικά.
Εἰ τοίνυν, ἔφη, πιστεύεις ἐκείνου εἶναι φύσει τὸν ἔρωτα,

a 2 ἀγαθόν: ἀγαθοῦ

gilt nämlich der Eros nicht dem Schönen, wie du glaubst, Sokrates, sagte sie.

Aber wem sonst?

Der Zeugung und Fortpflanzung im Schönen.

Nun ja, sagte ich.

Ganz gewiß, erwiderte sie. Inwiefern nun der Zeugung? Weil ein ewig Werdendes und Unsterbliches mit der Zeugung gegeben ist, wie es eben für ein sterbliches Wesen erreichbar ist. Unsterblichkeit aber, das ergibt sich aus dem, was wir gemeinsam feststellten, muß man mit dem Guten begehren, wenn wirklich der Eros darauf gerichtet ist, daß man das Gute immer hat. Notwendig ergibt sich ja aus diesem Satz, daß auch der Unsterblichkeit der Eros gilt.

Dies alles nun lehrte sie mich, wenn sie von der Welt des Eros sprach, und so fragte sie auch einmal: Was hältst du, Sokrates, für die Ursache dieses Eros und dieser Begierde? Oder bemerkst du nicht, in welchen unheimlichen Zustand alle Tiere kommen, wenn sie zu zeugen begehren, die auf der Erde wie die geflügelten, wie sie alle krank und auf Eros eingestellt sind, zunächst wegen der Begattung, dann wegen der Nahrung für das Junge, und wie sie bereit sind, dafür, und seien sie die Schwächsten, mit den Stärksten auf Leben und Tod zu kämpfen und für sie zu sterben, wie sie selbst sich vom Hunger foltern lassen, nur um jene großzuziehen, und auch sonst alles tun? Bei den Menschen könnte man ja glauben, sagte sie, daß sie das nach Überlegung täten; bei den Tieren aber – was mag da die Ursache sein, daß sie so auf Eros eingestellt sind? Kannst du es sagen?

Und ich entgegnete wieder, daß ich es nicht wüßte.

Sie aber sagte: Und da denkst du jemals kundig in den Dingen des Eros zu werden, wenn du dies nicht begreifst?

Aber deswegen, Diotima, komme ich ja, wie ich eben schon sagte, zu dir, weil ich einsah, daß ich Lehrer brauche. So sag mir denn den Grund davon wie von allem anderen, was den Eros angeht.

Wenn du also daran glaubst, erwiderte sie, daß der Eros sich

οὗ πολλάκις ὡμολογήκαμεν, μὴ θαύμαζε. ἐνταῦθα γὰρ τὸν
αὐτὸν ἐκείνῳ λόγον ἡ θνητὴ φύσις ζητεῖ κατὰ τὸ δυνατὸν d
ἀεί τε εἶναι καὶ ἀθάνατος. δύναται δὲ ταύτῃ μόνον [τῇ
γενέσει], ὅτι ἀεὶ καταλείπει ἕτερον νέον ἀντὶ τοῦ παλαιοῦ,
ἐπεὶ καὶ ἐν ᾧ ἓν ἕκαστον τῶν ζῴων ζῆν καλεῖται καὶ εἶναι
τὸ αὐτό—οἷον ἐκ παιδαρίου ὁ αὐτὸς λέγεται, ἕως ἂν πρεσ-
βύτης γένηται· οὗτος μέντοι οὐδέποτε τὰ αὐτὰ ἔχων ἐν
αὑτῷ ὅμως ὁ αὐτὸς καλεῖται, ἀλλὰ νέος ἀεὶ γιγνόμενος, τὰ
δὲ ἀπολλύς, καὶ κατὰ τὰς τρίχας καὶ σάρκα καὶ ὀστᾶ καὶ
αἷμα καὶ σύμπαν τὸ σῶμα. καὶ μὴ ὅτι κατὰ τὸ σῶμα, e
ἀλλὰ καὶ κατὰ τὴν ψυχὴν οἱ τρόποι, τὰ ἤθη, δόξαι, ἐπιθυ-
μίαι, ἡδοναί, λῦπαι, φόβοι, τούτων ἕκαστα οὐδέποτε τὰ
αὐτὰ πάρεστιν ἑκάστῳ, ἀλλὰ τὰ μὲν γίγνεται, τὰ δὲ ἀπόλ-
λυται. πολὺ δὲ τούτων ἀτοπώτερον ἔτι, ὅτι καὶ αἱ ἐπιστῆμαι
μὴ ὅτι αἱ μὲν γίγνονται, αἱ δὲ ἀπόλλυνται ἡμῖν, καὶ οὐδέ- 208
ποτε οἱ αὐτοί ἐσμεν οὐδὲ κατὰ τὰς ἐπιστήμας, ἀλλὰ καὶ
μία ἑκάστη τῶν ἐπιστημῶν ταὐτὸν πάσχει. ὃ γὰρ καλεῖται
μελετᾶν, ὡς ἐξιούσης ἐστὶ τῆς ἐπιστήμης· λήθη γὰρ
ἐπιστήμης ἔξοδος, μελέτη δὲ πάλιν καινὴν ἐμποιοῦσα ἀντὶ
τῆς ἀπιούσης [μνήμην] σῴζει τὴν ἐπιστήμην, ὥστε τὴν
αὐτὴν δοκεῖν εἶναι. τούτῳ γὰρ τῷ τρόπῳ πᾶν τὸ θνητὸν
σῴζεται, οὐ τῷ παντάπασιν τὸ αὐτὸ ἀεὶ εἶναι ὥσπερ τὸ
θεῖον, ἀλλὰ τῷ τὸ ἀπιὸν καὶ παλαιούμενον ἕτερον νέον b
ἐγκαταλείπειν, οἷον αὐτὸ ἦν. ταύτῃ τῇ μηχανῇ, ὦ Σώκρατες, ἔφη, θνητὸν ἀθανασίας μετέχει, καὶ σῶμα καὶ τἆλλα
πάντα· ἀδύνατον δὲ ἄλλῃ. μὴ οὖν θαύμαζε, εἰ τὸ αὑτοῦ
ἀποβλάστημα φύσει πᾶν τιμᾷ· ἀθανασίας γὰρ χάριν παντὶ
αὕτη ἡ σπουδὴ καὶ ὁ ἔρως ἕπεται.

---

b 4 ἀδύνατον: ἀθάνατον

von Natur auf das bezieht, worüber wir uns schon oft verständigt haben, so brauchst du dich nicht zu wundern. Denn hier im gleichen Sinn wie dort strebt die sterbliche Natur, soweit sie es kann, ewig und unsterblich zu sein. Sie kann es aber nur auf diese Weise, daß sie jeweils ein Anderes, ein Junges, statt des Alten hinterläßt; denn auch, solange man von jedem Wesen sagt, es lebe und sei da als ein und dasselbe – wie denn jeder von Kindesbeinen ein und derselbe heißt, bis er ein alter Mann geworden ist; man gibt ihm stets den gleichen Namen, obwohl er niemals die gleichen Bestandteile in sich hat, aber er wird als derselbe bezeichnet, während er sich immerfort erneuert und anderes einbüßt, an Haaren, Fleisch, Knochen, Blut und so am ganzen Körper. Und nicht etwa nur am Körper, sondern auch bei der Seele: die Neigungen, Charakterzüge, Meinungen, Begierden, Freuden, Leiden, Ängste, all das bleibt sich nie bei einem Menschen gleich, sondern das eine entsteht, das andere vergeht. Viel seltsamer aber ist es mit den Kenntnissen: nicht nur, daß sie uns teils entstehen, teils vergehen, und wir demnach auch in den Kenntnissen niemals dieselben sind, sondern auch mit jeder einzelnen Kenntnis geht es ebenso. Was man nämlich Memorieren nennt, geschieht in der Vorstellung, daß die Kenntnis schwindet; denn Vergessen ist ein Schwund der Kenntnis, Memorieren dagegen verschafft wieder neue statt der dahinschwindenden und erhält so die Kenntnis, so daß es scheint, sie sei dieselbe. Auf diese Art nämlich erhält sich alles Sterbliche, nicht dadurch, daß es immer völlig dasselbe bleibt wie das Göttliche, sondern dadurch, daß das Entschwindende und Alternde ein Anderes, Junges von der gleichen Art hinterläßt wie es selber war. Durch diese Vorkehrung, Sokrates, sagte sie, hat Sterbliches teil an Unsterblichkeit, der Körper ebenso wie alles andere; in anderer Weise wäre es unmöglich. Wundere dich also nicht, wenn jedes Wesen seine Abkömmlinge von Natur wert hält; denn um der Unsterblichkeit willen ist jedem dieses Trachten und dieser Eros mitgegeben.

27. Καὶ ἐγὼ ἀκούσας τὸν λόγον ἐθαύμασά τε καὶ εἶπον· Εἶεν, ἦν δ᾽ ἐγώ, ὦ σοφωτάτη Διοτίμα, ταῦτα ὡς ἀληθῶς οὕτως ἔχει; Καὶ ἥ, ὥσπερ οἱ τέλεοι σοφισταί, Εὖ ἴσθι, ἔφη, ὦ Σώκρατες. c ἐπεὶ καὶ τῶν ἀνθρώπων εἰ ἐθέλεις εἰς τὴν φιλοτιμίαν βλέψαι, θαυμάζοιμί σ᾽ ἂν τῆς ἀλογίας, [περὶ] ἃ ἐγὼ εἴρηκα εἰ μὴ ἐννοεῖς, ἐνθυμηθεὶς ὡς δεινῶς διάκεινται ἔρωτι τοῦ ὀνομαστοὶ γενέσθαι 'καὶ κλέος ἐς τὸν ἀεὶ χρόνον ἀθάνατον καταθέσθαι', καὶ ὑπὲρ τούτου κινδύνους τε κινδυνεύειν ἕτοιμοί εἰσι πάντας ἔτι μᾶλλον ἢ ὑπὲρ τῶν παίδων, καὶ χρήματα ἀναλίσκειν d καὶ πόνους πονεῖν οὑστινασοῦν καὶ ὑπεραποθνῄσκειν. ἐπεὶ οἴει σύ, ἔφη, Ἄλκηστιν ὑπὲρ Ἀδμήτου ἀποθανεῖν ἄν, ἢ Ἀχιλλέα Πατρόκλῳ ἐπαποθανεῖν, ἢ προαποθανεῖν τὸν ὑμέτερον Κόδρον ὑπὲρ τῆς βασιλείας τῶν παίδων, μὴ οἰομένους, ἀθάνατον μνήμην ἀρετῆς πέρι ἑαυτῶν ἔσεσθαι, ἣν νῦν ἡμεῖς ἔχομεν; πολλοῦ γε δεῖ, ἔφη, ἀλλ᾽, οἶμαι, ὑπὲρ ἀρετῆς ἀθανάτου καὶ τοιαύτης δόξης εὐκλεοῦς πάντες πάντα ποιοῦσιν, ὅσῳ ἂν ἀμείνους ὦσι, τοσούτῳ μᾶλλον· τοῦ γὰρ e ἀθανάτου ἐρῶσιν.

Οἱ μὲν οὖν ἐγκύμονες, ἔφη, κατὰ τὰ σώματα ὄντες πρὸς τὰς γυναῖκας μᾶλλον τρέπονται καὶ ταύτῃ ἐρωτικοί εἰσιν, διὰ παιδογονίας ἀθανασίαν καὶ μνήμην καὶ εὐδαιμονίαν, ὡς οἴονται, αὑτοῖς εἰς τὸν ἔπειτα χρόνον πάντα ποριζόμενοι· οἱ δὲ κατὰ τὴν ψυχήν — εἰσὶ γὰρ οὖν, ἔφη, οἱ ἐν ταῖς ψυχαῖς 209 κυοῦσιν ἔτι μᾶλλον ἢ ἐν τοῖς σώμασιν, ἃ ψυχῇ προσήκει καὶ κυῆσαι καὶ τεκεῖν· τί οὖν προσήκει; φρόνησίν τε καὶ τὴν ἄλλην ἀρετήν —, ὧν δή εἰσι καὶ οἱ ποιηταὶ πάντες γεννήτορες καὶ τῶν δημιουργῶν, ὅσοι λέγονται εὑρετικοὶ εἶναι· πολὺ δὲ μεγίστη, ἔφη, καὶ καλλίστη τῆς φρονήσεως ἡ περὶ τὰς τῶν πόλεών τε καὶ οἰκήσεων διακοσμήσεις, ᾗ δὴ ὄνομά ἐστι σωφροσύνη τε καὶ δικαιοσύνη — τούτων δ᾽ αὖ ὅταν τις ἐκ νέου ἐγκύμων ᾖ τὴν ψυχήν, θεῖος ὢν καὶ ἡκούσης τῆς b

---

c 3 θαυμάζοιμί σ᾽: θαυμάζοις

Und als ich ihre Rede gehört hatte, staunte ich und sagte: Nun ja, weiseste Diotima, ist das wirklich so?

Und sie erwiderte wie die vollendeten Sophisten: Verlaß dich drauf, Sokrates! Denn auch wenn du die Ruhmbegier der Menschen ansehen möchtest, da würde ich mich über deinen Unverstand wundern, falls du meine Worte nicht einsiehst, denn du brauchst dir nur vorzustellen, wie gewaltig sie von dem Eros ergriffen sind, namhaft zu werden ‚und sich unsterblichen Ruhm für ewige Zeit zu erringen‘, und wie sie dafür bereit sind, sich allen Gefahren auszusetzen, noch mehr als für ihre Kinder, und Geld aufzuwenden und jede Mühe zu ertragen und gar dafür zu sterben. Denn meinst du, sagte sie, Alkestis wäre für Admet gestorben oder Achill dem Patroklos in den Tod gefolgt oder euer Kodros voraus für die Herrschaft seiner Söhne gestorben, wenn sie nicht geglaubt hätten ‚an ein unsterblich Gedächtnis ihrer Tugend‘, wie wir es jetzt noch bewahren? Nicht von ferne, fuhr sie fort, sondern für ‚unsterblichen Vorrang‘, meine ich, und solchen ‚herrlichen Nachruhm‘ tun sie alle das Letzte, je trefflicher sie sind, um so mehr; denn sie streben nach Unsterblichkeit.

Die nun vom leiblichen Zeugungsdrang erfüllt sind, sagte sie weiter, wenden sich mehr den Frauen zu und sind dieser Art des Eros ergeben, wobei sie durch Kinderzeugung Unsterblichkeit und Andenken und Glückseligkeit, wie sie meinen, ‚für alle Folgezeit sich schaffen‘. Die aber in der Seele das Verlangen tragen – denn es gibt solche, sagte sie, die noch stärker als den leiblichen Zeugungsdrang den seelischen haben, zu dem, was der Seele in sich zu tragen und zu zeugen gemäß ist. Was ist nun gemäß? Einsicht und jede andere Tüchtigkeit – zu diesen gehören ja die schöpferischen Dichter alle und von den Gewerbetreibenden die sogenannten erfinderischen. Die weitaus größte und schönste unter allen Einsichten aber, fuhr sie fort, ist jene, die der Ordnung des Staates und des Hauswesens gilt; man nennt sie ja Besonnenheit und Gerechtigkeit. Wer nun als ein Mensch göttlicher Art von Jugend auf davon in seiner Seele erfüllt ist und, wenn er in seine Jahre kommt,

ἡλικίας τίκτειν τε καὶ γεννᾶν ἤδη ἐπιθυμῇ, ζητεῖ δή, οἶμαι, καὶ οὗτος περιιὼν τὸ καλόν, ἐν ᾧ ἂν γεννήσειεν· ἐν τῷ γὰρ αἰσχρῷ οὐδέποτε γεννήσει. Τά τε οὖν σώματα τὰ καλὰ μᾶλλον ἢ τὰ αἰσχρὰ ἀσπάζεται ἅτε κυῶν, καὶ ἂν ἐντύχῃ ψυχῇ καλῇ καὶ γενναίᾳ καὶ εὐφυεῖ, πάνυ δὴ ἀσπάζεται τὸ συναμφότερον, καὶ πρὸς τοῦτον τὸν ἄνθρωπον εὐθὺς εὐπορεῖ λόγων περὶ ἀρετῆς καὶ [περὶ] οἷον χρὴ εἶναι τὸν ἄνδρα τὸν ἀγαθὸν καὶ ἃ ἐπιτηδεύειν, καὶ c ἐπιχειρεῖ παιδεύειν. ἁπτόμενος γάρ, οἶμαι, τοῦ καλοῦ καὶ ὁμιλῶν αὐτῷ, ἃ πάλαι ἐκύει τίκτει καὶ γεννᾷ, καὶ παρὼν καὶ ἀπὼν μεμνημένος, καὶ τὸ γεννηθὲν συνεκτρέφει κοινῇ μετ' ἐκείνου, ὥστε πολὺ μείζω κοινωνίαν [τῆς τῶν παίδων] πρὸς ἀλλήλους οἱ τοιοῦτοι ἴσχουσι καὶ φιλίαν βεβαιοτέραν, ἅτε καλλιόνων καὶ ἀθανατωτέρων παίδων κεκοινωνηκότες. Καὶ πᾶς ἂν δέξαιτο, ἑαυτῷ τοιούτους παῖδας μᾶλλον γεγονέναι ἢ τοὺς ἀνθρωπίνους, καὶ εἰς Ὅμηρον ἀποβλέψας d καὶ εἰς Ἡσίοδον, καὶ τοὺς ἄλλους ποιητὰς τοὺς ἀγαθοὺς ζηλῶν, οἷα ἔκγονα ἑαυτῶν καταλείπουσιν, ἃ ἐκείνοις ἀθάνατον κλέος καὶ μνήμην παρέχεται αὐτὰ τοιαῦτα ὄντα· εἰ δὲ βούλει, ἔφη, οἵους Λυκοῦργος παῖδας κατελίπετο ἐν Λακεδαίμονι σωτῆρας τῆς Λακεδαίμονος καί, ὡς ἔπος εἰπεῖν, τῆς Ἑλλάδος. τίμιος δὲ παρ' ὑμῖν καὶ Σόλων διὰ τὴν τῶν νόμων γέννησιν, καὶ ἄλλοι ἄλλοθι πολλαχοῦ ἄνδρες, e καὶ ἐν Ἕλλησι καὶ ἐν βαρβάροις, πολλὰ καὶ καλὰ ἀποφηνάμενοι ἔργα, γεννήσαντες παντοίαν ἀρετήν· ὧν καὶ ἱερὰ πολλὰ ἤδη γέγονε διὰ τοὺς τοιούτους παῖδας, διὰ δὲ τοὺς ἀνθρωπίνους οὐδενός πω.

28. Ταῦτα μὲν οὖν τὰ ἐρωτικὰ ἴσως, ὦ Σώκρατες, κἂν σὺ μυηθείης· τὰ δὲ τέλεα καὶ ἐποπτικά, ὧν ἕνεκα καὶ ταῦτα 2 ἔστιν, ἐάν τις ὀρθῶς μετίῃ, οὐκ οἶδ', εἰ οἷός τ' ἂν εἴης. ἐρῶ

zu zeugen und fortzupflanzen begehrt, der geht dann auch
umher, meine ich, und sucht das Schöne, in dem er zeugen
könnte; denn im Häßlichen wird er nie zeugen.

Da wird er denn die schönen Körper lieber sehen als die
häßlichen, da er ja vom Zeugungsdrang erfüllt ist, und wenn
er auf eine schöne und edle und wohlgestaltete Seele trifft,
dann wird er das Zusammentreffen von beiden durchaus be-
grüßen und zu einem Menschen wie diesem sofort von Reden
überströmen, über die Tugend und darüber, wie ein trefflicher Mann sein und was er treiben soll, und wird versuchen,
ihn zu bilden. Und wenn er so, meine ich, mit dem Schönen
in Berührung tritt und verkehrt, so zeugt und schafft er, was
er längst in sich trug; seine Gedanken sind bei ihm, mag er
ihm nah oder fern sein, und das Erzeugte zieht er gemeinsam
mit ihm auf, und so hegen solche Menschen eine weit engere
Gemeinschaft und festere Freundschaft zueinander, weil sie
schönere und unsterblichere Kinder miteinander haben.

Und jeder würde wohl lieber solche Kinder wollen als leib-
liche, wenn er mit einem Blick auf Homer und auf Hesiod und
auf die übrigen guten Dichter sie beneidet um die Art Nachkommen, die sie hinterlassen und die ihnen unsterblichen
Ruhm und Andenken schaffen, wie sie selber unsterblich sind;
oder wenn du willst, sagte sie, Kinder, wie sie Lykurg in
Lakedaimon hinterließ, als Retter für Lakedaimon und sozusagen für ganz Hellas. In Ehren steht bei euch auch Solon
wegen der Gesetze, die er erzeugt hat, und andere Männer
vielerorts bei Hellenen und Barbaren, die viele schöne Taten
aufzuweisen hatten, denn sie erzeugten mancherlei Tüchtigkeit; ihnen sind schon viele Heiligtümer errichtet wegen solcher Kinder, wegen der leiblichen aber noch niemandem.

Soweit nun wirst auch du, Sokrates, dich vielleicht in die Ge-
heimnisse des Eros einweihen lassen; zu den letzten und nur
der Schau zugänglichen Weihen, auf die auch dies hinauswill,
wenn einer den rechten Pfad geht, dazu bist du vielleicht nicht
geschaffen. Ich will dir freilich davon reden, sagte sie, und es

μὲν οὖν, ἔφη, ἐγὼ καὶ προθυμίας οὐδὲν ἀπολείψω· πειρῶ δὲ
καὶ σὺ ἕπεσθαι, ἂν οἶός τε ᾖς. δεῖ γάρ, ἔφη, τὸν ὀρθῶς ἰόντα
ἐπὶ τοῦτο τὸ πρᾶγμα ἄρχεσθαι μὲν νέον ὄντα ἰέναι ἐπὶ
τὰ καλὰ σώματα, καὶ πρῶτον μέν, ἐὰν ὀρθῶς ἡγῆται ὁ
ἡγούμενος, ἑνὸς αὐτὸν σώματος ἐρᾶν καὶ ἐνταῦθα γεννᾶν
λόγους καλούς, ἔπειτα δὲ αὖ κατανοῆσαι, ὅτι τὸ κάλλος
τὸ ἐπὶ ὁτῳοῦν σώματι τῷ ἐπὶ ἑτέρῳ σώματι ἀδελφόν ἐστι,   b
καί, εἰ δεῖ διώκειν τὸ ἐπ' εἴδει καλόν, πολλὴ ἄνοια, μὴ οὐχ
ἕν τε καὶ ταὐτὸν ἡγεῖσθαι τὸ ἐπὶ πᾶσιν τοῖς σώμασι κάλλος·
τοῦτο δ' ἐννοήσαντα καταστῆναι πάντων τῶν καλῶν
σωμάτων ἐραστήν, ἑνὸς δὲ τὸ σφόδρα τοῦτο χαλάσαι κατα-
φρονήσαντα καὶ σμικρὸν ἡγησάμενον· μετὰ δὲ ταῦτα τὸ ἐν
ταῖς ψυχαῖς κάλλος τιμιώτερον ἡγήσασθαι τοῦ ἐν τῷ σώματι,
ὥστε κἂν ἐπιεικὴς ὢν τὴν ψυχήν τις [κἂν] σμικρὸν ἄνθος
ἔχῃ, ἐξαρκεῖν αὐτῷ καὶ ἐρᾶν καὶ κήδεσθαι καὶ τίκτειν λόγους   c
τοιούτους [καὶ ζητεῖν], οἵτινες ποιήσουσι βελτίους τοὺς
νέους, ἵνα ἀναγκασθῇ αὖ θεάσασθαι τὸ ἐν τοῖς ἐπιτηδεύμασι
καὶ τοῖς νόμοις καλὸν καὶ τοῦτ' ἰδεῖν, ὅτι πᾶν αὐτὸ αὑτῷ
συγγενές ἐστιν, ἵνα τὸ περὶ τὸ σῶμα καλὸν σμικρόν τι
ἡγήσηται εἶναι· μετὰ δὲ τὰ ἐπιτηδεύματα ἐπὶ τὰς ἐπιστήμας
ἀγαγεῖν, ἵνα ἴδῃ αὖ ἐπιστημῶν κάλλος, καὶ βλέπων πρὸς
πολὺ ἤδη τὸ καλὸν μηκέτι τὸ παρ' ἑνί, ὥσπερ οἰκέτης,   d
ἀγαπῶν παιδαρίου κάλλος ἢ ἀνθρώπου τινὸς ἢ ἐπιτηδεύ-
ματος ἑνὸς [δουλεύων] φαῦλος ᾖ καὶ σμικρολόγος, ἀλλ' ἐπὶ
τὸ πολὺ πέλαγος τετραμμένος τοῦ καλοῦ καὶ θεωρῶν πολλοὺς καὶ καλοὺς λόγους καὶ μεγαλοπρεπεῖς τίκτῃ καὶ δια-
νοήματα ἐν φιλοσοφίᾳ ἀφθόνῳ, ἕως ἂν ἐνταῦθα ῥωσθεὶς καὶ
αὐξηθεὶς κατίδῃ τινὰ ἐπιστήμην μίαν τοιαύτην, ἥ ἐστι καλοῦ
τοιοῦδε. πειρῶ δέ μοι, ἔφη, τὸν νοῦν προσέχειν, ὡς οἶόν   e
τε μάλιστα.

---

a 8 αὖ: αὑτόν

an gutem Willen nicht fehlen lassen; versuch auch du, zu folgen, wenn du kannst. Es muß nämlich der, fuhr sie fort, der richtig an diese Sache herangehen will, in seiner Jugend damit beginnen, sich den schönen Körpern zuzuwenden, und zwar muß er zuerst, wenn sein Führer richtig führt, nur einen einzigen Körper lieben und in ihm schöne Reden zeugen; dann aber soll er gewahr werden, daß die Schönheit bei irgend einem Körper der bei einem anderen Körper verschwistert ist und daß es, wenn man das gestalthafte Schöne gewinnen soll, nur arge Torheit wäre, nicht die Schönheit an allen Körpern für eine und dieselbe zu halten. Und wenn er das begriffen hat, so muß er zum Liebhaber aller schönen Körper werden, in jener heftigen Leidenschaft für einen einzigen aber nachlassen, weil er nun auf sie herabblickt und sie allzu klein findet. Und dann muß er die in der Seele wohnende Schönheit höher werten als die im Körper, und so wird es ihm genug sein, wenn einer eine treffliche Seele hat, mag auch sein Reiz gering sein, und er wird ihn lieben und betreuen und solche Reden zeugen, daß sie die jungen Menschen bessern können. Dadurch muß er sich gezwungen sehen, jetzt auf das Schöne in Tätigkeiten und Gesetzen zu schauen und dabei wahrzunehmen, daß all dies miteinander verwandt ist, damit er die körperliche Schönheit als etwas Geringes erkenne. Und nach den Tätigkeiten muß man ihn zu den Wissenschaften führen, damit er nun auch deren Schönheit sieht und, schon im Hinblick auf diese Fülle des Schönen, nicht mehr die Einzelschönheit bei einem unreifen Knaben liebevoll umsorgt, wie es ein Diener tut, oder bei irgendeinem Menschen oder bei einer einzelnen Tätigkeit, und dadurch minderwertig und kleinlich wird, sondern auf das weite Meer des Schönen sich wendet und in seiner Betrachtung viele schöne und erhabene Reden und Gedanken erzeugt in unerschöpflichem Weisheitsstreben – bis er dann, hierin gekräftigt und erstarkt, eine einzige Erkenntnis von solcher Art schaut, die sich auf ein Schönes bezieht, und zwar auf folgendes; versuch aber, sagte sie, so sehr du kannst, mir deine Aufmerksamkeit zuzuwenden.

29. Ὃς γὰρ ἂν μέχρι ἐνταῦθα πρὸς τὰ ἐρωτικὰ παιδαγωγηθῇ, θεώμενος ἐφεξῆς τε καὶ ὀρθῶς τὰ καλά, πρὸς τέλος ἤδη ἰὼν τῶν ἐρωτικῶν ἐξαίφνης κατόψεταί τι θαυμαστὸν τὴν φύσιν καλόν, τοῦτο ἐκεῖνο, ὦ Σώκρατες, οὗ δὴ ἕνεκεν καὶ οἱ ἔμπροσθεν πάντες πόνοι ἦσαν, πρῶτον μὲν ἀεὶ ὂν καὶ οὔτε γιγνόμενον οὔτε ἀπολλύμενον οὔτε αὐξανόμενον οὔτε φθίνον, 21 ἔπειτα οὐ τῇ μὲν καλόν, τῇ δ' αἰσχρόν, οὐδὲ τοτὲ μέν, τοτὲ δὲ οὔ, οὐδὲ πρὸς μὲν τὸ καλόν, πρὸς δὲ τὸ αἰσχρόν, οὐδ' ἔνθα μὲν καλόν, ἔνθα δὲ αἰσχρόν [ὡς τισὶ μὲν ὂν καλόν, τισὶ δὲ αἰσχρόν]· οὐδ' αὖ φαντασθήσεται αὐτῷ τὸ καλὸν οἷον πρόσωπόν τι οὐδὲ χεῖρες οὐδὲ ἄλλο οὐδέν, ὧν σῶμα μετέχει, οὐδέ τις λόγος οὐδέ τις ἐπιστήμη, οὐδέ που ὂν ἐν ἑτέρῳ τινι, οἷον ἐν ζῴῳ ἢ ἐν γῇ ἢ ἐν οὐρανῷ ἢ ἔν τῳ ἄλλῳ, ἀλλ' αὐτὸ καθ' αὑτὸ μεθ' αὑτοῦ μονοειδὲς ἀεὶ ὄν, τὰ δὲ b ἄλλα πάντα καλὰ ἐκείνου μετέχοντα τρόπον τινὰ τοιοῦτον, οἷον γιγνομένων τε τῶν ἄλλων καὶ ἀπολλυμένων μηδὲν ἐκεῖνο μήτε τι πλέον μήτε ἔλαττον γίγνεσθαι μηδὲ πάσχειν μηδέν.

Ὅταν δή τις ἀπὸ τῶνδε διὰ τὸ ὀρθῶς παιδεραστεῖν ἐπανιὼν ἐκεῖνο τὸ καλὸν ἄρχηται καθορᾶν, σχεδὸν ἄν τι ἅπτοιτο τοῦ τέλους. τοῦτο γὰρ δή ἐστι τὸ ὀρθῶς ἐπὶ τὰ ἐρωτικὰ ἰέναι ἢ ὑπ' ἄλλου ἄγεσθαι, ἀρχόμενον ἀπὸ c τῶνδε τῶν καλῶν ἐκείνου ἕνεκα τοῦ καλοῦ ἀεὶ ἐπανιέναι, ὥσπερ ἐπαναβασμοῖς χρώμενον, ἀπὸ ἑνὸς ἐπὶ δύο καὶ ἀπὸ δυοῖν ἐπὶ πάντα τὰ καλὰ σώματα, καὶ ἀπὸ τῶν καλῶν σωμάτων ἐπὶ τὰ καλὰ ἐπιτηδεύματα, καὶ ἀπὸ τῶν ἐπιτηδευμάτων ἐπὶ τὰ καλὰ μαθήματα, καὶ ἀπὸ τῶν μαθημάτων ἐπ' ἐκεῖνο τὸ μάθημα τελευτῆσαι, ὅ ἐστιν οὐκ ἄλλου ἢ αὐτοῦ ἐκείνου τοῦ καλοῦ μάθημα, ⟨ἵνα⟩ καὶ γνῷ αὐτὸ τελευτῶν, ὅ ἔστι καλόν.

Ἐνταῦθα τοῦ βίου, ὦ φίλε Σώκρατες, ἔφη ἡ Μαντινικὴ d ξένη, εἴπερ που ἄλλοθι, βιωτὸν ἀνθρώπῳ, θεωμένῳ αὐτὸ

---

c 7 τελευτῆσαι: τελευτήσῃ   d 1 Μαντινική: μαντική Variante
(vgl. 201 d 2)

Denn wer bis hierher in dem Bereich des Eros erzogen ist, indem er in rechter Folge und Art das Schöne schaut, der wird, wenn er nun ans Ziel dieser Bemühungen kommt, mit einem Mal ein Schönes von wunderbarer Art sehen, dieses schon angedeutete, Sokrates, dem auch die früheren Mühen alle galten: ein Schönes, das erstens immer ist, weder entsteht noch vergeht, weder wächst noch schwindet, das weiter nicht in der einen Hinsicht schön, in der anderen aber häßlich ist, nicht heute schön und morgen nicht, nicht mit dem einen verglichen schön, mit dem anderen häßlich, nicht da schön, dort häßlich; noch auch wird ihm das Schöne erscheinen als ein Antlitz oder Hände oder sonst irgend etwas, woran der Körper teilhat, noch als irgendeine Rede oder ein Wissen, noch als etwas, das an irgendeiner anderen Sache ist, etwa an einem Lebewesen, an der Erde, am Himmel oder sonst wo, sondern als das Schöne selbst, an sich und für sich, stets eingestaltig, während alles andere Schöne etwa derart an ihm teilhat, daß dies andere zwar entsteht und vergeht, es selbst aber in nichts sich vergrößert oder verringert noch irgendeine Einwirkung erfährt.

Wenn also jemand durch wahre Knabenliebe von den Dingen hier emporsteigt und jenes Schöne zu schauen beginnt, dann berührt er wohl fast schon das Ziel. Denn das heißt den rechten Weg zur Welt des Eros gehen oder sich von einem anderen führen lassen, daß man, von diesem irdischen Schönen beginnend, um jenes Schönen willen immer weiter aufsteigt, wie auf Stufen, von einem zu zwei und von zwei zu allen schönen Körpern, und von den schönen Körpern zu den schönen Tätigkeiten, und von den Tätigkeiten zu den schönen Erkenntnissen, und daß man von den Erkenntnissen zu jener Erkenntnis endlich gelangt, die nichts anderem gilt als jenem Schönen an sich, damit man dann schließlich erfahre, was das Schöne selbst ist.

Auf dieser Stufe des Lebens, lieber Sokrates, sagte die Fremde aus Mantinea, lohnt sich, wenn irgendwo, das Leben für den Menschen: im Anschauen des eigentlichen Schönen. Wenn

τὸ καλόν. ὃ ἐάν ποτε ἴδῃς, οὐ κατὰ χρυσίον τε καὶ ἐσθῆτα καὶ τοὺς καλοὺς παῖδάς τε καὶ νεανίσκους δόξει σοι εἶναι, οὓς νῦν ὁρῶν ἐκπέπληξαι καὶ ἕτοιμος εἶ καὶ σὺ καὶ ἄλλοι πολλοί, ὁρῶντες τὰ παιδικὰ καὶ συνόντες ἀεὶ αὐτοῖς, εἴ πως οἷόν τ' ἦν, μήτ' ἐσθίειν μήτε πίνειν, ἀλλὰ θεᾶσθαι μόνον καὶ συνεῖναι. τί δῆτα, ἔφη, οἰόμεθα, εἴ τῳ γένοιτο αὐτὸ τὸ καλὸν ἰδεῖν εἰλικρινές, καθαρόν, ἄμεικτον, ἀλλὰ e
μὴ ἀνάπλεων σαρκῶν τε ἀνθρωπίνων καὶ χρωμάτων καὶ ἄλλης πολλῆς φλυαρίας θνητῆς, ἀλλ' αὐτὸ τὸ θεῖον καλὸν δύναιτο μονοειδὲς κατιδεῖν; ἆρ' οἴει, ἔφη, φαῦλον βίον γίγνεσθαι ἐκεῖσε βλέποντος ἀνθρώπου καὶ ἐκεῖνο ᾧ δεῖ 212
θεωμένου καὶ συνόντος αὐτῷ; ἢ οὐκ ἐνθυμῇ, ἔφη, ὅτι ἐνταῦθα αὐτῷ μοναχοῦ γενήσεται, ὁρῶντι ᾧ ὁρατὸν τὸ καλόν, τίκτειν οὐκ εἴδωλα ἀρετῆς, ἅτε οὐκ εἰδώλου ἐφαπτομένῳ, ἀλλὰ ἀληθῆ, ἅτε τοῦ ἀληθοῦς ἐφαπτομένῳ· τεκόντι δὲ ἀρετὴν ἀληθῆ καὶ θρεψαμένῳ ὑπάρχει θεοφιλεῖ γενέσθαι καί, εἴπέρ τῳ ἄλλῳ ἀνθρώπων, ἀθανάτῳ, καὶ ἐκείνῳ;

Ταῦτα δή, ὦ Φαῖδρέ τε καὶ οἱ ἄλλοι, ἔφη μὲν Διοτίμα, b
πέπεισμαι δ' ἐγώ· πεπεισμένος δὲ πειρῶμαι καὶ τοὺς ἄλλους πείθειν, ὅτι τούτου τοῦ κτήματος τῇ ἀνθρωπείᾳ φύσει συνεργὸν ἀμείνω Ἔρωτος οὐκ ἄν τις ῥᾳδίως λάβοι. διὸ δὴ ἔγωγέ φημι, χρῆναι πάντα ἄνδρα τὸν Ἔρωτα τιμᾶν, καὶ αὐτὸς τιμῶ τὰ ἐρωτικὰ καὶ διαφερόντως ἀσκῶ, καὶ τοῖς ἄλλοις παρακελεύομαι, καὶ νῦν τε καὶ ἀεὶ ἐγκωμιάζω τὴν δύναμιν καὶ ἀνδρείαν τοῦ Ἔρωτος καθ' ὅσον οἷός τ' εἰμί. τοῦτον οὖν τὸν λόγον, ὦ Φαῖδρε, εἰ μὲν βούλῃ, ὡς ἐγκώ- c
μιον εἰς Ἔρωτα νόμισον εἰρῆσθαι, εἰ δέ, ὅτι καὶ ὅπῃ χαίρεις ὀνομάζων, τοῦτο ὀνόμαζε.

du das einmal schautest, dann wirst du nicht mehr wähnen, es sei etwas wie Goldgerät und Kleidung und schöne Knaben und Jünglinge, bei deren Anblick du jetzt außer dir bist und bereit, du und viele andere, im Anblick und stetem Zusammensein mit euren Geliebten, wenn es irgend möglich wäre, Essen und Trinken zu vergessen und nur sie anzusehen und mit ihnen zusammenzusein. Wie sollen wir es uns erst vorstellen, fuhr sie fort, wenn es einem gelingen sollte, das Schöne selbst zu sehen, sonnenklar, rein, unvermischt, frei von Menschenfleisch und Farben und all dem anderen sterblichen Tand, ja wenn er das göttliche Schöne selbst in seiner Eingestaltigkeit zu schauen vermöchte? Glaubst du, das Leben eines Menschen könnte niedrig werden, der dorthin blickt und jenes Eine mit dem dafür nötigen Sinn betrachtet und bei ihm ist? Oder denkst du nicht, sagte sie, daß auf dieser Stufe allein es dem, der das Schöne mit dem Auge sieht, mit dem es gesehen werden kann, gelingen wird, nicht Schattenbilder der Tugend zu zeugen, da er ja nicht ein Schattenbild berührt, sondern die wahre Tugend, da er die Wahrheit berührt, und daß es ihm dann, wenn er die wahre Tugend gezeugt und aufgezogen hat, vergönnt ist, gottgeliebt zu werden und, wenn es überhaupt ein Mensch erreicht, gar unsterblich?

Das sagte mir, Phaidros und ihr anderen, Diotima, und ich bin davon überzeugt; und in dieser Überzeugung versuche ich, auch die anderen zu überzeugen, daß, um dies zu erringen, niemand so leicht der menschlichen Natur einen besseren Helfer finden könnte als den Eros. Darum also, erkläre ich für meine Person, sollte jedermann den Eros ehren, und darum ehre ich seine Welt und übe mich vor allem in seinem Dienst und ermuntere die anderen dazu; und jetzt und immerdar preise ich die Macht und Männlichkeit des Eros, soviel ich es vermag. Diese Rede laß nun, Phaidros, wenn es dir recht ist, als eine Lobrede auf Eros gelten, sonst nenne sie, was und wie es dir beliebt.''

30. Εἰπόντος δὲ ταῦτα τοῦ Σωκράτους τοὺς μὲν ἐπαινεῖν, τὸν δὲ Ἀριστοφάνη λέγειν τι ἐπιχειρεῖν, ὅτι ἐμνήσθη αὐτοῦ λέγων ὁ Σωκράτης περὶ τοῦ λόγου· καὶ ἐξαίφνης τὴν αὔλειον θύραν κρουομένην πολὺν ψόφον παρασχεῖν ὡς κωμαστῶν, καὶ αὐλητρίδος φωνὴν ἀκούειν. τὸν οὖν Ἀγάθωνα, Παῖδες, φάναι, οὐ σκέψεσθε; καὶ ἐὰν μέν τις τῶν ἐπιτηδείων ᾖ, d καλεῖτε. εἰ δὲ μή, λέγετε, ὅτι οὐ πίνομεν, ἀλλ' ἀναπαυόμεθα ἤδη.

Καὶ οὐ πολὺ ὕστερον Ἀλκιβιάδου τὴν φωνὴν ἀκούειν ἐν τῇ αὐλῇ σφόδρα μεθύοντος καὶ μέγα βοῶντος, ἐρωτῶντος ὅπου Ἀγάθων, καὶ κελεύοντος ἄγειν παρ' Ἀγάθωνα. ἄγειν οὖν αὐτὸν παρὰ σφᾶς τήν τε αὐλητρίδα ὑπολαβοῦσαν καὶ ἄλλους τινὰς τῶν ἀκολούθων, καὶ ἐπιστῆναι ἐπὶ τὰς θύρας ἐστεφανωμένον αὐτὸν κιττοῦ τέ τινι στεφάνῳ δασεῖ καὶ e ἴων, καὶ ταινίας ἔχοντα ἐπὶ τῆς κεφαλῆς πάνυ πολλάς, καὶ εἰπεῖν· Ἄνδρες, χαίρετε· μεθύοντα ἄνδρα πάνυ σφόδρα δέξεσθε συμπότην, ἢ ἀπίωμεν ἀναδήσαντες μόνον Ἀγάθωνα, ἐφ' ᾧπερ ἤλθομεν; ἐγὼ γάρ τοι, φάναι, χθὲς μὲν οὐχ οἷός τ' ἐγενόμην ἀφικέσθαι, νῦν δὲ ἥκω ἐπὶ τῇ κεφαλῇ ἔχων τὰς ταινίας, ἵνα ἀπὸ τῆς ἐμῆς κεφαλῆς τὴν τοῦ σοφωτάτου καὶ καλλίστου κεφαλὴν ἀνειπὼν οὑτωσὶ ἀναδήσω. ἆρα καταγελάσεσθέ μου ὡς μεθύοντος; ἐγὼ δέ, κἂν ὑμεῖς γελᾶτε, ὅμως εὖ οἶδ', ὅτι ἀληθῆ λέγω. ἀλλά μοι λέγετε 213 αὐτόθεν, ἐπὶ ῥητοῖς εἰσίω ἢ μή; συμπίεσθε ἢ οὔ;

Πάντας οὖν ἀναθορυβῆσαι καὶ κελεύειν εἰσιέναι καὶ κατακλίνεσθαι, καὶ τὸν Ἀγάθωνα καλεῖν αὐτόν. καὶ τὸν ἰέναι ἀγόμενον ὑπὸ τῶν ἀνθρώπων, καὶ περιαιρούμενον ἅμα τὰς ταινίας ὡς ἀναδήσοντα, ἐπίπροσθε τῶν ὀφθαλμῶν ἔχοντα οὐ κατιδεῖν τὸν Σωκράτη, ἀλλὰ καθίζεσθαι παρὰ τὸν Ἀγάθωνα ἐν μέσῳ Σωκράτους τε καὶ ἐκείνου· παραχωρῆσαι b γὰρ τὸν Σωκράτη, ὡς ἐκεῖνον κατιδεῖν. παρακαθεζόμενον

---

e 8 ἀνειπών: ἐὰν εἴπω

Nach dieser Rede des Sokrates hätten ihn die anderen gelobt,
Aristophanes aber habe gerade etwas äußern wollen, weil Sokrates in der Wiedergabe des Gesprächs seiner gedacht hatte;
da sei plötzlich laut an das Hoftor geklopft worden mit gewalti-
gem Getöse, wie von Nachtschwärmern, und man habe eine
Flötenspielerin blasen hören. Agathon habe also gesagt:
„Diener, wollt ihr nicht nachsehen? Und wenn es einer von
den guten Bekannten ist, bittet ihn herein; sonst sagt, wir
seien nicht mehr beim Trinken, sondern gingen schon zur
Ruhe".
Und bald darauf hätten sie im Hof die Stimme des Alkibiades
gehört, der schwer betrunken schien und laut polterte, nach
Agathon fragte und zu Agathon gebracht sein wollte. So habe
ihn nun die Flötenspielerin, die ihn untergefaßt hatte, und
ein paar von seinen Begleitern zu ihnen hereingeführt; und er
sei unter die Tür getreten, bekränzt mit einem dichten Kranz
von Efeu und Veilchen, mit einer Menge Bänder auf dem
Kopf, und habe gesagt: „Männer, seid gegrüßt! Wollt ihr einen
ganz schwerbetrunkenen Mann zum Zechgenossen annehmen,
oder sollen wir wieder gehen, nachdem wir bloß den Agathon
geschmückt haben, wozu wir ja gekommen sind? Denn gestern", habe er weiter gesagt, „konnte ich nicht kommen, jetzt
aber bin ich hier mit den Bändern auf dem Kopf, damit ich
von meinem Kopf weg sie um den Kopf des Kunstreichsten
und Schönsten – so lautet mein Spruch – winde. Wollt ihr
mich etwa auslachen, weil ich betrunken bin? Mögt ihr la-
chen; ich weiß doch, daß ich die Wahrheit rede. Aber sagt
mir auf der Stelle: soll ich zu festen Bedingungen eintreten
oder nein? Werdet ihr mittrinken oder nicht?"
Da hätten ihm alle zugejubelt und verlangt, er solle eintreten
und sich niederlegen, und Agathon habe ihn eingeladen. Und
er sei eingetreten, geführt von seinen Leuten, habe sich gleich
die Bänder abgenommen, um sie ihm anzulegen, und dabei,
wie er sie so dicht vor den Augen hatte, Sokrates nicht gesehen,
sondern sich neben Agathon gesetzt, zwischen Sokrates und
ihn; denn Sokrates sei zur Seite gerückt, als er ihn bemerkt

δὲ αὐτὸν ἀσπάζεσθαί τε τὸν Ἀγάθωνα καὶ ἀναδεῖν.

Εἰπεῖν οὖν τὸν Ἀγάθωνα· Ὑπολύετε, παῖδες, Ἀλκιβιάδην, ἵνα ἐκ τρίτων κατακέηται.

Πάνυ γε, εἰπεῖν τὸν Ἀλκιβιάδην· ἀλλὰ τίς ἡμῖν ὅδε τρίτος συμπότης; καὶ ἅμα μεταστρεφόμενον αὐτὸν ὁρᾶν τὸν Σωκράτη, ἰδόντα δὲ ἀναπηδῆσαι καὶ εἰπεῖν· Ὦ Ἡράκλεις, τουτὶ τί ἦν; Σωκράτης οὗτος; ἐλλοχῶν αὖ με ἐνταῦθα κατέκεισο, ὥσπερ εἰώθεις ἐξαίφνης ἀναφαίνεσθαι, ὅπου ἐγὼ c ᾤμην ἥκιστά σε ἔσεσθαι. καὶ νῦν τί ἥκεις; καὶ τί αὖ ἐνταῦθα κατεκλίνης; ὡς οὐ παρὰ Ἀριστοφάνει οὐδὲ εἴ τις ἄλλος γελοῖος ἔστι τε καὶ βούλεται, ἀλλὰ διεμηχανήσω, ὅπως παρὰ τῷ καλλίστῳ τῶν ἔνδον κατακείσῃ.

Καὶ τὸν Σωκράτη, Ἀγάθων, φάναι, ὅρα εἴ μοι ἐπαμυνεῖς. ὡς ἐμοὶ ὁ τούτου ἔρως τοῦ ἀνθρώπου οὐ φαῦλον πρᾶγμα γέγονεν. ἀπ' ἐκείνου γὰρ τοῦ χρόνου, ἀφ' οὗ τούτου ἠράσθην, οὐκέτι ἔξεστίν μοι οὔτε προσβλέψαι οὔτε δια- d λεχθῆναι καλῷ οὐδ' ἑνί, ἢ οὑτοσὶ ζηλοτυπῶν με καὶ φθονῶν θαυμαστὰ ἐργάζεται καὶ λοιδορεῖταί τε καὶ τὼ χεῖρε μόγις ἀπέχεται. ὅρα οὖν, μή τι καὶ νῦν ἐργάσηται, ἀλλὰ διάλλαξον ἡμᾶς, ἢ ἐὰν ἐπιχειρῇ βιάζεσθαι, ἐπάμυνε, ὡς ἐγὼ τὴν τούτου μανίαν τε καὶ φιλεραστίαν πάνυ ὀρρωδῶ.

Ἀλλ' οὐκ ἔστι, φάναι τὸν Ἀλκιβιάδην, ἐμοὶ καὶ σοὶ διαλλαγή. ἀλλὰ τούτων μὲν εἰς αὖθίς σε τιμωρήσομαι· νῦν δέ μοι, Ἀγάθων, φάναι, μετάδος τῶν ταινιῶν, ἵνα ἀναδήσω e καὶ τὴν τούτου ταυτηνὶ τὴν θαυμαστὴν κεφαλήν, καὶ μή μοι μέμφηται, ὅτι σὲ μὲν ἀνέδησα, αὐτὸν δὲ νικῶντα ἐν λόγοις πάντας ἀνθρώπους, οὐ μόνον πρῴην ὥσπερ σύ, ἀλλ' ἀεί, ἔπειτα οὐκ ἀνέδησα.

Καὶ ἅμ' αὐτὸν λαβόντα τῶν ταινιῶν ἀναδεῖν τὸν Σωκράτη καὶ κατακλίνεσθαι.

114

hatte. Als er sich setzte, habe er Agathon begrüßt und ihm die Bänder umgelegt.

Darauf Agathon: „Diener, nehmt dem Alkibiades die Sandalen ab, damit er sich hier als dritter niederlegt".

„Ganz recht" habe Alkibiades gesagt, „aber wer ist da unser dritter Zechgenosse?" Dabei drehte er sich um und sah nun Sokrates; kaum hatte er ihn aber erblickt, da sprang er auf und sagte: „Herakles, was war das? Sokrates hier? Hast du dich wieder einmal hier gegen mich auf die Lauer gelegt, wie du auch sonst unvorhergesehen da aufzutauchen pflegtest, wo ich dich am wenigsten erwartete? Und jetzt – warum bist du da? Und außerdem – warum hast du dich auf diesen Platz gelegt? Denn nicht bei Aristophanes und wer sonst ein Spaßmacher ist und sein will – sondern du hast es fertiggebracht, beim Schönsten von allen Anwesenden zu liegen".

Und Sokrates habe gesagt: „Agathon, sieh zu, daß du mir zu Hilfe kommst. Denn der Eros zu diesem Menschen ist keine Kleinigkeit für mich. Seitdem mich nämlich der Eros zu ihm ergriff, ist es mir nicht mehr erlaubt, auch nur einen einzigen Schönen anzusehen und mit ihm zu plaudern, ohne daß der da aus Eifersucht und Neid sonderbare Dinge anstellt, mich ausschilt und beinahe handgreiflich wird. Sieh also zu, daß er nicht auch jetzt etwas anstellt, sondern stifte Versöhnung zwischen uns oder, wenn er mir Gewalt antun will, komm mir zu Hilfe, denn mir ist vor der Tollheit und verliebten Anhänglichkeit dieses Mannes hier mächtig bange".

„Nein, unmöglich", habe Alkibiades erwidert, „gibt's zwischen mir und dir Versöhnung. Aber dafür werde ich mich ein andermal an dir rächen. Jetzt aber gib mir etwas von den Bändern ab, Agathon, damit ich auch das wunderbare Haupt dieses Mannes hier umwinde und er mir nicht vorwirft, daß ich dich so schmückte, ihn aber, der doch mit Worten alle Menschen besiegt, nicht nur wie du vorgestern, sondern immer, trotzdem ungeschmückt ließ".

Und damit habe er von den Bändern genommen, sie dem Sokrates umgebunden und sich hingelegt.

31. Ἐπειδὴ δὲ κατεκλίνη, εἰπεῖν· Εἶεν δή, ἄνδρες· δοκεῖτε γάρ μοι νήφειν. οὐκ ἐπιτρεπτέον οὖν ὑμῖν, ἀλλὰ ποτέον. ὡμολόγηται γὰρ ταῦθ' ἡμῖν. ἄρχοντα οὖν αἱροῦμαι τῆς πόσεως, ἕως ἂν ὑμεῖς ἱκανῶς πίητε, ἐμαυτόν. ἀλλὰ φερέτω Ἀγάθων, εἴ τι ἔστιν, ἔκπωμα μέγα· μᾶλλον δὲ οὐδὲν δεῖ, ἀλλὰ φέρε, παῖ, φάναι, τὸν ψυκτῆρα ἐκεῖνον, ἰδόντα αὐτὸν πλέον ἢ ὀκτὼ κοτύλας χωροῦντα. τοῦτον οὖν ἐμπλησάμενον 214 πρῶτον μὲν αὐτὸν ἐκπιεῖν. ἔπειτα τῷ Σωκράτει κελεύειν ἐγχεῖν καὶ ἅμα εἰπεῖν· Πρὸς μὲν Σωκράτη, ὦ ἄνδρες, τὸ σόφισμά μοι οὐδέν· ὁπόσον γὰρ ἂν κελεύῃ τις, τοσοῦτον ἐκπιὼν οὐδὲν μᾶλλον μή ποτε μεθυσθῇ.

Τὸν μὲν οὖν Σωκράτη ἐγχέαντος τοῦ παιδὸς πίνειν· τὸν δ' Ἐρυξίμαχον Πῶς οὖν, φάναι, ὦ Ἀλκιβιάδη, ποιοῦμεν; οὕτως οὔτε τι λέγομεν ἐπὶ τῇ κύλικι οὔτε τι ᾄδομεν, ἀλλ' b ἀτεχνῶς ὥσπερ οἱ διψῶντες πιόμεθα;
Τὸν οὖν Ἀλκιβιάδην εἰπεῖν· Ὦ Ἐρυξίμαχε, βέλτιστε βελτίστου πατρὸς καὶ σωφρονεστάτου, χαῖρε.
Καὶ γὰρ σύ, φάναι τὸν Ἐρυξίμαχον· ἀλλὰ τί ποιῶμεν; Ὅτι ἂν σὺ κελεύῃς. δεῖ γάρ σοι πείθεσθαι· 'Ἰητρὸς γὰρ ἀνὴρ πολλῶν ἀντάξιος ἄλλων'· ἐπίταττε οὖν ὅ τι βούλει.

Ἄκουσον δή, εἰπεῖν τὸν Ἐρυξίμαχον. ἡμῖν, πρὶν σὲ εἰσελθεῖν, ἔδοξε χρῆναι ἐπὶ δεξιὰ ἕκαστον ἐν μέρει λόγον περὶ Ἔρωτος εἰπεῖν, ὡς δύναιτο κάλλιστον, καὶ ἐγκωμιάσαι. c οἱ μὲν οὖν ἄλλοι πάντες ἡμεῖς εἰρήκαμεν· σὺ δ', ἐπειδὴ οὐκ εἴρηκας καὶ ἐκπέπωκας, δίκαιος εἶ εἰπεῖν, εἰπὼν δὲ ἐπιτάξαι Σωκράτει ὅ τι ἂν βούλῃ, καὶ τοῦτον τῷ ἐπὶ δεξιὰ καὶ οὕτω τοὺς ἄλλους.

Ἀλλά, φάναι, ὦ Ἐρυξίμαχε, τὸν Ἀλκιβιάδην, καλῶς μὲν λέγεις, μεθύοντα δὲ ἄνδρα παρὰ νηφόντων λόγους παραβάλλειν μὴ οὐκ ἐξ ἴσου ᾖ. καὶ ἅμα, ὦ μακάριε, πείθει τί σε Σωκράτης, ὧν ἄρτι εἶπεν; ἦ οἶσθα, ὅτι τοὐναντίον ἐστὶ d

Als er lag, habe er gesagt: „Nun, Männer – Ihr kommt mir ja
nüchtern vor; das darf man euch nicht durchgehen lassen,
sondern trinken müßt ihr; denn so haben wir's ausgemacht.
Zum Vorsitzenden des Umtrunks wähle ich, bis ihr gehörig
getrunken habt, mich selbst. Aber Agathon soll einen großen
Humpen bringen lassen, wenn einer da ist. Oder nein, es ist
nicht nötig, sondern du, Diener," habe er sich unterbrochen,
„bring den Weinkühler da!" Er hatte einen gesehen, der mehr
als acht Becher faßte; den ließ er also füllen und leerte ihn
zuerst selbst, dann ließ er dem Sokrates einschenken und
sagte dazu: „Bei Sokrates, ihr Männer, hilft mir der Kunst-
griff nichts; denn wieviel ihm einer zumutet, soviel trinkt er
aus und bekommt trotzdem niemals einen Rausch".
Sokrates nun trank, nachdem der Diener ihm eingeschenkt
hatte; da sagte Eryximachos: „Wie halten wir's nun, Alkibiades, sollen wir so beim Becher nichts reden noch singen,
sondern einfach trinken wie für den Durst?"
Darauf Alkibiades: „Eryximachos, trefflichster Sohn des treff-
lichsten und vernünftigsten Vaters, sei mir gegrüßt!"
„Du mir auch", sagte Eryximachos; „aber was sollen wir machen?"
Was du befiehlst, dir muß man ja folgen, ,ist doch ein Arzt mehr
wert als viele aus andren Berufen'. Ordne also an, was du willst!"
„Dann paß auf", sagte Eryximachos. „Wir hatten, ehe du kamst,
beschlossen, daß ein jeder der Reihe nach rechts herum eine
Rede auf Eros halten solle, so schön er könne, und ihn preisen. Wir anderen nun haben alle schon gesprochen; du aber,
da du noch nicht geredet und nun den Humpen geleert hast,
bist an der Reihe zu sprechen und, wenn du fertig bist, dem
Sokrates ein beliebiges Thema zu stellen, dieser dann seinem
rechten Nachbarn, und so fort."
„Was du da sagst, ist wohl schön und gut, Eryximachos", sagte
Alkibiades, „aber einen betrunkenen Mann zum Wettbewerb
mit Reden von Nüchternen aufrufen, das ist, fürchte ich, un-
gerecht. Und dazu, du Ahnungsloser: überzeugt dich Sokrates
auch nur in einem Punkt mit dem, was er eben sagte? Oder

πᾶν ἢ ὃ ἔλεγεν; οὖτος γάρ, ἐάν τινα ἐγὼ ἐπαινέσω τούτου
παρόντος ἢ θεὸν ἢ ἄνθρωπον ἄλλον ἢ τοῦτον, οὐκ ἀφέξεταί
μου τὼ χεῖρε.

Οὐκ εὐφημήσεις; φάναι τὸν Σωκράτη.
Μὰ τὸν Ποσειδῶ, εἰπεῖν τὸν Ἀλκιβιάδην, μηδὲν λέγε
πρὸς ταῦτα, ὡς ἐγὼ οὐδ' ἂν ἕνα ἄλλον ἐπαινέσαιμι σοῦ
παρόντος.
Ἀλλ' οὕτω ποίει, φάναι τὸν Ἐρυξίμαχον, εἰ βούλει·
Σωκράτη ἐπαίνεσον.
Πῶς λέγεις; εἰπεῖν τὸν Ἀλκιβιάδην· δοκεῖ χρῆναι, ὦ   e
Ἐρυξίμαχε; ἐπιθῶμαι τῷ ἀνδρὶ καὶ τιμωρήσωμαι ὑμῶν
ἐναντίον;
Οὖτος, φάναι τὸν Σωκράτη, τί ἐν νῷ ἔχεις; ἐπὶ τὰ γελοιό-
τερά με ἐπαινέσει; ἢ τί ποιήσεις;
Τἀληθῆ ἐρῶ. ἀλλ' ὅρα, εἰ παριεῖς.
Ἀλλὰ μέντοι, φάναι, τά γε ἀληθῆ παρίημι καὶ κελεύω
λέγειν.
Οὐκ ἂν φθάνοιμι, εἰπεῖν τὸν Ἀλκιβιάδην. καὶ μέντοι οὑτωσὶ
ποίησον· ἐάν τι μὴ ἀληθὲς λέγω, μεταξὺ ἐπιλαβοῦ, ἂν
βούλῃ, καὶ εἰπέ, ὅτι τοῦτο ψεύδομαι· ἑκὼν γὰρ εἶναι οὐδὲν
ψεύσομαι. ἐὰν μέντοι ἀναμιμνησκόμενος ἄλλο ἄλλοθεν   215
λέγω, μηδὲν θαυμάσῃς· οὐ γάρ τι ῥάδιον τὴν σὴν ἀτοπίαν
ὧδ' ἔχοντι εὐπόρως καὶ ἐφεξῆς καταριθμῆσαι.

32. Σωκράτη δ' ἐγὼ ἐπαινεῖν, ὦ ἄνδρες, οὕτως ἐπιχειρήσω,
δι' εἰκόνων. οὖτος μὲν οὖν ἴσως οἰήσεται, ἐπὶ τὰ γελοιότερα,
ἔσται δ' ἡ εἰκὼν τοῦ ἀληθοῦς ἕνεκα, οὐ τοῦ γελοίου. φημὶ
γὰρ δὴ ὁμοιότατον αὐτὸν εἶναι τοῖς σιληνοῖς τούτοις τοῖς
ἐν τοῖς ἑρμογλυφείοις καθημένοις, οὕστινας ἐργάζονται οἱ   b
δημιουργοὶ σύριγγας ἢ αὐλοὺς ἔχοντας, οἳ διχάδε διοιχθέντες

---

e 5 ἐπαινέσει: ἐπαινέσαι   e 6 παριεῖς: παρίῃς

weißt du nicht, daß die ganze Sache genau dem entgegengesetzt ist, was er darstellte? – Nein, denn der hier wird, wenn ich in seiner Gegenwart einen anderen lobe als ihn, sei's Gott oder Mensch, unbedingt gegen mich tätlich werden."

„Willst du wohl still sein!" sagte Sokrates.

„Nein, beim Poseidon", erwiderte Alkibiades, „sag nichts dazu, denn ich würde gewiß keinen einzigen anderen loben in deiner Gegenwart".

„Gut, dann mach es so", sagte Eryximachos, „wenn du Lust hast; lobe Sokrates!"

„Wie meinst du das?" fragte da Alkibiades. „Glaubst du, es muß sein? Soll ich mich über den Mann hermachen und vor euren Augen Rache nehmen?"

„He du", sagte Sokrates, „was hast du im Sinn? Willst du mich etwa mit deinem Lob ein wenig lächerlich machen, oder was hast du vor?"

„Die Wahrheit will ich sagen; sieh denn zu, ob du das erlauben willst".

„Aber gewiß", erwiderte Sokrates, „die Wahrheit erlaube und befehle ich dir zu sagen".

„Gleich will ich anfangen", sagte Alkibiades. „Und du mach es so: wenn ich etwas Unwahres sage, dann greif mich mittendrin an, wenn's dir recht ist, und sag, daß ich da irre; denn mit Absicht werde ich mit keinem Punkte von der Wahrheit abirren. Wenn ich aber aus der Erinnerung bald hier bald dort ansetze, so wundere dich nicht; denn für jemanden in meinem Zustand ist es nicht leicht, deine Seltsamkeit bequem und geordnet im Einzelnen darzulegen.

Sokrates zu preisen, ihr Männer, will ich so versuchen – durch Vergleiche. Er hier wird zwar vielleicht meinen, ich wolle ihn ein wenig lächerlich machen, aber der Vergleich wird der Wahrheit zu Ehren, nicht um der Lächerlichkeit willen geschehen. Ich behaupte nämlich, er habe die meiste Ähnlichkeit mit den bekannten sitzenden Silenen, in den Schnitzerwerkstätten, wie sie die Künstler anfertigen, mit Hirtenpfeifen

φαίνονται ἔνδοθεν ἀγάλματα ἔχοντες θεῶν. καὶ φημὶ αὖ
ἐοικέναι αὐτὸν τῷ σατύρῳ τῷ Μαρσύᾳ. ὅτι μὲν οὖν τό γε
εἶδος ὅμοιος εἶ τούτοις, ὦ Σώκρατες, οὐδ' ⟨ἂν⟩ αὐτὸς δή που
ἀμφισβητήσαις· ὡς δὲ καὶ τἆλλα ἔοικας, μετὰ τοῦτο ἄκουε.
ὑβριστὴς εἶ· ἢ οὔ; ἐὰν γὰρ μὴ ὁμολογῇς, μάρτυρας παρ-
έξομαι. ἀλλ' οὐκ αὐλητής; πολύ γε θαυμασιώτερος ἐκείνου.
ὁ μέν γε δι' ὀργάνων ἐκήλει τοὺς ἀνθρώπους τῇ ἀπὸ τοῦ   c
στόματος δυνάμει, καὶ ἔτι νυνὶ ὃς ἂν τὰ ἐκείνου αὐλῇ — ἃ γὰρ
Ὄλυμπος ηὔλει, Μαρσύου λέγω τοῦ διδάξαντος — τὰ οὖν
ἐκείνου ἐάντε ἀγαθὸς αὐλητὴς αὐλῇ ἐάντε φαύλη αὐλητρίς,
μόνα κατέχεσθαι ποιεῖ καὶ δηλοῖ τοὺς τῶν θεῶν τε καὶ
τελετῶν δεομένους διὰ τὸ θεῖα εἶναι. σὺ δ' ἐκείνου τοσοῦτον
μόνον διαφέρεις, ὅτι ἄνευ ὀργάνων ψιλοῖς λόγοις ταὐτὸν
τοῦτο ποιεῖς. ἡμεῖς γοῦν ὅταν μέν του ἄλλου ἀκούωμεν   d
λέγοντος καὶ πάνυ ἀγαθοῦ ῥήτορος ἄλλους λόγους, οὐδὲν
μέλει, ὡς ἔπος εἰπεῖν, οὐδενί· ἐπειδὰν δὲ σοῦ τις ἀκούῃ ἢ τῶν
σῶν λόγων ἄλλου λέγοντος, κἂν πάνυ φαῦλος ᾖ ὁ λέγων,
ἐάντε γυνὴ ἀκούῃ ἐάντε ἀνὴρ ἐάντε μειράκιον, ἐκπεπλη-
γμένοι ἐσμὲν καὶ κατεχόμεθα.

Ἐγὼ γοῦν, ὦ ἄνδρες, εἰ μὴ ἔμελλον κομιδῇ δόξειν μεθύειν,
εἶπον ὁμόσας ἂν ὑμῖν, οἷα δὴ πέπονθα αὐτὸς ὑπὸ τῶν
τούτου λόγων καὶ πάσχω ἔτι καὶ νυνί. ὅταν γὰρ ἀκούω,   e
πολύ μοι μᾶλλον ἢ τῶν κορυβαντιώντων ἥ τε καρδία
πηδᾷ καὶ δάκρυα ἐκχεῖται ὑπὸ τῶν λόγων τῶν τούτου,
ὁρῶ δὲ καὶ ἄλλους παμπόλλους τὰ αὐτὰ πάσχοντας·
Περικλέους δὲ ἀκούων καὶ ἄλλων ἀγαθῶν ῥητόρων εὖ
μὲν ἡγούμην λέγειν, τοιοῦτον δ' οὐδὲν ἔπασχον, οὐδ'
ἐτεθορύβητό μου ἡ ψυχὴ οὐδ' ἠγανάκτει ὡς ἀνδραποδωδῶς

---

c 8 τοῦ: τούτου

oder Flöten in den Händen; wenn man sie aufklappt, zeigt sich, daß sie Götterbilder enthalten. Und nun wieder behaupte ich, er gleiche dem Satyr, dem Marsyas nämlich. Daß du nun in deiner Erscheinung diesem ähnlich bist, Sokrates, wirst du wohl selbst kaum bezweifeln; wie du ihnen aber auch sonst gleichst, das sollst du nun hören. Du bist ein Spötter; oder etwa nicht? Denn wenn du es nicht zugibst, werde ich Zeugen stellen. Und etwa kein Flötenspieler? Wahrhaftig ein viel wunderbarerer als Marsyas; der bezauberte mit Hilfe eines Instrumentes die Menschen durch die Macht, die von seinem Munde ausging, und so bezaubert auch jetzt noch jeder, der seine Weisen spielt; denn was Olympos spielte, schreibe ich dem Marsyas zu, seinem Lehrer. Mag nun seine Weisen ein guter Flötenspieler blasen oder eine mäßige Flötenspielerin, sie allein nehmen uns völlig gefangen und lassen uns, weil sie göttlich sind, die Menschen erkennen, die der Götter und der Weihen bedürfen. Du unterscheidest dich aber von ihm nur darin, daß du ohne Instrument mit bloßen Worten das gleiche leistest. Uns jedenfalls geht es so: wenn wir sonst von irgend jemand anderem, sei er auch ein recht guter Redner, Reden hören, so macht das, kann man sagen, auf niemand Eindruck; wenn aber jemand dich sprechen oder deine Worte von einem anderen wiedergeben hört, mag der Sprecher auch recht mäßig sein, dann sind wir außer uns und werden völlig gefangen, gleichviel ob es Weib, Mann oder Kind ist, der da zuhört. Ich jedenfalls, würde, ihr Männer, müßte ich euch nicht völlig betrunken vorkommen, vor euch unter Eid aussagen, wie es mir unter dem Eindruck seiner Worte ging und jetzt noch immer geht. Denn wenn ich zuhöre, dann ist es schlimmer als bei den Korybanten, so klopft mir das Herz, und Tränen brechen hervor bei den Worten dieses Mannes; ich sehe aber auch, wie es sehr vielen anderen genauso geht. Wenn ich aber Perikles hörte und andere treffliche Redner, dann dachte ich wohl, sie sprächen gut, aber so etwas empfand ich nicht, auch war mir die Seele nicht in Verwirrung und wehrte sich nicht unwillig wie bei einem versklavten Menschen. Aber von

διακειμένου. ἀλλ' ὑπὸ τουτουῖ τοῦ Μαρσύου πολλάκις δὴ
οὕτω διετέθην, ὥστε μοι δόξαι μὴ βιωτὸν εἶναι ἔχοντι ὡς 21
ἔχω. καὶ ταῦτα, ὦ Σώκρατες, οὐκ ἐρεῖς ὡς οὐκ ἀληθῆ. καὶ
ἔτι γε νῦν σύνοιδ' ἐμαυτῷ, ὅτι, εἰ ἐθέλοιμι παρέχειν τὰ ὦτα,
οὐκ ἂν καρτερήσαιμι, ἀλλὰ ταὐτὰ ἂν πάσχοιμι. ἀναγκάζει
γάρ με ὁμολογεῖν, ὅτι πολλοῦ ἐνδεὴς ὢν αὐτὸς ἔτι ἐμαυτοῦ
μὲν ἀμελῶ, τὰ δ' Ἀθηναίων πράττω. βίᾳ οὖν ὥσπερ ἀπὸ
τῶν Σειρήνων ἐπισχόμενος τὰ ὦτα οἴχομαι φεύγων, ἵνα μὴ
αὐτοῦ καθήμενος παρὰ τούτῳ καταγηράσω. πέπονθα δὲ
πρὸς τοῦτον μόνον ἀνθρώπων, ὃ οὐκ ἄν τις οἴοιτο ἐν ἐμοὶ b
ἐνεῖναι, τὸ αἰσχύνεσθαι ὁντινοῦν· ἐγὼ δὲ τοῦτον μόνον
αἰσχύνομαι. σύνοιδα γὰρ ἐμαυτῷ ἀντιλέγειν μὲν οὐ δυνα-
μένῳ, ὡς οὐ δεῖ ποιεῖν ἃ οὗτος κελεύει, ἐπειδὰν δὲ ἀπέλθω,
ἡττημένῳ τῆς τιμῆς τῆς ὑπὸ τῶν πολλῶν. δραπετεύω οὖν
αὐτὸν καὶ φεύγω, καὶ ὅταν ἴδω, αἰσχύνομαι τὰ ὡμολογη-
μένα. καὶ πολλάκις μὲν ἡδέως ἂν ἴδοιμι αὐτὸν μὴ ὄντα ἐν c
ἀνθρώποις· εἰ δ' αὖ τοῦτο γένοιτο, εὖ οἶδα, ὅτι πολὺ
μεῖζον ἂν ἀχθοίμην, ὥστε οὐκ ἔχω ὅτι χρήσωμαι τούτῳ
τῷ ἀνθρώπῳ.

33. Καὶ ὑπὸ μὲν δὴ τῶν αὐλημάτων καὶ ἐγὼ καὶ ἄλλοι πολλοὶ
τοιαῦτα πεπόνθασιν ὑπὸ τοῦδε τοῦ σατύρου· ἄλλα δὲ ἐμοῦ
ἀκούσατε, ὡς ὅμοιός τ' ἐστὶν οἷς ἐγὼ ἤκασα αὐτόν, καὶ τὴν
δύναμιν ὡς θαυμασίαν ἔχει. εὖ γὰρ ἴστε, ὅτι οὐδεὶς ὑμῶν
τοῦτον γιγνώσκει· ἀλλὰ ἐγὼ δηλώσω, ἐπείπερ ἠρξάμην. d
ὁρᾶτε γάρ, ὅτι Σωκράτης ἐρωτικῶς διάκειται τῶν καλῶν καὶ
ἀεὶ περὶ τούτους ἐστὶ καὶ ἐκπέπληκται, καὶ αὖ ἀγνοεῖ πάντα
καὶ οὐδὲν οἶδεν, ὡς τὸ σχῆμα αὐτοῦ. τοῦτο οὐ σιληνῶδες;
σφόδρα γε. τοῦτο γὰρ οὗτος ἔξωθεν περιβέβληται, ὥσπερ
ὁ γεγλυμμένος σιληνός· ἔνδοθεν δὲ ἀνοιχθεὶς πόσης, οἴεσθε,
γέμει, ὦ ἄνδρες συμπόται, σωφροσύνης; ἴστε, ὅτι οὔτε, εἴ τις

dem hier, dem Marsyas, ist's mir schon oft so geschehen, daß
es mich dünkte, es lasse sich nicht leben, wenn es mit einem
so stehe wie mit mir. Auch davon wirst du nicht behaupten,
Sokrates, es sei nicht wahr. Ja, auch jetzt noch bin ich mir
bewußt, daß ich, wollte ich ihm mein Ohr leihen, nicht stand-
halten könnte, sondern das gleiche erleben würde. Denn er
zwingt mich zu gestehen, daß ich bei noch manchem eigenen
Mangel mich selber vernachlässige und dafür die Angelegenheiten der Athener besorge. So habe ich mich wie von den
Sirenen mit zugehaltenen Ohren gewaltsam losgerissen, damit
ich nicht hier bei ihm sitze, bis ich ein alter Mann bin. Ich
habe aber nur bei diesem Menschen erlebt, was kaum jemand
in mir vermuten würde: mich vor jemandem zu schämen; und
nur vor ihm schäme ich mich. Denn ich bin mir bewußt, daß
ich nicht die Kraft habe, gegen ihn zu behaupten, es sei nicht
not zu tun, was er fordert, und daß ich mich doch, sobald ich
fort bin, schon den Ehrungen der Menge beuge. So entlaufe
ich ihm denn und fliehe, und wenn ich ihn sehe, schäme ich
mich wegen dessen, was ich habe zugeben müssen. Und oft
würde ich es gern sehen, wenn er nicht mehr auf der Welt
wäre; und doch weiß ich wohl: wenn das geschähe, würde ich
noch viel schwerer daran tragen; und so bin ich ratlos, was ich
mit diesem Menschen anfangen soll.

Und so ist es denn durch die Flötenweisen mir und vielen anderen ergangen, durch diesen Satyr. Nun aber hört von mir
noch anderes, wie ähnlich er denen ist, mit denen ich ihn verglichen habe, und welch wunderbare Macht er besitzt. Denn seid
gewiß, keiner von euch kennt ihn; ich aber werde ihn euch
zeigen, da ich nun einmal angefangen habe. Ihr seht ja, daß
Sokrates in die Schönen verliebt ist und stets sich um sie zu
schaffen macht und von ihnen entzückt ist, und andererseits
leugnet er überhaupt Kenntnis und Wissen; so stellt er sich
an. Ist das nicht silenenhaft? Entschieden ja. Denn das hat
er nur als äußere Hülle angenommen wie der geschnitzte
Silen; wenn man ihn aber öffnet – ahnt ihr wohl, ihr Männer
und Zechgenossen, wie erfüllt er im Innern ist von Besonnen-

καλός ἐστι, μέλει αὐτῷ οὐδέν, ἀλλὰ καταφρονεῖ τοσοῦτον, ὅσον οὐδ' ἄν εἷς οἰηθείη, οὔτ' εἰ τις πλούσιος οὔτ' εἰ ἄλλην e τινὰ τιμὴν ἔχων τῶν ὑπὸ πλήθους μακαριζομένων· ἡγεῖται δὲ πάντα ταῦτα τὰ κτήματα οὐδενὸς ἄξια καὶ ἡμᾶς οὐδὲν εἶναι — λέγω ὑμῖν —, εἰρωνευόμενος δὲ καὶ παίζων πάντα τὸν βίον πρὸς τοὺς ἀνθρώπους διατελεῖ. σπουδάσαντος δὲ αὐτοῦ καὶ ἀνοιχθέντος οὐκ οἶδα εἴ τις ἑώρακεν τὰ ἐντὸς ἀγάλματα· ἀλλ' ἐγὼ ἤδη ποτ' εἶδον, καί μοι ἔδοξεν οὕτω θεῖα καὶ χρυσᾶ εἶναι καὶ πάγκαλα καὶ θαυμαστά, ὥστε ποιητέον 217 εἶναι ἔμβραχυ ὅτι κελεύοι Σωκράτης.

Ἡγούμενος δὲ αὐτὸν ἐσπουδακέναι ἐπὶ τῇ ἐμῇ ὥρᾳ ἕρμαιον ἡγησάμην εἶναι καὶ εὐτύχημα ἐμὸν θαυμαστόν, ὡς ὑπάρχον μοι χαρισαμένῳ Σωκράτει πάντ' ἀκοῦσαι, ὅσαπερ οὗτος ᾔδει· ἐφρόνουν γὰρ δὴ ἐπὶ τῇ ὥρᾳ θαυμάσιον ὅσον. ταῦτα οὖν διανοηθείς, πρὸ τοῦ οὐκ εἰωθὼς ἄνευ ἀκολούθου μόνος μετ' αὐτοῦ γίγνεσθαι, τότε ἀποπέμπων τὸν ἀκόλουθον b μόνος συνεγιγνόμην· δεῖ γὰρ πρὸς ὑμᾶς πάντα τἀληθῆ εἰπεῖν· ἀλλὰ προσέχετε τὸν νοῦν, καὶ εἰ ψεύδομαι, Σώκρατες, ἐξέλεγχε. συνεγιγνόμην γάρ, ὦ ἄνδρες, μόνος μόνῳ, καὶ ᾤμην αὐτίκα διαλέξεσθαι αὐτόν μοι, ἅπερ ἂν ἐραστὴς παιδικοῖς ἐν ἐρημίᾳ διαλεχθείη, καὶ ἔχαιρον. τούτων δ' οὐ μάλα ἐγίγνετο οὐδέν, ἀλλ' ὥσπερ εἰώθει διαλεχθεὶς ἄν μοι καὶ συνημερεύσας ᾤχετο ἀπιών. μετὰ ταῦτα συγγυμνά-ζεσθαι προὐκαλούμην αὐτὸν καὶ συνεγυμναζόμην, ὥς τι c ἐνταῦθα περανῶν. συνεγυμνάζετο οὖν μοι καὶ προσεπάλαιεν πολλάκις οὐδενὸς παρόντος· καὶ τί δεῖ λέγειν; οὐδὲν γάρ μοι πλέον ἦν. ἐπειδὴ δὲ οὐδαμῇ ταύτῃ ἤνυτον, ἔδοξέ μοι ἐπιθετέον εἶναι τῷ ἀνδρὶ κατὰ τὸ καρτερὸν καὶ οὐκ ἀνετέον, ἐπειδήπερ ἐνεκεχειρήκη, ἀλλὰ ἰστέον ἤδη, τί ἐστι τὸ πρᾶγμα.

---

a 2 ἔμβραχυ: ἐν βραχεῖ

heit? Ihr sollt wissen, daß ihm gar nichts daran liegt, ob einer schön ist – vielmehr achtet er das so gering, wie es wohl niemand glaubt – noch ob einer reich ist noch ob er mit irgendeinem Vorzug zu denen gehört, die die Menge glücklich preist; er hält alle diese Güter für wertlos, und wir sind für ihn Luft, ich sag's euch; aber er treibt sein Leben lang ein ironisches Spiel mit den Menschen. Doch wenn er ernst macht und sich erschließt, hat wohl kaum jemand die Bilder da drinnen gesehen. Ich aber sah sie früher einmal schon, und mir schienen sie so göttlich und golden, so herrlich schön und wunderbar, daß man sofort tun müsse, was Sokrates verlangt.

Da ich aber meinte, er habe es ernstlich auf meine Jugendblüte abgesehen, so betrachtete ich das als ein Göttergeschenk und als ein wunderbares Glück für mich; denn da war, dachte ich, die Möglichkeit für mich, wenn ich Sokrates entgegenkäme, alles zu hören, was er wüßte; denn ich bildete mir ja auf meinen Reiz wunder was ein. Das erwog ich nun bei mir, und während ich vorher nicht allein ohne meinen Diener mit ihm zusammenzukommen pflegte, entließ ich damals den Diener und traf mit ihm allein zusammen; euch muß ich nämlich die ganze Wahrheit erzählen, also merkt auf, und wenn ich nicht bei der Wahrheit bleibe, Sokrates, so weise mir's nach! Ich traf mich also, ihr Männer, unter vier Augen mit ihm und meinte, er werde sogleich mit mir reden, wie wohl ein Liebhaber mit seinem Liebling an stillem Ort redet, und freute mich schon. Davon geschah aber ganz und gar nichts, sondern wie wohl auch sonst unterhielt er sich, und als er den Tag mit mir verbracht hatte, machte er sich auf und davon. Danach forderte ich ihn auf, mit mir die Leibesübungen zu treiben, und ich tat es wirklich mit ihm zusammen, denn ich meinte, da würde ich ein Stück weiterkommen. Da trainierte er mit und rang auch oft mit mir, ohne daß jemand dabei war. Und wozu soll ich noch reden? Ich hatte nichts weiter davon. Da ich aber so keineswegs zum Ziel kam, glaubte ich, ich müßte dem Mann mit aller Gewalt zusetzen und nicht nachlassen, da ich einmal den Versuch unternommen hatte, sondern

προκαλοῦμαι δὴ αὐτὸν πρὸς τὸ συνδειπνεῖν, ἀτεχνῶς ὥσπερ
ἐραστὴς παιδικοῖς ἐπιβουλεύων. καί μοι οὐδὲ τοῦτο ταχὺ
ὑπήκουσεν, ὅμως δ' οὖν χρόνῳ ἐπείσθη. ἐπειδὴ δὲ ἀφίκετο d
τὸ πρῶτον, δειπνήσας ἀπιέναι ἐβούλετο. καὶ τότε μὲν
αἰσχυνόμενος ἀφῆκα αὐτόν. αὖθις δ' ἐπιβουλεύσας, ἐπειδὴ
ἐδεδειπνήκειμεν, διελεγόμην πόρρω τῶν νυκτῶν, καὶ ἐπειδὴ
ἐβούλετο ἀπιέναι, σκηπτόμενος, ὅτι ὀψὲ εἴη, προσηνάγκασα
αὐτὸν μένειν. ἀνεπαύετο οὖν ἐν τῇ ἐχομένῃ ἐμοῦ κλίνῃ, ἐν
ᾗπερ ἐδείπνει, καὶ οὐδεὶς ἐν τῷ οἰκήματι ἄλλος καθηῦδεν ἢ
ἡμεῖς.

Μέχρι μὲν οὖν δὴ δεῦρο τοῦ λόγου καλῶς ἂν ἔχοι καὶ e
πρὸς ὁντινοῦν λέγειν· τὸ δ' ἐντεῦθεν οὐκ ἄν μου ἠκούσατε
λέγοντος, εἰ μὴ πρῶτον μέν, τὸ λεγόμενον, οἶνος ἄνευ τε
παίδων καὶ μετὰ παίδων ἦν ἀληθής, ἔπειτα ἀφανίσαι Σωκράτους ἔργον ὑπερήφανον εἰς ἔπαινον ἐλθόντα ἄδικόν μοι
φαίνεται. ἔτι δὲ τὸ τοῦ δηχθέντος ὑπὸ τοῦ ἔχεως πάθος
κἄμ' ἔχει· φασὶ γάρ πού τινα τοῦτο παθόντα οὐκ ἐθέλειν
λέγειν, οἷον ἦν, πλὴν τοῖς δεδηγμένοις, ὡς μόνοις γνωσο-
μένοις τε καὶ συγγνωσομένοις, εἰ πᾶν ἐτόλμα δρᾶν τε καὶ 21
λέγειν ὑπὸ τῆς ὀδύνης. ἐγὼ οὖν δεδηγμένος τε ὑπὸ ἀλγει-
νοτέρου καὶ τὸ ἀλγεινότατον, ὧν ἄν τις δηχθείη—τὴν
καρδίαν γὰρ ἢ ψυχὴν ἢ ὅτι δεῖ αὐτὸ ὀνομάσαι πληγείς τε
καὶ δηχθεὶς ὑπὸ τῶν ἐν φιλοσοφίᾳ λόγων, οἳ ἔχονται ἐχίδνης
ἀγριώτερον, νέου ψυχῆς μὴ ἀφυοῦς ὅταν λάβωνται, καὶ
ποιοῦσι δρᾶν τε καὶ λέγειν ὁτιοῦν—καὶ ὁρῶν αὖ Φαίδρους,
Ἀγάθωνας, Ἐρυξιμάχους, Παυσανίας, Ἀριστοδήμους τε καὶ b
Ἀριστοφάνας· Σωκράτη δὲ αὐτὸν τί δεῖ λέγειν, καὶ ὅσοι
ἄλλοι; πάντες γὰρ κεκοινωνήκατε τῆς φιλοσόφου μανίας τε
καὶ βακχείας—διὸ πάντες ἀκούσεσθε· συγγνώσεσθε γὰρ

d 4 ἐδεδειπνήκειμεν: -καμεν oder -κει

müßte endlich wissen, wie es in der Sache stehe. Ich lade ihn also zum gemeinsamen Essen ein, geradezu wie ein Liebhaber seinem Geliebten nachstellt. Und auch da leistete er mir nicht schnell Folge, doch mit der Zeit ließ er sich bereden. Als er das erstemal kam, wollte er nach dem Essen weggehen. Und damals schämte ich mich und ließ ihn fort; dann aber stellte ich ihm wieder eine Falle: ich unterhielt mich mit ihm nach dem Essen bis tief in die Nacht hinein, und als er weggehen wollte, bestand ich darauf, es sei schon zu spät, und zwang ihn zu bleiben. Er ruhte also auf dem Sofa neben dem meinigen, wo er auch beim Essen seinen Platz gehabt hatte, und niemand schlief in dem Zimmer als wir.

Bis hierher nun läßt sich wohl meine Erzählung gut jedem vortragen; das weitere aber würdet ihr mich nicht erzählen hören, wenn nicht erstens, nach dem Sprichwort, Wein ohne Kind – aber auch Wein mit Kind – die Wahrheit sprächen; und zweitens scheint es mir unrecht, des Sokrates hochmütiges Verhalten zu verschweigen, da ich mich auf eine Lobrede eingelassen habe. Außerdem geht es mir wie dem, der von der Natter gebissen ist; die Leute sagen nämlich, wem dies zugestoßen sei, der wolle niemandem erzählen, wie es war, außer denen, die selbst schon gebissen wurden, denn diese allein könnten verstehen und verzeihen, daß er ungehemmt alles redete und tat in seiner Qual. Ich nun bin gebissen von etwas, das mehr Schmerz verursacht, und da, wo der Biß wohl am schmerzhaftesten ist, am Herzen nämlich oder an der Seele oder wie man das nennen soll, getroffen und gebissen von den Worten der Philosophie, die sich wilder festbeißen als eine Natter, wenn sie die unverbildete Seele eines jungen Menschen ergreifen und sie dazu bringen, daß er zu jeder Tat und zu jedem Wort fähig ist. Und wenn ich weiterhin Männer sehe wie Phaidros, Agathon, Eryximachos, Pausanias, Aristodemos und Aristophanes – was soll ich gar von Sokrates selbst sagen und von all den anderen? Ihr habt nämlich alle die bacchantische Ergriffenheit, wie die Philosophie sie gibt, zu einem Teil eures Wesens gemacht. Daher sollt ihr alle zuhören, denn ihr

τοῖς τε τότε πραχθεῖσι καὶ τοῖς νῦν λεγομένοις. οἱ δὲ οἰκέται, καὶ εἴ τις ἄλλος ἐστὶν βέβηλός τε καὶ ἄγροικος, πύλας πάνυ μεγάλας τοῖς ὠσὶν ἐπίθεσθε.

34. Ἐπειδὴ γὰρ οὖν, ὦ ἄνδρες, ὅ τε λύχνος ἀπεσβήκει καὶ οἱ παῖδες ἔξω ἦσαν, ἔδοξέ μοι χρῆναι μηδὲν ποικίλλειν πρὸς c αὐτόν, ἀλλ' ἐλευθέρως εἰπεῖν, ἅ μοι ἐδόκει· καὶ εἶπον κινήσας αὐτόν· Σώκρατες, καθεύδεις;

Οὐ δῆτα, ἦ δ' ὅς.
Οἶσθα οὖν, ἅ μοι δέδοκται;
Τί μάλιστα; ἔφη.
Σὺ ἐμοὶ δοκεῖς, ἦν δ' ἐγώ, ἐμοῦ ἐραστὴς ἄξιος γεγονέναι μόνος, καί μοι φαίνῃ ὀκνεῖν μνησθῆναι πρός με. ἐγὼ δὲ οὑτωσὶ ἔχω· πάνυ ἀνόητον ἡγοῦμαι εἶναι, σοὶ μὴ οὐ καὶ τοῦτο χαρίζεσθαι καὶ εἴ τι ἄλλο ἢ τῆς οὐσίας τῆς ἐμῆς δέοιο ἢ τῶν φίλων τῶν ἐμῶν. ἐμοὶ μὲν γὰρ οὐδέν ἐστι d πρεσβύτερον τοῦ ὡς ὅτι βέλτιστον ἐμὲ γενέσθαι, τούτου δὲ οἶμαί μοι συλλήπτορα οὐδένα κυριώτερον εἶναι σοῦ. ἐγὼ δὴ τοιούτῳ ἀνδρὶ πολὺ μᾶλλον ἂν μὴ χαριζόμενος αἰσχυνοίμην τοὺς φρονίμους ἢ χαριζόμενος τούς τε πολλοὺς καὶ ἄφρονας.

Καὶ οὗτος ἀκούσας μάλα εἰρωνικῶς καὶ σφόδρα ἑαυτοῦ τε καὶ εἰωθότως ἔλεξεν· Ὦ φίλε Ἀλκιβιάδη, κινδυνεύεις τῷ ὄντι οὐ φαῦλος εἶναι, εἴπερ ἀληθῆ τυγχάνει ὄντα, ἅ λέγεις περὶ ἐμοῦ, καί τις ἔστ' ἐν ἐμοὶ δύναμις, δι' ἧς ἂν σὺ γένοιο e ἀμείνων· ἀμήχανόν τοι κάλλος ὁρῴης ἂν ἐν ἐμοὶ καὶ τῆς παρὰ σοὶ εὐμορφίας πάμπολυ διαφέρον. εἰ δὴ καθορῶν αὐτὸ κοινώσασθαί τέ μοι ἐπιχειρεῖς καὶ ἀλλάξασθαι κάλλος ἀντὶ κάλλους, οὐκ ὀλίγῳ μου πλεονεκτεῖν διανοῇ, ἀλλ' ἀντὶ δόξης ἀλήθειαν καλῶν κτᾶσθαι ἐπιχειρεῖς καὶ τῷ ὄντι ,χρύσεα χαλκείων' διαμείβεσθαι νοεῖς. ἀλλ', ὦ μακάριε, 2 ἄμεινον σκόπει, μή σε λανθάνω οὐδὲν ὤν. ἥ τοι τῆς διανοίας

werdet Verständnis haben für das, was damals geschah und jetzt erzählt wird. Ihr Diener aber und wer sonst ein ungebildeter Laie ist, ihr sollt ganz große Torflügel vor die Ohren legen.

Da denn nun, ihr Männer, das Licht gelöscht war und die Diener sich draußen befanden, dachte ich, ich sollte ihm gegenüber keine Umstände machen, sondern frei heraus sagen, was ich dachte. Und ich stieß ihn an und sagte: Sokrates, schläfst du?

Nein, sagte er.

Weißt du, was ich im Sinn habe?

Was denn etwa? sagte er.

Du scheinst mir, sagte ich, der einzige unter meinen Liebhabern zu sein, der meiner wert ist, und mir kommt es vor, als habest du Bedenken, zu mir davon zu sprechen. Ich habe da aber folgende Einstellung: ich meine, es ist ganz töricht, wollte ich dir nicht gefällig sein darin wie in allem, was du sonst, sei es von meinem oder meiner Freunde Besitz, wünschen könntest. Denn mir ist nichts wichtiger als so trefflich wie möglich zu werden, und darin, glaube ich, kann es keinen entscheidenderen Helfer für mich geben als dich. Wäre ich einem solchen Manne nicht gefällig, so würde ich mich weit mehr vor den Verständigen schämen als vor der großen Masse der Unverständigen, wenn ich ihm gefällig wäre.

Und als dieser Mann das hörte, sagte er recht ironisch und ganz in seiner gewohnten Art: Mein lieber Alkibiades, du scheinst wirklich kein Durchschnittsmensch zu sein, wenn es in der Tat so ist, was du von mir behauptest, und ich eine gewisse Kraft besitze, durch die du besser werden könntest. Du siehst ja wohl eine unwiderstehliche Schönheit in mir, die über die Wohlgestalt auf deiner Seite weit hinausgeht. Wenn du nun dank dieser Einsicht mein Teilhaber werden und Schönheit gegen Schönheit tauschen willst, so denkst du, mich nicht wenig zu übervorteilen, sondern versuchst, für den schönen Schein wahre Schönheit zu erwerben und denkst wirklich ‚Gold gegen Erz‘ einzutauschen. Aber sieh besser hin, du Ahnungsloser, damit es dir nicht etwa entgeht, daß an

ὄψις ἄρχεται ὀξὺ βλέπειν, ὅταν ἡ τῶν ὀμμάτων τῆς ἀκμῆς λήγειν ἐπιχειρῇ. σὺ δὲ τούτων ἔτι πόρρω.

Κἀγὼ ἀκούσας, Τὰ μὲν παρ' ἐμοῦ, ἔφην, ταῦτά ἐστιν, ὧν οὐδὲν ἄλλως εἴρηται ἢ ὡς διανοοῦμαι· σὺ δὲ αὐτὸς οὕτω βουλεύου, ὅτι σοί τε ἄριστον καὶ ἐμοὶ ἡγῇ.

'Αλλ', ἔφη, τοῦτό γ' εὖ λέγεις· ἐν γὰρ τῷ ἐπιόντι χρόνῳ βουλευόμενοι πράξομεν, ὃ ἂν φαίνηται νῷν περί τε τούτων b καὶ περὶ τῶν ἄλλων ἄριστον.
'Εγὼ μὲν δὴ ταῦτα ἀκούσας τε καὶ εἰπὼν καὶ ἀφεὶς ὥσπερ βέλη τετρῶσθαι αὐτὸν ᾤμην· καὶ ἀναστάς γε, οὐδ' ἐπιτρέψας τούτῳ εἰπεῖν οὐδὲν ἔτι, ἀμφιέσας τὸ ἱμάτιον τὸ ἐμαυτοῦ τοῦτον — καὶ γὰρ ἦν χειμών — ὑπὸ τὸν τρίβωνα κατακλινεὶς τὸν τουτουί, περιβαλὼν τὼ χεῖρε τούτῳ τῷ δαιμονίῳ ὡς ἀληθῶς καὶ θαυμαστῷ, κατεκείμην τὴν νύκτα c ὅλην. καὶ οὐδὲ ταῦτα αὖ, ὦ Σώκρατες, ἐρεῖς ὅτι ψεύδομαι. ποιήσαντος δὲ δὴ ταῦτα ἐμοῦ οὗτος τοσοῦτον περιεγένετό τε καὶ κατεφρόνησεν καὶ κατεγέλασεν τῆς ἐμῆς ὥρας καὶ ὕβρισεν — καίπερ ἐκεῖνό γε ᾤμην τὶ εἶναι, ὦ ἄνδρες δικασταί· δικασταὶ γάρ ἐστε τῆς Σωκράτους ὑπερηφανίας — εὖ γὰρ ἴστε μὰ θεούς, μὰ θεάς, οὐδὲν περιττότερον καταδεδαρθηκὼς ἀνέστην μετὰ Σωκράτους, ἢ εἰ μετὰ πατρὸς καθηῦδον ἢ d ἀδελφοῦ πρεσβυτέρου.

35. Τὸ δὴ μετὰ τοῦτο τίνα οἴεσθέ με διάνοιαν ἔχειν, ἡγούμενον μὲν ἠτιμάσθαι, ἀγάμενον δὲ τὴν τούτου φύσιν τε καὶ σωφροσύνην καὶ ἀνδρείαν, ἐντετυχηκότα ἀνθρώπῳ τοιούτῳ, οἵῳ ἐγὼ οὐκ ἂν ᾤμην ποτ' ἐντυχεῖν εἰς φρόνησιν καὶ εἰς καρτερίαν; ὥστε οὔθ' ὅπως οὖν ὀργιζοίμην εἶχον καὶ ἀποστερηθείην τῆς τούτου συνουσίας, οὔτε ὅπῃ προσαγαγοίμην αὐτὸν ηὐπόρουν. εὖ γὰρ ᾔδη, ὅτι χρήμασί γε πολὺ μᾶλλον e ἄτρωτος ἦν πανταχῇ ἢ σιδήρῳ ὁ Αἴας, ᾧ τε ᾤμην αὐτὸν μόνῳ ἁλώσεσθαι, διεπεφεύγει με. ἠπόρουν δή, καταδε-

mir nichts ist. Der Blick des Geistes beginnt ja erst dann klar zu sehen, wenn die Augen in ihrer Sehkraft nachlassen wollen; aber du bist davon noch weit entfernt.

Und als ich das gehört hatte, erwiderte ich: Was mich betrifft, ist es so, und nichts davon war anders gesagt als ich es denke. Aber überlege bei dir selbst, was du für dich und mich am besten findest.

Ja, sagte er, damit hast du freilich recht; in der nächsten Zeit wollen wir es überlegen und dann so handeln, wie es für uns beide in dieser Sache und sonst am besten scheint.

Als ich das gehört und gesagt und so gleichsam meine Pfeile abgeschossen hatte, glaubte ich ihn verwundet; so stand ich denn auf, ließ ihn kein Wort mehr sprechen, deckte ihn mit meinem Mantel zu, es war nämlich Winter, legte mich unter seinen abgetragenen Umhang, schlang die Arme um diesen wahrhaft gottbegnadeten und staunenswerten Mann und – lag so die ganze Nacht hindurch. Und auch hier wirst du, Sokrates, nicht sagen, daß ich nicht bei der Wahrheit bleibe. Als ich das aber getan hatte, zeigte dieser Mensch eine solche Überlegenheit, verachtete und verlachte meine Schönheit und spottete ihrer, und gerade darin meinte ich, etwas Besonderes zu sein, ihr Herren Richter; denn Richter seid ihr über Sokrates' Hochmut. Denn laßt euch sagen, bei den Göttern, bei den Göttinnen, nicht einen Deut anders hatte ich, als ich jetzt aufstand, mit Sokrates geschlafen, als wenn ich bei meinem Vater oder älteren Bruder geschlummert hätte.

Und danach – wie meint ihr, daß mir's zumute war, da ich mich für beschimpft hielt und doch sein Wesen und seine Besonnenheit und Männlichkeit bewunderte? War ich doch einem Menschen begegnet, wie ich ihn nie zu finden geglaubt hätte an Klugheit und Selbstbeherrschung. So sah ich weder, wie ich ihm hätte zürnen und mich so seines Umgangs berauben sollen, noch fand ich einen Weg, ihn für mich zu gewinnen. Denn ich wußte wohl, daß er allseits gegen Geld noch weit mehr gefeit war als Aias gegen Eisen, und auf dem einzigen Weg, auf dem ich ihn zu fangen hoffte, war er mir ent-

δουλωμένος τε ὑπὸ τοῦ ἀνθρώπου ὡς οὐδεὶς ὑπ' οὐδενὸς ἄλλου περιῆα.

Ταῦτά τε γάρ μοι ἅπαντα προύγεγόνει, καὶ μετὰ ταῦτα στρατεία ἡμῖν εἰς Ποτείδαιαν ἐγένετο κοινὴ καὶ συνεσιτοῦμεν ἐκεῖ. πρῶτον μὲν οὖν τοῖς πόνοις οὐ μόνον ἐμοῦ περιῆν, ἀλλὰ καὶ τῶν ἄλλων ἁπάντων—ὁπότ' ἀναγκασθείημεν ἀποληφθέντες που, οἷα δὴ ἐπὶ στρατείας, ἀσιτεῖν, οὐδὲν 21 ἦσαν οἱ ἄλλοι πρὸς τὸ καρτερεῖν—ἔν τ' αὖ ταῖς εὐωχίαις μόνος ἀπολαύειν οἷός τ' ἦν τά τ' ἄλλα καὶ πίνειν οὐκ ἐθέλων, ὁπότε ἀναγκασθείη, πάντας ἐκράτει· καὶ ὃ πάντων θαυμαστότατον, Σωκράτη μεθύοντα οὐδεὶς πώποτε ἑώρακεν ἀνθρώπων. τούτου μὲν οὖν μοι δοκεῖ καὶ αὐτίκα ὁ ἔλεγχος ἔσεσθαι. πρὸς δὲ αὖ τὰς τοῦ χειμῶνος καρτερήσεις—δεινοὶ γὰρ αὐτόθι χειμῶνες—θαυμάσια εἰργάζετο τά τε ἄλλα, καὶ ποτε ὄντος πάγου οἵου δεινοτάτου, καὶ πάντων ἢ b οὐκ ἐξιόντων ἔνδοθεν ἤ, εἴ τις ἐξίοι, ἠμφιεσμένων τε θαυμαστὰ δὴ ὅσα καὶ ὑποδεδεμένων καὶ ἐνειλιγμένων τοὺς πόδας εἰς πίλους καὶ ἀρνακίδας, οὗτος δ' ἐν τούτοις ἐξῄει ἔχων ἱμάτιον μὲν τοιοῦτον, οἷόνπερ καὶ πρότερον εἰώθει φορεῖν, ἀνυπόδητος δὲ διὰ τοῦ κρυστάλλου ῥᾷον ἐπορεύετο ἢ οἱ ἄλλοι ὑποδεδεμένοι, οἱ δὲ στρατιῶται ὑπέβλεπον αὐτὸν ὡς καταφρονοῦντα σφῶν. c

36. Καὶ ταῦτα μὲν δὴ ταῦτα· 'οἷον δ' αὖ τόδ' ἔρεξε καὶ ἔτλη καρτερὸς ἀνὴρ' ἐκεῖ ποτε ἐπὶ στρατιᾶς, ἄξιον ἀκοῦσαι. συννοήσας γὰρ αὐτόθι ἑωθέν τι εἱστήκει σκοπῶν, καὶ ἐπειδὴ οὐ προύχώρει αὐτῷ, οὐκ ἀνίει, ἀλλὰ εἱστήκει ζητῶν. καὶ ἤδη ἦν μεσημβρία, καὶ ἄνθρωποι ᾐσθάνοντο, καὶ θαυμά- ζοντες ἄλλος ἄλλῳ ἔλεγεν, ὅτι Σωκράτης ἐξ ἑωθινοῦ φρον- τίζων τι ἕστηκε. τελευτῶντες δέ τινες τῶν Ἰώνων, ἐπειδὴ ἑσπέρα ἦν, δειπνήσαντες—καὶ γὰρ θέρος τότε γ' ἦν— d χαμεύνια ἐξενεγκάμενοι ἅμα μὲν ἐν τῷ ψύχει καθηῦδον, ἅμα

ronnen. So war ich ratlos, und von diesem Menschen gedemütigt wie keiner je von einem anderen, ging ich ziellos umher.

Das alles war mir nämlich schon früher begegnet, und erst nachher machten wir gemeinsam den Feldzug nach Poteidaia mit und gehörten da zur selben Verpflegungsgruppe. Erstens also war er bei den Strapazen nicht nur mir überlegen, sondern auch allen anderen – wenn wir einmal, wie das auf einem Feldzug ja vorkommt, irgendwie abgeschnitten waren und nichts zu essen hatten, da waren die anderen nichts gegen ihn im Aushalten –, und dann wieder, wenn es einen Festschmaus gab, war er allein zum Genießen imstande, und besonders wenn er gegen seine Neigung zum Trinken gezwungen wurde, war er allen über; und was das allererstaunlichste ist, noch kein Mensch hat Sokrates je betrunken gesehen. Das wird sich wohl noch gleich bestätigen. Und dann, im Ertragen der Winterkälte – denn dort gibt es strenge Winter – leistete er Erstaunliches; besonders als einmal ein außerordentlich starker Frost war und alle entweder gar nicht hinausgingen oder, wenn's doch einer tat, wunderlich dick eingemummt und in Schuhen und die Füße in Filzdecken und Lammfelle gewickelt, da ging er mitten unter ihnen ins Freie, nur mit einem Mantel, wie er ihn auch sonst zu tragen pflegte, und barfuß marschierte er leichter durch Eis und Schnee als die anderen in ihrem Schuhwerk; die Soldaten aber sahen ihn mißtrauisch an, weil sie dachten, er wolle ihnen seine Verachtung zeigen.

Und soviel also hiervon; ‚doch was weiter der heldische Mann getan und ertragen‘, einst dort auf dem Feldzug, lohnt sich zu hören. Als er einmal ins Nachsinnen verfallen war, stand er in Betrachtung am gleichen Fleck von morgens an, und da er damit nicht weiterkam, ließ er nicht nach, sondern blieb stehen und sann. Und es war schon Mittag, da merkten es die Männer und erzählten verwundert einer dem anderen, daß Sokrates vom Morgen an über etwas grübelnd dastehe. Zuletzt, da es schon Abend war, brachten einige von den Ioniern nach dem Essen ihre Matratzen heraus – es war ja damals Sommer –; so schliefen sie im Kühlen und konnten zugleich

δ' ἐφύλαττον αὐτόν, εἰ καὶ τὴν νύκτα ἑστήξοι. ὁ δὲ εἱστήκει, μέχρι ἕως ἐγένετο καὶ ἥλιος ἀνέσχεν· ἔπειτα ᾤχετ' ἀπιὼν προσευξάμενος τῷ ἡλίῳ.

Εἰ δὲ βούλεσθε, ἐν ταῖς μάχαις—τοῦτο γὰρ δὴ δίκαιόν γε αὐτῷ ἀποδοῦναι—ὅτε γὰρ ἡ μάχη ἦν, ἐξ ἧς ἐμοὶ καὶ τἀριστεῖα ἔδοσαν οἱ στρατηγοί, οὐδεὶς ἄλλος ἐμὲ ἔσωσεν ἀνθρώπων ἢ οὗτος, τετρωμένον οὐκ ἐθέλων ἀπολιπεῖν, ἀλλὰ   e
συνδιέσωσε καὶ τὰ ὅπλα καὶ αὐτὸν ἐμέ. καὶ ἐγὼ μέν, ὦ Σώκρατες, καὶ τότε ἐκέλευον σοὶ διδόναι τἀριστεῖα τοὺς στρατηγούς, καὶ τοῦτό γέ μοι οὔτε μέμψῃ οὔτε ἐρεῖς, ὅτι ψεύδομαι· ἀλλὰ γὰρ τῶν στρατηγῶν πρὸς τὸ ἐμὸν ἀξίωμα ἀποβλεπόντων καὶ βουλομένων ἐμοὶ διδόναι τἀριστεῖα, αὐτὸς προθυμότερος ἐγένου τῶν στρατηγῶν ἐμὲ λαβεῖν ἢ σαυτόν.

Ἔτι τοίνυν, ὦ ἄνδρες, ἄξιον ἦν, θεάσασθαι Σωκράτη, ὅτε ἀπὸ Δηλίου φυγῇ ἀνεχώρει τὸ στρατόπεδον· ἔτυχον γὰρ   22
παραγενόμενος ἵππον ἔχων, οὗτος δὲ ὅπλα. ἀνεχώρει οὖν ἐσκεδασμένων ἤδη τῶν ἀνθρώπων οὗτός τε ἅμα καὶ Λάχης· καὶ ἐγὼ περιτυγχάνω, καὶ ἰδὼν εὐθὺς παρακελεύομαί τε αὐτοῖν θαρρεῖν καὶ ἔλεγον, ὅτι οὐκ ἀπολείψω αὐτώ. ἐνταῦθα δὴ καὶ κάλλιον ἐθεασάμην Σωκράτη ἢ ἐν Ποτειδαίᾳ—αὐτὸς γὰρ ἧττον ἐν φόβῳ ἦ διὰ τὸ ἐφ' ἵππου εἶναι—πρῶτον μέν, ὅσον περιῆν Λάχητος τῷ ἔμφρων εἶναι· ἔπειτα ἔμοιγ'   b
ἐδόκει, ὦ Ἀριστόφανες, τὸ σὸν δὴ τοῦτο, καὶ ἐκεῖ διαπορεύεσθαι ὥσπερ καὶ ἐνθάδε, 'βρενθυόμενος καὶ τώφθαλμὼ παραβάλλων', ἠρέμα παρασκοπῶν καὶ τοὺς φιλίους καὶ τοὺς πολεμίους, δῆλος ὢν παντὶ καὶ πάνυ πόρρωθεν, ὅτι, εἴ τις ἅψεται τούτου τοῦ ἀνδρός, μάλα ἐρρωμένως ἀμυνεῖται. διὸ καὶ ἀσφαλῶς ἀπῄει καὶ οὗτος καὶ ὁ ἑταῖρος· σχεδὸν γάρ τι τῶν οὕτω διακειμένων ἐν τῷ πολέμῳ οὐδὲ ἅπτονται, ἀλλὰ τοὺς προτροπάδην φεύγοντας διώκουσιν.   c

ihn beobachten, ob er auch die Nacht über dastehen werde. Er aber blieb stehen, bis der Morgen graute und die Sonne aufging; dann, nach einem Gebet an die Sonne, ging er davon. Wenn ihr aber hören wollt, wie es in den Gefechten war – denn das darf man ihm nicht schuldig bleiben. Als nämlich das Gefecht stattfand, für das die Heerführer mir sogar die Auszeichnung verliehen, rettete mir kein anderer das Leben als er; verwundet wie ich war, wollte er mich nicht liegen lassen, sondern brachte meine Waffen und mich selbst in Sicherheit. Ich, Sokrates, forderte schon damals die Heerführer auf, dir die Auszeichnung zu verleihen; auch dafür wirst du mich nicht tadeln und nicht sagen können, daß ich von der Wahrheit abgehe; aber da die Heerführer auf meinen Rang Rücksicht nahmen und die Auszeichnung mir geben wollten, da warst du selbst eifriger als die Heerführer darauf bedacht, daß ich sie statt deiner erhielte.

Und weiter, ihr Männer, lohnte es sich, Sokrates zu sehen, als das Heer von Delion fluchtartig zurückging. Ich war da nämlich gerade an seiner Seite, zu Pferde, er aber in schwerer Rüstung zu Fuß; nun ging er zurück, als die Leute schon zersprengt waren, er und mit ihm Laches; und ich stoße auf sie, und kaum habe ich sie gesehen, rufe ich ihnen zu, sie sollten guten Mutes sein, und sagte ihnen, ich würde sie nicht im Stich lassen. Da bekam ich Sokrates noch schöner zu sehen als bei Poteidaia – denn ich selbst war weniger in Furcht, weil ich beritten war –, erstens wie sehr er Laches an Fassung überlegen war; sodann schien er mir, um mit deinem bekannten Vers zu reden, Aristophanes, ebenso dort wie hier seinen Weg zu gehen ,stolzierenden Schritt's und seitwärts werfend die Augen‘, so gelassen richtete er seinen Blick auf Freund und Feind, daß es ihm jeder gleich von weitem ansah, der Mann werde sich recht kräftig wehren, falls ihn jemand anrühren sollte. Daher ging er unangefochten davon, er und sein Kamerad; denn im allgemeinen rühren sie solche Männer im Kriege gar nicht an, sondern verfolgen nur die Hals über Kopf Fliehenden.

Πολλὰ μὲν οὖν ἄν τις καὶ ἄλλα ἔχοι Σωκράτη ἐπαινέσαι καὶ θαυμάσια· ἀλλὰ τῶν μὲν ἄλλων ἐπιτηδευμάτων τάχ' ἄν τις καὶ περὶ ἄλλου τοιαῦτα εἴποι, τὸ δὲ μηδενὶ ἀνθρώπων ὅμοιον εἶναι, μήτε τῶν παλαιῶν μήτε τῶν νῦν ὄντων, τοῦτο ἄξιον παντὸς θαύματος. οἷος γὰρ Ἀχιλλεὺς ἐγένετο, ἀπεικάσειεν ἄν τις καὶ Βρασίδαν καὶ ἄλλους, καὶ οἷος αὖ Περικλῆς, καὶ Νέστορα καὶ Ἀντήνορα—εἰσὶ δὲ καὶ ἕτεροι— καὶ τοὺς ἄλλους κατὰ ταῦτ' ἄν τις ἀπεικάζοι· οἷος δὲ οὑτοσὶ d γέγονε τὴν ἀτοπίαν ἄνθρωπος, καὶ αὐτὸς καὶ οἱ λόγοι αὐτοῦ, οὐδ' ἐγγὺς ἄν εὕροι τις ζητῶν, οὔτε τῶν νῦν οὔτε τῶν παλαιῶν, εἰ μὴ ἄρα εἰ οἷς ἐγὼ λέγω ἀπεικάζοι τις αὐτόν, ἀνθρώπων μὲν μηδενί, τοῖς δὲ σιληνοῖς καὶ σατύροις, αὐτὸν καὶ τοὺς λόγους.

37. Καὶ γὰρ οὖν καὶ τοῦτο ἐν τοῖς πρώτοις παρέλιπον, ὅτι καὶ οἱ λόγοι αὐτοῦ ὁμοιότατοί εἰσι τοῖς σιληνοῖς τοῖς διοιγομένοις. εἰ γὰρ ἐθέλοι τις τῶν Σωκράτους ἀκούειν λόγων, e φανεῖεν ἂν πάνυ γελοῖοι τὸ πρῶτον· τοιαῦτα καὶ ὀνόματα καὶ ῥήματα ἔξωθεν περιαμπέχονται, σατύρου τινὰ ὑβριστοῦ δοράν. ὄνους γὰρ κανθηλίους λέγει καὶ χαλκέας τινὰς καὶ σκυτοτόμους καὶ βυρσοδέψας, καὶ ἀεὶ διὰ τῶν αὐτῶν τὰ αὐτὰ φαίνεται λέγειν, ὥστε ἄπειρος καὶ ἀνόητος ἄνθρωπος πᾶς ἂν τῶν λόγων καταγελάσειεν. διοιγομένους δὲ ἰδὼν ἄν 22% τις καὶ ἐντὸς αὐτῶν γιγνόμενος πρῶτον μὲν νοῦν ἔχοντας ἔνδον μόνους εὑρήσει τῶν λόγων, ἔπειτα θειοτάτους καὶ πλεῖστα ἀγάλματ' ἀρετῆς ἐν αὐτοῖς ἔχοντας καὶ ἐπὶ πλεῖστον τείνοντας, μᾶλλον δὲ ἐπὶ πᾶν, ὅσον προσήκει σκοπεῖν τῷ μέλλοντι καλῷ κἀγαθῷ ἔσεσθαι.

Ταῦτ' ἐστίν, ὦ ἄνδρες, ἃ ἐγὼ Σωκράτη ἐπαινῶ. καὶ αὖ ἃ μέμφομαι συμμείξας ὑμῖν εἶπον, ἅ με ὕβρισεν. καὶ μέντοι οὐκ ἐμὲ μόνον ταῦτα πεποίηκεν, ἀλλὰ καὶ Χαρμίδην b τὸν Γλαύκωνος καὶ Εὐθύδημον τὸν Διοκλέους καὶ ἄλλους πάνυ πολλούς, οὓς οὗτος ἐξαπατῶν ὡς ἐραστὴς παιδικὰ

Nun könnte man an Sokrates noch viele andere Wunder loben; doch bei seinem sonstigen Treiben gibt es manches, was sich auch über einen anderen erzählen ließe; daß er aber keinem anderen Menschen gleicht, weder denen der Vorzeit noch den jetzt Lebenden, das ist jedes Erstaunens wert. Denn Achills Wesen könnte man durch ein Bild von Brasidas und anderen erläutern, und andererseits Perikles' Wesen durch Nestor und Antenor – doch gibt es noch weitere –, und für die anderen könnte man in derselben Art einen Vergleich finden. Wie aber dieser Mensch in seiner Seltsamkeit ist, er und seine Worte, kann man wohl bei allem Suchen auch nicht annähernd finden, weder unter den heute Lebenden noch unter denen der Vorzeit, es sei denn, man wollte ihn mit meinen Gestalten vergleichen – mit keinem Menschen, sondern mit den Silenen und Satyrn, ihn und seine Worte.

Denn auch das habe ich zu Anfang ausgelassen, daß auch seine Worte sehr den aufklappbaren Silenen gleichen. Wenn nämlich jemand auf Sokrates' Worte hören will, kommen sie ihm wohl zuerst ganz lächerlich vor, in solche Wörter und Wendungen hüllen sie sich äußerlich ein, in so etwas wie das Fell eines übermütigen Satyrs. Spricht er doch von Packeseln und von irgendwelchen Schmieden und Schustern und Gerbern, und immer scheint er mit denselben Worten dasselbe zu sagen, so daß wohl jeder unerfahrene und unbedachte Mensch über seine Reden lacht. Wer sie aber aufgeklappt sieht und in ihr Inneres dringt, der wird wohl erstens finden, daß sie als einzige Worte Vernunft enthalten, ferner, daß sie ganz göttlich sind und sehr viele Bilder der Trefflichkeit in sich tragen und das meiste umspannen, nein, alles, was der beachten muß, der schön und tüchtig werden will.

Das ist es, ihr Männer, was ich dem Sokrates zum Lobe zu sagen habe; und auch was ich an ihm auszusetzen habe, ließ ich mit einfließen und erzählte, wie er mich kränkte. Und wahrhaftig, nicht nur mit mir hat er es so getrieben, sondern auch mit Charmides, Glaukons Sohn, und mit Euthydemos, Diokles' Sohn, und mit gar vielen anderen, bei denen er sich

μᾶλλον αὐτὸς καθίσταται ἀντ' ἐραστοῦ. ἃ δὴ καὶ σοὶ
λέγω, ὦ 'Αγάθων, μὴ ἐξαπατᾶσθαι ὑπὸ τούτου, ἀλλ' ἀπὸ
τῶν ἡμετέρων παθημάτων γνόντα εὐλαβηθῆναι, καὶ μὴ κατὰ
τὴν παροιμίαν ὥσπερ νήπιον παθόντα γνῶναι.

38. Εἰπόντος δὴ ταῦτα τοῦ 'Αλκιβιάδου γέλωτα γενέσθαι c
ἐπὶ τῇ παρρησίᾳ αὐτοῦ, ὅτι ἐδόκει ἔτι ἐρωτικῶς ἔχειν τοῦ
Σωκράτους. τὸν οὖν Σωκράτη, Νήφειν μοι δοκεῖς, φάναι,
ὦ 'Αλκιβιάδη. οὐ γὰρ ἄν ποτε οὕτω κομψῶς κύκλῳ περι-
βαλλόμενος ἀφανίσαι ἐνεχείρεις, οὗ ἕνεκα ταῦτα πάντα
εἴρηκας, καὶ ὡς ἐν παρέργῳ δὴ λέγων ἐπὶ τελευτῆς αὐτὸ
ἔθηκας, ὡς οὐ πάντα τούτου ἕνεκα εἰρηκώς, τοῦ ἐμὲ καὶ
'Αγάθωνα διαβάλλειν, οἰόμενος, δεῖν ἐμὲ μὲν σοῦ ἐρᾶν καὶ d
μηδενὸς ἄλλου, 'Αγάθωνα δὲ ὑπὸ σοῦ ἐρᾶσθαι καὶ μηδ' ὑφ'
ἑνὸς ἄλλου. ἀλλ' οὐκ ἔλαθες, ἀλλὰ τὸ σατυρικόν σου
δρᾶμα τοῦτο καὶ σιληνικὸν κατάδηλον ἐγένετο. ἀλλ', ὦ
φίλε 'Αγάθων, μηδὲν πλέον αὐτῷ γένηται, ἀλλὰ παρα-
σκευάζου, ὅπως ἐμὲ καὶ σὲ μηδεὶς διαβαλεῖ.

Τὸν οὖν 'Αγάθωνα εἰπεῖν· Καὶ μήν, ὦ Σώκρατες, κινδυ- e
νεύεις ἀληθῆ λέγειν. τεκμαίρομαι δὲ καί, ὡς κατεκλίνη ἐν
μέσῳ ἐμοῦ τε καὶ σοῦ, ἵνα χωρὶς ἡμᾶς διαλάβῃ. οὐδὲν οὖν
πλέον αὐτῷ ἔσται, ἀλλ' ἐγὼ παρὰ σὲ ἐλθὼν κατακλινήσομαι.

Πάνυ γε, φάναι τὸν Σωκράτη, δεῦρο ὑποκάτω ἐμοῦ κατακλίνου.
Ὦ Ζεῦ, εἰπεῖν τὸν 'Αλκιβιάδην, οἷα αὖ πάσχω ὑπὸ τοῦ
ἀνθρώπου. οἴεταί μου δεῖν πανταχῇ περιεῖναι. ἀλλ' εἰ
μή τι ἄλλο, ὦ θαυμάσιε, ἐν μέσῳ ἡμῶν ἔα 'Αγάθωνα
κατακεῖσθαι.

'Αλλ' ἀδύνατον, φάναι τὸν Σωκράτη. σὺ μὲν γὰρ ἐμὲ
ἐπήνεσας, δεῖ δὲ ἐμὲ αὖ τὸν ἐπὶ δεξί' ἐπαινεῖν. ἐὰν οὖν
ὑπὸ σοὶ κατακλινῇ 'Αγάθων, οὐ δήπου ἐμὲ πάλιν ἐπαι-

als Liebhaber aufspielt und sich dann als Geliebter, nicht als Liebhaber entpuppt. Das rate ich auch dir, Agathon, dich nicht von ihm täuschen zu lassen, sondern dich, durch unsere Erlebnisse belehrt, in acht zu nehmen und nicht, nach dem Sprichwort, wie ein Tor erst durch Schaden klug zu werden".

Als Alkibiades so gesprochen hatte, sei ein Gelächter ausgebrochen über seine Offenherzigkeit, weil er immer noch in Sokrates verliebt schien. Sokrates habe darauf gesagt: „Du scheinst mir nüchtern zu sein, Alkibiades; denn sonst hättest du dich nicht so fein im Kreis herumzudrehen und den Zweck deiner ganzen Rede zu verbergen gesucht und ihn nur beiläufig am Schluß angebracht, als hättest du nicht alles zu dem Zweck gesagt, mich und Agathon zu entzweien, weil du meinst, ich dürfe nur dich lieben und niemand sonst, Agathon aber dürfe nur von dir geliebt werden und von niemand sonst. Aber du hast es nicht heimlich tun können, sondern dieses Satyr- und Silenspiel von dir ist an den Tag gekommen. Aber es soll ihm nicht gelingen, mein lieber Agathon, sondern rüste dich, daß mich und dich niemand entzweit!"
Agathon habe erwidert: „Ja, Sokrates, schon möglich, daß du recht hast. Ich schließe das auch daraus, daß er mitten zwischen mir und dir Platz genommen hat, um uns zu trennen. Das soll ihm nun nicht gelingen, sondern ich komme und lege mich neben dich".
„Gut so", habe Sokrates gesagt, „leg dich hier nieder, unterhalb von mir!"
„Großer Gott", habe Alkibiades erwidert, „was muß ich mir wieder von diesem Menschen gefallen lassen! Überall, meint er, müsse er mir überlegen sein. Aber wenn es nicht anders geht, du wunderlicher Mann, dann laß Agathon mitten zwischen uns beiden liegen!"
„Aber unmöglich", habe Sokrates gesagt; „denn du hast die Lobrede auf mich gehalten, ich aber muß wieder meinen Nachbarn zur Rechten loben. Wenn nun Agathon seinen Platz

νέσεται, πρὶν ὑπ' ἐμοῦ μᾶλλον ἐπαινεθῆναι; ἀλλ' ἔασον, ὦ
δαιμόνιε, καὶ μὴ φθονήσῃς τῷ μειρακίῳ ὑπ' ἐμοῦ ἐπαινε-
θῆναι· καὶ γὰρ πάνυ ἐπιθυμῶ αὐτὸν ἐγκωμιάσαι.

'Ἰοῦ ἰοῦ, φάναι τὸν 'Αγάθωνα, 'Αλκιβιάδη, οὐκ ἔσθ' ὅπως
ἂν ἐνθάδε μείναιμι, ἀλλὰ παντὸς μᾶλλον μεταναστήσομαι,
ἵνα ὑπὸ Σωκράτους ἐπαινεθῶ.
Ταῦτα ἐκεῖνα, φάναι τὸν 'Αλκιβιάδην, τὰ εἰωθότα· Σωκράτους παρόντος τῶν καλῶν μεταλαβεῖν ἀδύνατον ἄλλῳ.
καὶ νῦν ὡς εὐπόρως καὶ πιθανὸν λόγον ηὗρεν, ὥστε παρ'
ἑαυτῷ τουτονὶ κατακεῖσθαι.

39. Τὸν μὲν οὖν 'Αγάθωνα ὡς κατακεισόμενον παρὰ τῷ b
Σωκράτει ἀνίστασθαι· ἐξαίφνης δὲ κωμαστὰς ἥκειν παμπόλλους ἐπὶ τὰς θύρας, καὶ ἐπιτυχόντας ἀνεῳγμέναις ἐξιόντος
τινὸς εἴσω ἄντικρυς πορεύεσθαι παρὰ σφᾶς καὶ κατακλίνεσθαι, καὶ θορύβου μεστὰ πάντα εἶναι, καὶ οὐκέτι ἐν
κόσμῳ οὐδενὶ ἀναγκάζεσθαι πίνειν πάμπολυν οἶνον. τὸν
μὲν οὖν 'Ερυξίμαχον καὶ τὸν Φαῖδρον καὶ ἄλλους τινὰς ἔφη
ὁ 'Αριστόδημος οἴχεσθαι ἀπιόντας, ἓ δὲ ὕπνον λαβεῖν,
καὶ καταδαρθεῖν πάνυ πολύ, ἅτε μακρῶν τῶν νυκτῶν οὐσῶν, c
ἐξεγρέσθαι δὲ πρὸς ἡμέραν ἤδη ἀλεκτρυόνων ᾀδόντων, ἐξε-
γρόμενος δὲ ἰδεῖν τοὺς μὲν ἄλλους καθεύδοντας καὶ οἰχο-
μένους, 'Αγάθωνα δὲ καὶ 'Αριστοφάνη καὶ Σωκράτη ἔτι
μόνους ἐγρηγορέναι καὶ πίνειν ἐκ φιάλης μεγάλης ἐπὶ δεξιά.
τὸν οὖν Σωκράτη αὐτοῖς διαλέγεσθαι· καὶ τὰ μὲν ἄλλα ὁ
'Αριστόδημος οὐκ ἔφη μεμνῆσθαι τῶν λόγων, οὔτε γὰρ ἐξ d
ἀρχῆς παραγενέσθαι ὑπονυστάζειν τε. τὸ μέντοι κεφάλαιον,
ἔφη, προσαναγκάζειν τὸν Σωκράτη ὁμολογεῖν αὐτούς, τοῦ
αὐτοῦ ἀνδρὸς εἶναι, κωμῳδίαν καὶ τραγῳδίαν ἐπίστασθαι
ποιεῖν, καὶ τὸν τέχνῃ τραγῳδοποιὸν ὄντα καὶ κωμῳδοποιὸν
εἶναι. ταῦτα δὴ ἀναγκαζομένους αὐτοὺς καὶ οὐ σφόδρα

unterhalb von deinem nimmt, dann wird er doch nicht etwa
wieder mich loben, bevor er vielmehr von mir gelobt worden
ist? Nein, laß das, du unbegreiflicher Mensch, und mißgönn
es dem jungen Manne nicht, von mir gepriesen zu werden;
denn ich brenne geradezu darauf, ihn zu preisen".
„Juchhe, Alkibiades", habe Agathon darauf gesagt, „ich kann
unmöglich hier bleiben, sondern will an jeden anderen Platz
umsiedeln, damit ich von Sokrates gelobt werde".
„Da haben wir wieder die alte Geschichte", habe Alkibiades
gesagt; „in Sokrates' Gegenwart kann kein anderer etwas von
den Schönen haben. Und wie geschickt hat er auch jetzt einen
überzeugenden Grund gefunden, daß dieser hier sich bei ihm
niederlassen muß!"
Agathon sei also aufgestanden, um sich neben Sokrates nieder-
zulassen; plötzlich aber seien lauter Nachtschwärmer an die
Tür gekommen, und da sie sie offen fanden, weil eben jemand
hinausging, seien sie geradewegs zu der Gesellschaft herein-
gedrungen und hätten Platz genommen, und alles sei voller
Lärm gewesen, und ohne jede Ordnung habe man sie genötigt,
sehr viel Wein zu trinken. Eryximachos nun und Phaidros und
einige andere, berichtete Aristodemos, hätten sich davon-
gemacht, ihn aber habe der Schlummer übermannt und er
habe recht lange geschlafen, denn die Nächte waren damals
lang; gegen Tagesanbruch sei er aufgewacht, als schon die
Hähne krähten; beim Aufwachen habe er gesehen, daß die
anderen schliefen oder schon fort waren, daß aber Agathon
und Aristophanes und Sokrates allein noch wach waren und
aus einer großen Schale rechtsherum tranken. Sokrates habe
mit ihnen geredet; und an den sonstigen Inhalt des Gesprächs
konnte sich Aristodemos, wie er sagte, nicht erinnern; denn
er sei nicht von Anfang an dabeigewesen und auch zwischen-
durch eingenickt; der Hauptpunkt aber, sagte er, sei gewesen,
daß Sokrates sie genötigt habe zuzugeben, es sei Sache ein
und desselben Mannes, Komödien und Tragödien dichten zu
können, und ein Tragödiendichter mit Kunstverstand sei auch
Komödiendichter. Dazu ließen sie sich nötigen, ohne mehr

ἑπομένους νυστάζειν, καὶ πρότερον μὲν καταδαρθεῖν τὸν Ἀριστοφάνη, ἤδη δὲ ἡμέρας γιγνομένης τὸν Ἀγάθωνα. τὸν οὖν Σωκράτη, κατακοιμίσαντ' ἐκείνους, ἀναστάντα ἀπιέναι, καὶ ⟨ἓ⟩, ὥσπερ εἰώθει, ἕπεσθαι, καί, ἐλθόντα εἰς Λύκειον, ἀπονιψάμενον ὥσπερ ἄλλοτε τὴν ἄλλην ἡμέραν διατρίβειν, καὶ οὕτω διατρίψαντα εἰς ἑσπέραν οἴκοι ἀναπαύεσθαι.

recht folgen zu können; darüber seien sie eingenickt, und zuerst sei Aristophanes eingeschlafen und dann, schon bei Tagesanbruch, Agathon. Als Sokrates sie so in den Schlaf geredet hätte, sei er aufgestanden und weggegangen, von ihm selbst wie gewöhnlich begleitet; er sei zum Lykeion gegangen, habe sich da gewaschen und den Rest des Tages wie sonst verbracht; so habe er es bis zum Abend gehalten und sich dann erst zur Ruhe nach Hause begeben.

ANHANG

NACHWORT

Das Symposion war eine schon den Griechen der nachhome-
rischen Zeit vertraute Form der Geselligkeit; nach dem Abendessen fand das gemeinsame Trinken statt. (Die Übersetzung
Gastmahl bedient sich nicht nur eines antiquierten Wortes,
sondern erweckt auch die Vorstellung eines meist unmäßigen
und mit viel Aufwand veranstalteten Speisens, und wird daher
besser vermieden.) Einzelheiten sind für Ionien aus einem
Gedicht des Xenophanes bekannt, aber am besten sind wir
über die attischen Sitten unterrichtet. Die Anwesenden
wuschen sich die Hände, besprengten sich mit wohlriechen-
den Essenzen, bekränzten sich mit Blumen, Myrten, Efeu,
auch mit weißen und roten Wollbinden; bekränzt wurden
ebenso die Becher und die Mischkrüge. Man spendete den
Göttern und den Heroen Wein, indem man ein wenig aus den
Bechern herausschleuderte, und sang dazu unter Flötenbeglei-
tung den Paian, ein altes, ursprünglich wohl dem Apollon gel-
tendes Kultlied. Der erste Schluck – noch ungemischten
Weines – zu Ehren des ‚guten Daimon‘ wurde aus einer Schale
genommen, die nach der rechten als der glückbringenden
Seite hin kreiste. Alle diese einleitenden Verrichtungen haben
durchaus sakrale Bedeutung, die man wohl auch noch zu
Platons Zeiten als solche empfand und verstand. Im Wein
war ja Dionysos gleichsam selbst anwesend, durch Hand-
waschung und Wohlgerüche wurde die geforderte kultische
Reinheit angedeutet; die Bekränzung, auch bei Opferfesten
und Mysterienzeremonien üblich, bezeichnete hier die Zu-
gehörigkeit zum Kreis der Dionysosdiener; die Weinspende

war wohl ursprünglich ein Ritus, mit dem in magischer Weise die Verbindung zu dem Gott hergestellt werden sollte. So war das Symposion von profaner Geselligkeit weit entfernt. Es wurde von den Griechen mit dem ihnen eigentümlichen Festhalten an einmal gefundenen, vollendeten Formen bis zum Ende der Antike gepflegt, besonders in den philosophischen Schulen der Bildungszentren.

Nach den Einleitungszeremonien sang man abwechselnd Lieder, die sogenannten Skolia, die wie die meisten lyrischen Gedichte der Griechen für das Symposion bestimmt und oft gar aus ihm hervorgegangen waren; oder man ließ sich von einem Spaßmacher die Zeit vertreiben und Kunststücke von Artisten vorführen, wie es Xenophon in seinem Symposion beschreibt (vgl. unten zu 189a). Vorwiegend scheint aber immer die geistige Unterhaltung gewesen zu sein, Improvisationen zu einem gestellten Thema, wie hier im platonischen *Symposion,* oder auch nur Aufgeben und Lösen von Rätseln sowie das beliebte Spiel, treffende Vergleiche zu finden. Um den Abend in einer gewissen Ordnung zu verbringen, wählte man bisweilen einen der Anwesenden zum Symposiarchen, der die Einzelheiten des Trinkens und die Themen festlegte. Platon selbst hat noch in den beiden ersten Büchern seiner nachgelassenen *Gesetze* genaue Anweisungen für die Symposienordnung gegeben. Mehrere Reden miteinander im Wettstreit zu sehen, war ja den allzeit für einen Agon begeisterten Griechen auch vom Theater her bekannt. – Ob vor Platon Symposien geschrieben waren, ist nicht mit Sicherheit zu sagen; vielleicht gab es schon das Volksbuch von den Sieben Weisen, das uns jedoch nur in späten Bearbeitungen erhalten ist.

Eros, der das Thema des platonischen *Symposion* ist, spiegelt zwei bedeutsame Fähigkeiten griechischen Glaubens und Denkens eindrücklich wider: aus der Fülle der wirksamen Antriebe menschlichen Handelns gewisse Grundformen herauszustellen, also zur Abstraktion zu gelangen, und diese so gewonnenen Begriffe zu leibhaft erfaßbaren Gestalten zu verdichten, an die sich der Mensch frommen Sinnes verehrend

wenden, zu denen er beten kann. Als eine solche Gestalt gehört Eros zum ältesten Bestande hellenischen Glaubens. Hesiod, der die aus grauer Vorzeit überkommene Götterwelt in ein genealogisches System als Sinnbild der Weltschöpfung und Weltordnung brachte, wies dem Eros darin einen bevorzugten Platz an: im Anfang war das Chaos (die gähnende Leere), und die Erde samt ihrer Tiefe, dem Tartaros, aber auch Eros war sogleich da, „der schönste unter den unsterblichen Göttern, der Gliederlösende; allen Göttern und allen Menschen bezwingt er den Sinn in der Brust und den klugen Rat" (*Theogonie* 120 ff.). Seine Macht erst, so dürfen wir in Gedanken ergänzen, bringt als Zeugungstrieb die Erde dazu, den Himmel aus sich hervorzubringen, wobei nach einem Vater nicht gefragt werden darf; dann werden Himmel und Erde zu einem Elternpaar zusammengeschlossen. In Hesiods Heimat, dem böotischen Dorfe Thespiai, wurde Eros als großer Gott in einem Steinsymbol – an seine Stelle trat dann die berühmte Statue des Praxiteles – verehrt und bekam wohl deshalb jene hervorragende Stelle in der Theogonie, die den Griechen bis in ihre spätesten Tage maßgebend war. Seit dem Ende des 6. Jahrhunderts v. Chr. begegnet uns Eros in der bildenden Kunst, immer jung und mit einem Flügelpaar dargestellt, oft eine Lyra oder eine Blüte in der Hand haltend; den Bogen gibt ihm unseres Wissens als erster Euripides. Wenig später gestaltet Pherekydes von Syros die Mythologie weiter aus: Zeus habe sich, als er schöpferisch tätig sein wollte, geradezu in Eros verwandelt. Parmenides machte Eros zum ältesten aller Götter (s. oben 178 b). Von den Lyrikern war er vielfach gepriesen worden – so hatte ihn Sappho das „süßbittere, unbezwingliche Wesen" genannt –, dann widmete ihm die attische Tragödie die schönsten Lieder, vor allem Sophokles in der *Antigone* (781 ff.) und Euripides im *Hippolytos* (1269 ff.). Aristophanes parodiert in den *Vögeln* (692 ff.) eine offenbar orphische Vorstellung, nach der Eros einem von der Nacht hervorgebrachten Ei entsteigt. Auf einer der Metopen des Parthenon war er neben Menelaos dargestellt,

Alkibiades wählte ihn sich zur Wappenfigur, die einen Blitz hielt. Sein Gegenstück, der Anteros, scheint nicht erst von Platon (*Phaidros* 255 d) geschaffen zu sein. Die Mehrzahl, Eroten, kennt schon Pindar, aber ihre Verniedlichung zu Figuren, aus denen sich die Amoretten und Putten in der Kunst der Renaissance und des Barock entwickelten, gehört erst der hellenistischen Zeit an. – Vgl. W. Strobel, Eros; Versuch einer Geschichte seiner bildl. Darstellung, 1952. A. Greifenhagen, Griechische Eroten, 1957.

Von kultischer Verehrung des Eros hören wir wenig, und dieses Wenige beschränkt sich offenbar im wesentlichen auf die dorischen Landschaften, und zwar den Peloponnes und Kreta. Verehrung durch die Gemeinde, den Staat, scheint der Gott nie erfahren zu haben; seine hauptsächlichen Kultstätten waren die Gymnasien als die Treffpunkte der Jugend, und so war ihm auch im Bezirk des attischen Heros Akademos, wo sich seit langem ein Gymnasion befand, schon zu Peisistratos' Zeit ein Altar gestiftet worden; diesem Kult schloß sich die nach jenem Heros genannte Schule Platons, die Akademie, an – ein Anstoß vielleicht zur Abfassung des *Symposion,* hatte doch Platons Onkel Kritias eine (uns nicht erhaltene) Schrift *Über das Wesen des Eros und der Tugenden* verfaßt. Dazu mochten die Eindrücke kommen, die der etwa vierzigjährige Platon von seiner Reise in das westliche Griechenland, also nach Unteritalien und Sizilien, heimbrachte: dort hatte er die Kultgemeinschaft, den Thiasos, der Pythagoreer kennengelernt und gründete bald darauf in vergleichbaren Formen seine eigene Schule. In Syrakus war ihm die Macht des Eros unmittelbar nahegetreten in der Liebe zu Dion, dem etwa zwanzigjährigen Neffen des dortigen Fürsten, dessen Hof schon viele Dichter und Künstler aus dem Mutterland angezogen hatte. Daß die Liebe des Mannes zum Knaben, zum Jüngling damals ein gesellschaftlich anerkannter Teil der Erziehung war, ist ja eine der Voraussetzungen für das Verständnis des platonischen Eros überhaupt.

In dem frühen Dialog *Lysis* hatte sich Platon dem Wesen des

mächtigen Gottes schon genähert, ohne freilich auf ihn einzugehen, denn da behandelt er den Begriff der Freundschaft (φιλία); ihr höchstes Ziel ist das ‚Zugehörige‘ (οἰκεῖον), das später meist das Gute genannt wird, und es soll dem Menschen lieb (φίλον) sein. Das Streben nach ihm heißt im *Lysis* Begierde (ἐπιθυμία); der Name des Eros als des Vermittlers zwischen den Bereichen des Irdischen und des Ewigen bleibt noch unausgesprochen. Nun, nach der Schulgründung, mochte es Platon reizen, Eros einmal eine eigene Schrift zu widmen; sie dürfte bald nach 385 verfaßt sein. Von dem Redner Lysias lag schon eine kleine Rede über den Eros vor, deren Widerlegung sich Platon für den ersten Hauptteil des *Phaidros* aufsparte. – Vgl. A. Lesky, *Vom Eros der Hellenen* (1976).

Als szenischen Rahmen für sein *Symposion* wählte Platon eine Abendgesellschaft, die in Athen im Frühjahr 416 im Hause des Tragödiendichters Agathon stattfand, als dieser seinen ersten Sieg im Theater am Südhang der Akropolis errungen hatte und ihn nun im Freundeskreis feierte; darüber sprach man gewiß noch lange in der Stadt, zumal in der Umgebung des Sokrates. Aus dieser werden uns hier zwei junge Männer vorgestellt, Apollodoros und Aristodemos; Platon bedient sich ihrer, um (in einer überaus kunstvollen Weise, die er nur noch in den späten Dialogen *Theaitetos* und *Parmenides* wiederholen wird) das reale Geschehen in die Vergangenheit, die der Leser offenbar (s. 173 a 7 f.) als weit zurückliegend empfinden soll, zurückzuschieben, es als gut beglaubigt zu erweisen und doch gleichzeitig in die leichten Schleier der Dichtung zu hüllen. Sokrates erzählt nicht selbst, hätte sich auch als Berichterstatter hier, zumal wegen der Alkibiadesrede, kaum geeignet; ebenso unpassend war Aristodem, der seinen Meister zu Agathon begleitet, dann aber in der Aufzählung der Redner übergangen wird (193e, vgl. 175a) und am Ende gar einschläft. Vielmehr berichtet Apollodor den Verlauf des Abends so, wie er ihn von Aristodem gehört hatte, nicht ohne zu betonen (173b), daß er sich Bestätigung in Einzelheiten von Sokrates selbst geholt habe. Aristodem hatte aber auch einem

gewissen Phoinix erzählt, dieser einem Ungenannten, und der wieder dem Glaukon (172a3; erst c3 fällt sein Name, vielleicht ist es Platons Bruder), der nun durch seine an Apollodor gerichtete Frage dessen Bericht auslöst; ihn wiederholt er hier vor dem Kreis der Freunde. Unser Erzähler ist gewissermaßen ein Doppelgänger seines Gewährsmannes Aristodem; beide sind begeisterte, ja fanatische Sokratesschüler, beide aber auch unbedeutend genug, um als Medien dienen zu können. Aristodem ist uns sonst unbekannt; Apollodor ist im *Phaidon* der einzige, der seiner Rührung nicht Herr werden kann, und auch hier zeigt der Ausfall gegen die reichen Geschäftsleute, so berechtigt er sein mag, sein überschwängliches Wesen (vgl. zu 173d); Xenophon nennt ihn einmal ‚einfältig' (εὐήϑης).

Das Rahmengespräch – das Wort mag hier gestattet sein, wenn auch der ‚Rahmen' am Ende des Werkes offen bleibt – zwischen Apollodor und einem Kreis, für den ein Einzelner redet (173e4), ist in die Zeit kurz vor dem Jahre 400 gesetzt; Sokrates' naher Tod wirft keinen Schatten darauf, so wenig wie die schwere Zeit des Peloponnesischen Krieges auf die Erzählung selbst. Als Teilnehmer an dem Symposion werden anfangs neben Agathon nur Sokrates und Alkibiades genannt, aber bald (172b5) wird unser Interesse auf Sokrates als die Hauptfigur gelenkt. – Der Gastgeber und Hausherr Agathon ist als vollendeter Mann von Welt dargestellt; mit seiner Rede (194eff.) scheint Platon den Stil seiner Tragödien zu imitieren, die uns freilich bis auf wenige Verse verloren sind (s. auch zu 196a). Manchen Angriffen, an denen sich übrigens auch Aristophanes beteiligte, ausgesetzt, ging er, wie Euripides, für den Rest seines Lebens an den makedonischen Königshof.

Unter den weiteren Gästen hat Phaidros, schon in dem frühen Dialog *Protagoras* beiläufig unter den Zuhörern des Sophisten Hippias erwähnt, hier die Rolle des Symposiarchen, spricht auch als erster; etwa zwanzig Jahre später hat Platon einen Dialog nach ihm benannt, in dem er ihn übrigens ähnlich wie hier (176d) um seine Gesundheit besorgt zeigt. – Pausanias war der stadtbekannte Freund Agathons (vgl. 193c7), mit dem

zusammen er auch schon im eben genannten *Protagoras* erscheint; die Anschauungen, die er in seiner Rede über Eros hier vorträgt, dürften in der damaligen Athener Gesellschaft allgemein gegolten haben.

Eryximachos, der Arzt, auch er schon unter den Hörern der großen Sophisten im *Protagoras* genannt, spielt in unserem *Symposion* eine bedeutende Rolle, und seine Rede steht bedeutsamerweise in der Mitte der ersten fünf; er schlägt nicht nur die Trinkordnung vor und schickt die Flötenspielerin weg, sondern entwirft auch die dann gebilligte Form der Unterhaltung, an ihn vorzugsweise wendet sich Sokrates vor und nach Agathons Rede, er ist es schließlich, der beim Hereinstürmen des Alkibiades die Lage meistert und diesen zu seiner Rede auf Sokrates anspornt. Wenn er in seinen Worten, die sich übrigens vielfach mit den Lehren Diotimas berühren (F. Muthmann, Unters. z. ‚Einkleidung‘ einiger plat. Dialoge. Diss. Bonn 1961, 47ff.), stark den Fachmann herauskehrt, wird man ihn darum kaum als Pedanten bezeichnen wollen (dagegen richtig L. Edelstein, Transact. Amer. Phil. Assoc. 76, 1945, 85ff.).

Aristophanes ist von allen Anwesenden nächst Sokrates am meisten mit individuellen Zügen bedacht; in seiner Rede verbinden sich Anmut und Tiefsinn zu einem einzigartigen Kunstwerk. Daß seine Komödie *Die Wolken* vom Jahre 423, obwohl nur mit dem dritten Preis ausgezeichnet, viel dazu beigetragen hatte, die Volksstimmung gegen Sokrates aufzubringen und so dem Urteil des Gerichtshofes von 399 den Boden zu bereiten, wie es Platon in der Apologie (19c) andeutet, scheint hier verziehen zu sein, wie übrigens auch die Angriffe des Aristophanes auf Alkibiades.

Nach seiner Verherrlichung des jugendlichen Eros muß sich Agathon einem Dialog mit Sokrates stellen und wird natürlich arg in die Enge getrieben, aus der ihn erst Phaidros erlöst. Das ist das Vorspiel zu Sokrates' Rede, dem Höhepunkt der Dichtung. So schön sie sich uns im einzelnen, vor allem durch den zweimal (210aff. 211c) geschilderten gedanklichen Aufstieg

zum Reich der Ideen, darstellt, so rätselvoll ist sie im ganzen. Das Symposion ist ja seiner Form nach der Bericht eines Berichtes, hier aber schiebt sich abermals ein Erzähler ein, Sokrates selbst, der seine Gespräche mit Diotima wiedergibt; damit wird die Frage nach dem Anteil Platons an den Gedanken, die er Sokrates aussprechen läßt – eine Frage, die sich für sein Gesamtwerk stellt –, hier besonders schwierig. Hat Platon andeuten wollen, daß jene zum Teil mit den Farben der Mysteriensprache vorgetragenen Lehren seinem Meister und ihm selbst fremd waren, oder war es seine Absicht, das hier Vorgetragene als unbeweisbar, also den Mythen gleichstehend, mit um so eindringlicherer Weihe zu umkleiden, als er sie von einer Priesterin aussprechen läßt? Dazu kommt das Rätsel, das eben diese Gestalt uns aufgibt: ist sie historisch, wofür die Angabe ihrer Heimat, der arkadischen Stadt Mantineia, und eines einmaligen Ereignisses, der Abwendung einer Seuche etwa zehn Jahre vor dem Anfang des großen Krieges, zu sprechen scheint? Man neigt heute allgemein dieser Ansicht zu, auch im Gedanken an Aspasia, die im *Menexenos* als Sokrates' Rhetoriklehrerin genannt wird. Oder ist Diotima frei erdichtet, die ‚Zeusgeehrte aus Prophetenstadt‘, auf deren Realität ebensowenig ankommen soll wie auf die jenes Ungenannten, der, wie es im *Lysis* heißt, Sokrates einst die Heraklitische Lehre mitteilte? – Vgl. zuletzt H. Erbse, Gymnasium 73, 1966, 201 ff.

Dramaturgisch meisterhaft, unmittelbar nach dem Höhenflug der Gedanken Diotimas, ist der Auftritt des Alkibiades. Zu der Zeit, wo das *Symposion* spielt, war er, etwa fünfunddreißigjährig, auf dem Gipfel seiner politischen Laufbahn. Ein Jahr später schon trieb er die Athener in das sizilische Abenteuer, das nicht nur zu seinem persönlichen Sturz führte, sondern auch im weitern die Niederlage seiner Vaterstadt einleitete; daß er daran mitschuldig war, sagt Platon selbst im *Gorgias* (519a) und deutet es, ohne Namensnennung, im *Staat* an (494a ff.). All das wird hier nicht einmal von fern erwähnt, aber da die Tatsache, daß Alkibiades zum Kreis der Sokratiker

gehört hatte, zu den Vorwürfen zählte, die später gegen Sokrates erhoben wurden, dürfen wir wohl die Alkibiades-Episode auch als einen Versuch der Rechtfertigung auffassen.

Nur kurz hingewiesen sei auf die viel erörterte Frage, ob in der Abfolge der fünf ersten Reden ein leitender Gedanke erkennbar ist. Weder die Annahme einer Steigerung von Rede zu Rede noch eine paarweise Zusammenfassung ist ohne Schwierigkeiten durchführbar. Offenbar können wir eine bewußte Vielfalt hinnehmen, die jedenfalls in der Sokrates-Diotima-Rede ihren Höhepunkt erreicht, um in dem Auftreten des Alkibiades ein überraschendes Nachspiel zu erhalten; dem allgemeinen Thema dient aber auch dieses, denn es bringt die Schilderung des Mannes, von dem Eros wirklich und in schönster Weise Besitz ergriffen hat. Daß die Rede unter der Wirkung des genossenen Weines steht, wird zwar mehrfach gesagt, aber die wiederholte Berufung auf Sokrates erinnert uns daran, daß hier nur Hüllen der Seele gefallen sind, damit die Wahrheit über jenen ‚dämonischen‘ Menschen um so reiner erscheine.

Hatte der *Phaidon* den wahren Weisen in der Todesstunde gezeigt, so führt ihn das *Symposion* in die Gesellschaft, in der er sich mit selbstverständlicher Freiheit bewegt; auf seine Verklärung sind beide Werke angelegt: dort erscheint das Leben des Philosophen als Vorbereitung auf das Sterben, hier als Weg zur Unsterblichkeit dank der Führung des Eros (vgl. M. Landmann, Ursprungsbild und Schöpfertat, 1966, 32 f.). Wie untrennbar Philosophie und Dichtung bei Platon, von den Schuldialogen des Alters abgesehen, miteinander verwoben sind, wie wenig man von Einkleidungen reden darf, unter denen der theoretische Gehalt nur verborgen sei, zeigt von allen seinen Werken wohl das *Symposion* am schönsten.

Als Dichtung hat es denn auch durch die Zeiten gewirkt: zunächst auf Xenophon, für dessen Priorität allerdings in neuester Zeit bemerkenswerte Gründe vorgebracht worden sind (vgl. W. Wimmel, Gymnasium 64, 1957, 230 ff.; eine Übersicht der vergleichbaren Stellen beider Werke befindet sich in

der Einleitung zu der Ausgabe von Hug-Schöne); hier erfahren wir auch von den sonst üblichen Belustigungen, die bei Platon gar keine Rolle spielen. Später haben Philosophen, unter ihnen Aristoteles und Epikur, *Symposien* geschrieben, wohl jeweils über verschiedene Themen. Maecenas' *Convivium* ist kaum mehr in Spuren kenntlich, jedenfalls waren Vergil und Horaz unter den Gästen. Plutarch, dem die Gastfreundschaft Lebenselement war, fand in den Tischgesprächen eine willkommene Form, sein angelesenes Wissen auszubreiten. Die Satire eines Symposions lieferte Lukian, um Philosophen der einzelnen Schulen als unwürdige Gäste bei einer Hochzeitsfeier zu entlarven. Fast schon gesprengt wird der literarische Rahmen eines Symposions von Athenaios in seinem Riesenwerk *Deipnosophistai* (Die Gelehrten beim Bankett), wo fast dreißig Gäste sich mehrere Tage lang u. a. über die Namen von Speisen und Getränken unterhalten, wobei aus einer Fülle uns heute verlorener Autoren zitiert wird; Macrobius versuchte Ähnliches in lateinischer Sprache mit seinen *Saturnalia*. Kaiser Julian läßt in seinem *Symposion* einige römische Kaiser (Caesar, Augustus, Trajan, Mark Aurel, Konstantin), dazu Alexander d. Gr., zusammenkommen, die von Romulus eingeladen sind; dabei legen die Gäste der Reihe nach die Grundsätze ihrer Herrschaft dar, und Mark Aurel, Julians Ideal, wird von den Göttern am meisten gelobt. Vollends zur leeren Form war das Symposion schon zwei Menschenalter vor Julian geworden, als um das Jahr 300 der lykische Bischof Methodios in frommem Eifer zehn heilige Jungfrauen Reden zum Lobe der Keuschheit halten ließ, natürlich ohne Weingenuß; der stilistische Anschluß an Platon geht an vielen Stellen bis zur unmittelbaren Übernahme ganzer Wendungen, denn offenbar sollte das 'heidnische' Kunstwerk durch ein christliches ersetzt werden, aber es fiel der verdienten Vergessenheit anheim. – Für die neuere Zeit kann auf Nachbildungen wie die *Cena delle ceneri* von Giordano Bruno, auf Voltaires *Diner du comte de Boulainvillers* und Schleiermachers *Weihnachtsfeier* hingewiesen werden, schließlich auch auf Dürrenmatts *Die Panne*.

Auch im einzelnen ist die große Wirkung von Platons Symposion kenntlich. Der junge Wieland wählte für seinen programmatischen Bildungsroman den Titel *Agathon,* Hölderlin gab der Verkörperung seines Frauenideals den Namen Diotima. Die Schlußszene hat wohl noch auf jeden Leser am stärksten gewirkt: zwar wird Anselm Feuerbachs einst berühmtes großflächiges Gemälde *Platos Gastmahl* (Staatl. Samml. Karlsruhe) heute minder hoch geschätzt, aber unvergänglich schön ist C. F. Meyers Gedicht

Das Ende des Festes

Da mit Sokrates die Freunde tranken
und die Häupter auf die Polster sanken,
kam ein Jüngling, kann ich mich entsinnen,
mit zwei schlanken Flötenbläserinnen.

Aus den Kelchen schütten wir die Neigen,
die gesprächesmüden Lippen schweigen,
um die welken Kränze zieht ein Singen...
Still! Des Todes Schlummerflöten klingen!

Zum griechischen Text

Das Symposion ist, leider nur für die Teile 200e9 bis 213e3 und 217b3 bis Schluß, in einer antiken, wohl anfangs des 3. Jh.s entstandenen Handschrift (Papyrusrolle aus Oxyrhynchos, Nr. 843) erhalten. Den gesamten Text bieten zahlreiche mittelalterliche Handschriften, unter denen an Alter und Güte hervorragen der Codex Bodleianus (Clarkianus) 39 in Oxford, geschrieben im Jahre 895, der Codex Venetus app. class. 4 cod. 1 in Venedig, aus dem 12. Jh., und der Codex Vindobonensis suppl. philos. gr. 7 in Wien, aus dem 11. Jh. Außer diesen Handschriften werden von den heutigen Herausgebern nur gelegentlich andere herangezogen.

Unter dem Text wird, soweit nicht schon im Text selbst Tilgungen (durch [ ]) und Ergänzungen (durch ⟨ ⟩) gekennzeichnet sind, notiert, wo die Überlieferung geändert ist: nach dem Doppelpunkt steht der jeweils in allen Handschriften vorliegende Wortlaut; Varianten sind (von einigen Fällen abgesehen) den Ausgaben zu entnehmen.

Zu einzelnen Stellen

172a mit einem Scherz: er liegt wohl in der feierlichen Form, d.h. in der Zufügung der Heimatgemeinde, was nur bei offiziellen Anlässen üblich war.

173a Tragödie: scheint hier von dieser Dichtungsgattung im ganzen gesagt zu sein, so daß die Tetralogie gemeint ist.

173 d weiß ich ja nicht: offenbar eine höflich-ironische Form, damit die Wahrheit nicht allzu offen ausgesprochen werden muß, denn der Beiname war allgemein bekannt, und Apollodor bestätigt ihn in seiner Erwiderung; die Variante zuletzt verteidigt von H. Reynen, Gymnasium 74, 1967, 417.

174 b/c Homer: *Ilias* 2, 408 (Menelaos kommt jedoch aus Bruderliebe zu Agamemnon) und 17, 588; das Sprichwort scheint ursprünglich gelautet zu haben αὐτόματοι ἀγαθοὶ δειλῶν ἐπὶ δαῖτας ἴασιν, die Veränderung liegt darin, daß für δειλῶν gesetzt wird ἀγαθῶν, und Gewalt wird dem Satz angetan, wenn überdies δειλοί für ἀγαθοί eintritt.

174 d wandernd zu zweit: *Ilias* 10, 224 sagt Diomedes, als er sich Odysseus zum Begleiter bei einem Erkundungsunternehmen wählt, σύν τε δύ' ἐρχομένω καί τε πρὸ ὁ τοῦ ἐνόησεν, ὅπως κέρδος ἔῃ.

174 e auch von mir selbst aus: in feiner, umgangssprachlicher Weise wird Aristodems Verlegenheit gezeichnet.

175 a nimm deinen Platz neben Eryximachos: da die Verteilung der Anwesenden auf die einzelnen, meist für zwei, höchstens für drei Personen Platz bietenden Liegen (κλῖναι) in dem Werk eine Rolle spielt, sei sie mit der Skizze auf S. 161 erläutert.

175 e dreißigtausend: wieviele Zuschauer das Theater am Südabhang der Akropolis faßte, ist unbekannt; in seinem jetzigen Ausbau, der aus dem Ende des 4. Jh.s v. Chr. stammt, hat es rund 15000 Plätze.
Dionysos zum Richter haben: gesagt in Erinnerung an den Tragödienwettstreit, der gleichsam unter der Schirmherrschaft des Gottes stand und in dem Agathon gesiegt hatte.

176 c Sokrates: einer der Züge, die das Außerordentliche (das ἄτοπον) seines Wesens zeichnen sollen, vgl. 214 a 3 ff. 215 a 2. 223 c 5.

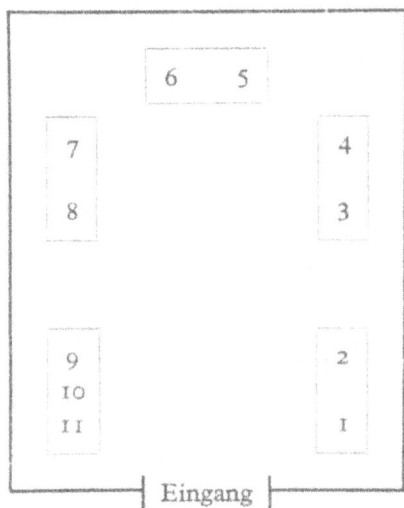

6 5	
7	4
8	3
9	2
10	
11	1
Eingang	

1 Phaidros
2, 3, 4 Ungenannte
(mindestens
drei; 180 c)
5 Pausanias
6 Aristophanes
7 Eryximachos
8 Aristodemos
9 Agathon
10 Alkibiades
(213 a; vgl.
222 e/223 a)
11 Sokrates

177 b Prodikos: eine Anspielung auf die Schrift, aus der Xenophon (*Mem.* 2, 1, 21 ff.) die Parabel von Herakles am Scheidewege erzählt. Von Gorgias haben wir noch das Lob der Helena.

177 c kein einziger Mensch: offenbar eine Übertreibung (vgl. oben S. 149), durch die Phaidros gekennzeichnet werden soll; ähnlich ist seine Äußerung 178 b 2 zu beurteilen.

178 b Hesiod: *Theogonie* 116.
Parmenides: Fragment B 13 Diels-Kranz.

178 e ein Heer: diesen Vorschlag hatte Pausanias in seiner (von Xenophon *Symp.* 8, 32 zitierten) Verteidigung der Knabenliebe gemacht; vgl. unten 182 b. Die Heilige Schar der Thebaner ist für die Schlacht von Leuktra (371 v. Chr.) zum ersten Mal bezeugt, scheint aber über die Schlacht von Chaironeia (338 v. Chr.) hinaus nicht bestanden zu haben.

179 b Homer: vgl. *Ilias* 10, 482. 15, 262; *Odyssee* 9, 381.
Alkestis: Platon ignoriert hier die von Euripides in seinem (an Stelle eines Satyrspiels aufgeführten) Drama

bevorzugte Fassung, laut der Herakles dem Tod seine Beute wieder abjagt; daß das Herrscherpaar der Unterwelt Alkestis (auf Herakles' Bitten) freigibt, ist eine ältere Version, die übrigens Euripides selbst Vs. 851 ff. als Möglichkeit erwähnt. – Alkestis' Opfer wird von Diotima (unten 208 d) anders erklärt.

179 d O r p h e u s wird nach der bekannten, hier jedoch mehrfach abgewandelten Sage für sein mutiges Eindringen in den Hades dadurch belohnt, daß er Eurydike zwar mitnehmen, sich aber nicht nach ihr umblicken darf – eine Bedingung, die er nicht erfüllen kann. Nach der herkömmlichen Sage wird Orpheus wegen Verachtung des Dionysos getötet.

179 e A c h i l l und P a t r o k l o s als Liebespaar aufzufassen bietet Homer keine Handhabe, ebensowenig Pindar (*Olymp.* 9, 114 ff.). – Diotima (unten 208 d) hat für Achills Handeln eine andere Erklärung.

180 d A p h r o d i t e : beide Aphroditen hatten in Athen ihre Tempel; die ‚allgemeine‘ (eigentlich: ‚der ganzen Gemeinde zugehörige‘) war schon früh mit dem Hetärenwesen in Verbindung gebracht worden.

182 b I o n i e n : nach dem Antalkidasfrieden vom Jahre 387 lebten die Griechen an der kleinasiatischen Westküste wieder unter persischer Herrschaft, von der sie sich 479 freigemacht hatten.

182 c A r i s t o g e i t o n vollführte im Jahre 514 zusammen mit H a r m o d i o s einen Anschlag gegen die beiden ‚Tyrannen‘ Hippias und Hipparchos; der letztere hatte den Harmodios beleidigt und kam bei dem Attentat um; aber Hippias behielt die Zügel der Herrschaft fest in der Hand und zog sie nun so straff an, daß sein Sturz bald darauf folgte; dieser war also nur eine mittelbare Folge des Attentats der ‚Tyrannenmörder‘.

183 d h ä ß l i c h : im griechischen Wort (αἰσχρόν) liegt zugleich der Begriff des Schändlichen, Schmählichen, Schimpflichen; das Entsprechende gilt für καλόν, das

201c und 204e ohne weiteres mit dem ἀγαθόν gleichgesetzt wird – schöne Zeugnisse für die Einheit von
Ästhetik und Ethik bei den Hellenen.

183e ‚schwindet er im Fluge hinweg‘: *Ilias* 2, 71.

186a unserer Kunst: d.h. der Zunft der Asklepiaden; s.
zu 186e.

186b Ungleiches: wenn zwei Subjekte ungleich sind, so
werden auch die Objekte ihres Begehrens ungleich sein.
Begehren und Lieben werden hier ohne weiteres gleichgesetzt, wie später (200a ff.) von Sokrates.

186e Asklepios: nach diesem thessalischen Heilgott nann-
ten sich die griechischen Ärzte gern in feierlicher Rede
Asklepiaden; im *Staat* (405d) spricht Platon ein wenig
spöttisch über ihre Nomenklatur von Krankheiten, aber
im *Phaidros* (270b) zollt er Hippokrates höchste An-
erkennung.

die Dichter hier: Agathon und Aristophanes.

187a Heraklit: Frg. B 51 Diels-Kranz; der originale Wortlaut ist unsicher. Eryximachos soll durch die hier vorgetragene Kritik offenbar als ein wenig selbstgefällig
gekennzeichnet werden, denn die zweite Fassung des
Aphorismus (‚bestehe aus noch Widerstrebendem‘) ist,
soweit wir sehen, die wahre Meinung Heraklits; außerdem lag diesem die Einengung auf den musikalischen
Bereich gewiß fern.

187d/e Urania... Polymnia: der Aphrodite Urania seines
Vorredners (180d) setzt Eryximachos die sonst als
Patronin der Astronomie geltende Muse Urania gegenüber, wohl angeregt durch das soeben besprochene Wirken des Eros in der Musik. Entsprechend tritt Polyhymnia (die zusammengezogene Form findet sich schon
bei Hesiod) an Stelle der Aphrodite Pandemos, vielleicht
weil das παν in Πάνδημος dem πολυ in Πολυμνία nahe-
steht.

188d bei uns wie bei den Göttern: sog. polare Ausdrucks-
weise für den Begriff ‚bei aller Welt‘ (vgl. 186b2.

187e8); gedacht ist ja nur an die Menschen, denn die Götter haben schon ihrem Wesen nach die Glückseligkeit.

189a **machst Witze**: bei den Symposien pflegten sich Spaßmacher einzustellen, die dann ihren Anteil an Speis und Trank bekamen; ihre Rolle übernimmt sozusagen hier Aristophanes.

189e **Rücken**: so hier genannt wegen der gleich zu erwähnenden Teilung; durch sie erst werden diese beiden Flächen, die ja anfangs die Vorderseiten waren, zu Rücken.

190a **zwei Gesichter usw.**: die Vorstellung stammt wohl aus der Weltentstehungslehre der Orphiker, nicht aus dem Orient.

190b **Ephialtes und Otos**: *Odyssee* 11, 305 ff.

191c **Zikaden**: gedacht ist an den Legestachel des Weibchens. Die Zikade galt als Symbol der Autochthonie.

191d **Teilstück**: ähnlich Empedokles Frg. B 63 Diels-Kranz. **Flundern**: den Fisch erwähnt Aristophanes in der *Lysistrate* 115 ebenfalls in einem Vergleich: eine der Frauen will sich für den Frieden gar mitten durchschneiden lassen, so daß sie wie eine Flunder aussähe.

193a **Arkadier**: offenbar eine Anspielung auf das (hier wohl in freierer Weise als διοικισμός bezeichnete) Vorgehen Spartas gegen einen politischen Zusammenschluß dieses Stammes etwa im Jahre 420; wohl kaum ist die Aufteilung der Stadt Mantineia in fünf Dörfer gemeint, die im Jahre 385 (also rund dreißig Jahre nach der Zeit der hier berichteten Gespräche) stattfand, denn Platon konnte die Stadtbewohner nicht gut mit dem Stammesnamen bezeichnen.

194a **behexen**: weil das übermäßige Lob den Neid der Götter und Menschen auf den Gelobten lenken kann.

194b **auf die Bretter stiegst**: kurz vor der Aufführung im Dionysostheater stellten sich die zum Wettkampf zugelassenen Dichter dem Publikum in dem ebenfalls süd-

lich der Akropolis gelegenen Odeion vor, zusammen mit ihren Schauspielern und den Chören.

195b älter als Kronos und Iapetos: sprichwörtlich für die grauste Vorzeit; beide Titanen gehören der Generation vor Zeus an.

195c Göttergeschichten: Hesiod *Theog.* 176ff. 502. 618. – Parmenides Frg. B 13 Diels-Kranz. – Vgl. oben 178b. Ananke: der unerbittliche Zwang, der schon in alten Weltentstehungslehren eine Rolle gespielt hatte.

195d Homer: *Ilias* 19, 92f. (übers. v. Voß). Agathon mißbraucht die Verse, denn das Heranschweben der Ate wird nur deshalb als ein Schreiten über Köpfe geschildert, weil angedeutet werden soll, daß sie in diesen Köpfen Verwirrung anrichtet.

196a unter Blüten: vielleicht eine Anspielung auf Agathons Tragödie *Antheus* (oder *Anthos*; die Überlieferung schwankt), in der die Handlung und die Namen frei erfunden waren, ein in der Geschichte der attischen Tragödie ungewöhnlicher Schritt.

196c ‚des Staates Herrscher‘: ein seit Pindar (Frg. 169) beliebtes Bild.

196d ‚nicht einmal Ares…‘: nach Sophokles Frg. 235 N.² der Eros zu Aphrodite: *Odyssee* 8, 266ff.

196e ‚auch wenn er früher…‘: Euripides Frg. 663 N.²

197b ‚Zeus im Regiment…‘: wahrscheinlich aus einem Dichter (Lyriker oder Tragiker) zitiert.

197c Frieden wirket er…: übers. v. Wilamowitz.

198c das Haupt des Gorgias: nach *Odyssee* 11, 633ff. (Gorgo); solche Witze mit Personennamen gestattet sich Platon auch sonst gelegentlich, s. oben 185c.

198d behauptete… beschlagen zu sein: 177d.

199a ‚Die Zunge also…‘: nach Euripides *Hippolytos* 612.

199d ein Eros von jemand: ein interessantes Zeugnis für die Anfänge der Grammatik; die Genetive des Subjekts und des Objekts waren noch nicht definiert. Sokrates

will mit seinen Beispielen Eros als einen Begriff erweisen, der stets auf einen anderen angewiesen ist, einen sog. Korrelationsbegriff.

200a im Gedächtnis: denn Agathon hatte die Schönheit als den Gegenstand des Eros bestimmt (197b); Sokrates kann den Begriff an dieser Stelle des Gesprächs noch nicht brauchen, sondern kommt erst 201a darauf zurück.

202a das richtige Meinen: nach Platons Lehre vollzieht sich die Erkenntnis in drei Stufen: sinnliches Wahrnehmen (αἴσθησις, hier nicht genannt), Meinen (δόξα), Wissen (ἐπιστήμη). Die Mittelstellung des Meinens wird im *Staat* (477aff.) ausführlich dargestellt; es kann auch einmal das Richtige treffen, aber zum Wissen wird es nur, wenn die Begründung hinzugefügt wird.

203b Schafferat: diese (von Wilamowitz stammende und von Boll übernommene) Übersetzung ist freilich unbefriedigend, weil neben ‚Armut‘ ein anderes Abstraktum erwünscht ist. – Einen Vorläufer bei dieser Personifizierung hatte Platon schon in Alkman (Frg. 1, 14 Diehl); die Armut war von Aristophanes in einer seiner letzten Komödien, dem Plutos (aufgeführt im Jahre 388), auf die Bühne gebracht worden.

204d keine rechte Antwort: diese Worte dienen lediglich dazu, die jetzt folgende Erklärung möglichst gewichtig zu machen, denn nach dem 202c10 Gesagten hätte Sokrates hier die Antwort durchaus geben können.

205b/c (oder Dichten): dies mußte zugefügt werden, weil dem Wort ποίησις, das sowohl allgemein Schaffen als auch besonders Dichten bedeutet, kein ebenso zusammenfassendes deutsches Wort entspricht. Schon Agathon (196e) hatte ποίησις in seiner allgemeinen Bedeutung gebraucht.

205d jener größte, verfängliche Eros: vielleicht ein Dichterzitat.

es geht wohl die Rede: vgl. 191aff., besonders 192b5 und 193b5; diese Durchbrechung der Illusion

ist auffällig, s. auch zu 208 d. – Aristophanes meint 212 c 5, daß Sokrates hier aus der Rolle gefallen sei, um ihn zu necken.

206 c trächtig: im Folgenden lassen die griechischen Wörter keine genaue Scheidung zwischen Zeugung, Fortpflanzung, Schwangerschaft, Geburt usw. zu.

207 d sei da als ein und dasselbe: der Nachsatz (etwa: trifft auf dieses Wesen dasselbe zu) bleibt infolge der Einführung eines neuen Beispiels unausgesprochen.

208 c ‚und sich unsterblichen Ruhm...‘: vermutlich ein Dichterzitat.

208 d Alkestis, Achill: eine andere Begründung ihres Opfers hatte Phaidros (oben Kap. 7) gegeben. – Eine Illusionsdurchbrechung wie 205 d.

Kodros: ein mythischer König von Athen; ein Orakel besagte, daß die Dorer Athen erobern würden, wenn sie dabei den Tod des Kodros vermeiden könnten; da ging der König, als Bettler verkleidet, den heranrückenden Dorern entgegen und wurde unerkannt von ihnen erschlagen.

209 d Lykurg: der legendäre Gesetzgeber Spartas, dessen Verfassung Platon bewunderte, während er der athenischen Demokratie gegenüber zurückhaltend war. – ‚Retter für ganz Hellas‘ bezieht sich wohl darauf, daß Lykurgs Gesetze revolutionären Bestrebungen ein Ende setzten, und gleichzeitig auf die rettende Wende, die die Spartaner unter dem Befehl ihres Königs Pausanias mit der Schlacht von Plataä herbeiführten.

210 a Weihen: zu dieser Mysteriensprache ist *Phaidros* 249 c und 250 c zu vergleichen. Der zielstrebige Aufstieg zur Idee des Schönen spiegelt sich im Stil wieder: das ganze Kapitel ist syntaktisch ein einziger Satz.

212 a mit dem ... Sinn: der Geist, auf den hier angespielt wird wie *Staat* 490 b und 518 c, ist ausdrücklich genannt im *Phaidon* (65 e διανοία), im Staat (532 a νόησις) und im *Phaidros* (247 c νῷ).

212 c seiner gedacht: 205 d 10 (vgl. die Anm. dort).

212e **Efeu und Veilchen**: dem Dionysos und der Aphrodite heilig; Veilchenduft galt auch als Mittel gegen Kopfschmerzen nach einem Rausch.

213d **ein andermal ... rächen**: vgl. 214e2.

214a **acht Becher**: die Kotyle faßte 0,27 Liter; Alkibiades und Sokrates vollbringen also mit über 2 Liter eine beachtliche Leistung. Vgl. die Anm. zu 176c.

214b **‚ist doch ein Arzt ...‘**: *Ilias* 11, 514, dort vom Asklepiossohn Machaon gesagt.

215b **Marsyas**: ein (gelegentlich auch als Satyr bezeichneter) Silen; er forderte als Flötenspieler den Gott Apollon, der die Kithara spielte, zum Wettstreit heraus und unterlag. Als sein Schüler galt Olympos; weil er in diesem Vergleich mit Platon selbst gleichgesetzt werden müßte, wird ihm hier ein eigenes Werk abgesprochen.

215e **Korybanten**: Priester der asiatischen Göttin Kybele, deren Kult mit Ekstasen verbunden war.

217e **Sprichwort**: Alkibiades setzt hier offenbar zwei sprichwörtliche Redensarten zu einer einzigen zusammen: ‚Wein und Wahrheit‘ (Alkaios Frg. 66 Diehl. Theokrit 29, 1. Philochoros bei Athen. 37e) und ‚Wein und Kinder sagen die Wahrheit‘ (Photios).

219a **‚Gold gegen Erz‘**: *Ilias* 6, 236, wo Glaukos und Diomedes ihre Rüstungen tauschen, die eine im Wert von hundert, die andere von neun Rindern.

219e **Aias**: die (offenbar nach Achills Vorbild erfundene) Unverwundbarkeit des Telamoniers ist erst bei Pindar bezeugt (*Isthm.* 6, 45).

219e **Poteidaia**: die auf dem westlichsten Isthmos der Halbinsel Chalkidike gelegene Stadt war bei Beginn des Peloponnesischen Krieges von den Athenern abgefallen, wurde von ihnen belagert (in dieser Zeit fanden die hier erwähnten Kämpfe statt) und ergab sich im Jahre 429. Sokrates’ Teilnahme an diesem Feldzug wird auch in der *Apologie* (28e) und im *Charmides* (153aff.) erwähnt.

Verpflegungsgruppe: zu einer solchen schlossen sich auch Angehörige verschiedener Truppeneinheiten, wie hier Sokrates und Alkibiades, zusammen.

220c ‚doch was weiter...‘: nach *Odyssee* 4, 242.
Ionier: ob das Wort richtig überliefert ist, bleibt zweifelhaft; ihre Hervorhebung aus der Masse des athenischen Heeres ist an dieser Stelle auffällig.

220d als ... das Gefecht stattfand: Platons Zeitgenosse Antisthenes (bei Athenaeus 216c) verlegte die Anekdote in die Schlacht von Delion, Plutarch (*Alkib.* v) in die von Poteidaia.

221a Delion: ein böotisches Küstenstädtchen nahe der attischen Grenze, wo die Athener im Jahre 424 eine Niederlage erlitten; Sokrates' Teilnahme an diesem Gefecht erwähnt Platon auch in der *Apologie* (28e, neben Delion und Amphipolis) und im *Laches* (181b, wo Laches zu Lysimachos sagt: bei der Flucht von Delion ging ich mit ihm zusammen zurück, und ich sage dir, daß, wenn die anderen so gewesen wären wie er, unsere Stadt noch gut dastünde und damals nicht einen so tiefen Fall getan hätte).
Laches: einer der athenischen Heerführer im Peloponnesischen Kriege.

221b ‚stolzierenden Schritts...‘: *Wolken* 362, wo Sokrates' selbstbewußte Haltung gegenüber seinen Mitbürgern verspottet wird.

221c Brasidas: hochbegabter spartanischer Heerführer, der durch die Einnahme der Stadt Amphipolis im Jahre 422 den Athenern eine der schwersten Niederlagen beibrachte; an jenen Kämpfen nahm auch Sokrates teil. Mit Achill wird Brasidas hier wohl wegen seiner jugendlichen Tapferkeit und seines frühen Todes verglichen.
Nestor, Antenor: wegen der Beredsamkeit wird Nestor (vgl. *Ilias* 1, 247), wegen der allgemeinen Klugheit Antenor (*Ilias* 3, 203 und sonst) verglichen.

222b Charmides: ein Bruder von Platons Mutter. –
Euthydemos: vielleicht der junge Mann, den Xenophon in seinen *Erinnerungen an Sokrates* mehrfach erwähnt.

223d Lykeion: ein Gymnasion im Osten Athens, wo sich
Sokrates öfter aufhielt, vgl. *Euthyphron* 3a. *Lysis* 203a.
Euthydemos 271a. 303b.

LITERATURHINWEISE

Ausgaben

Plato, Opera, hrsg. von J. Burnet, Bd. 2: Tetralogiae III-IV, Oxford 1901.

Plato, Symposium, hrsg. von K. J. Dover (mit Kommentar), Cambridge 1980.

Platon, Oeuvres complètes, Bd. 4,2: Le Banquet, hrsg. von L. Robin (mit franz. Übers.), Paris 1929 (1981¹¹).

Übersetzungen

Platon, Sämtliche Werke, übertragen von R. Rufener, Bd. 3: Meisterdialoge, Zürich–München 1974 (1986²).

Platon, Das Trinkgelage, übertragen von U. Schmidt-Berger, Frankfurt/M. 1985.

Abhandlungen

R. Hirzel, Der Dialog, 2 Bde., Leipzig 1895.

J. Martin, Symposion, Paderborn 1931.

G. Krüger, Einsicht und Leidenschaft – Das Wesen des platonischen Denkens, Frankfurt/M. 1939 (1973⁴); daraus: Eros und Mythos bei Plato, hrsg. von R. Schaeffler, Frankfurt/M. 1978.

E. Hoffmann, Über Platons Symposion, Heidelberg 1947.

H. Koller, Die Komposition des platonischen Symposions, Diss. Zürich 1948.

F. M. Cornford, The Doctrin of Eros in Plato's Symposium, in: The Unwritten Philosophy, Cambridge 1950, 68–80.

E. Grassi, Die Theorie des Schönen in der Antike, Köln 1962.

T. Gould, Platonic Love, New York–London 1963.

H. Buchner, Eros und Sein – Erörterungen zu Platons Symposion, Bonn 1965.

H. Neumann, Diotima's Concept of Love, The American Journal of Philosophy 86, 1965, 33–59.

J. Wippern, Eros und Unsterblichkeit in der Diotima-Rede des Symposions, in: Synusia – Festgabe für W. Schadewaldt, Pfullingen 1965, 123–159.

S. Rosen, Plato's Symposium, New Haven–London 1968.

E. Schmalzriedt, Die Sokrates-Diotima-Rede im ‚Symposion‘, in: Platon – Der Schriftsteller und die Wahrheit, München 1969, 33–67.

D. Clay, The Tragic and the Comic Poet of the Symposion, Arion 2, 1975, 238–261.

A. Lesky, Der platonische Eros, in: Vom Eros der Hellenen, Göttingen 1976, 87–100.

M. Nussbaum, The Speech of Alcibiades: A Reading of Plato's Symposium, Philosophy and Literature 3, 1979, 131–172.

H. A. Mason, Plato's Comic Masterpiece? A Discussion of the Scope and Function of Plato's Drinking Party, Cambridge Quarterly 9, 1980, 114–142.

L. Oeing-Hanhoff, Platon über die Liebe, Stimmen der Zeit 220, 1984, 762–774.

ZUR NEUBEARBEITUNG (6. Aufl.)

In überarbeiteter Form erscheint hier eine Übersetzung, die Franz Boll († 1924) gegen Ende seines Lebens angefertigt hat, ohne die schon begonnene Revision der Reinschrift noch beenden zu können. Das Manuskript wurde aus dem Nachlaß im Jahre 1926 in der Reihe der Tusculumbücher des Heimeran-Verlages durch Reinhard Herbig herausgegeben und erlebte vier fast unveränderte Nachdrucke, zuletzt 1944. Im Geleitwort bemerkte der Herausgeber, daß „auch da, wo offensichtlich noch der erste Rohguß zutage tritt", nichts geändert worden sei. Der damals beigegebene griechische Text, der aus der Ausgabe von Hug-Schöne stammte, deckte sich an etlichen Stellen nicht mit der Übersetzung.

Die Neubearbeitung hat Versehen berichtigt, Unebenheiten ausgeglichen und auch sonst eingegriffen, wo Franz Boll bei weiterer Durcharbeitung vermutlich selbst geändert hätte. Der gegenübergestellte griechische Text ist jetzt durch Heranziehung weiterer Ausgaben revidiert, auf die Abweichungen von der Überlieferung wird hingewiesen. Vom Bearbeiter hinzugefügt wurde der Anhang, der über das Werk als Ganzes, über die Überlieferung sowie zu einzelnen Stellen Auskunft geben soll.

W. Ehlers bin ich für manchen Rat und für Hilfe bei der Korrektur zu Dank verpflichtet.   W. B.

Zur 8. Auflage

Die Literatur wurde gegenüber der letzten Auflage erneuert.